AJAX – Frische Ansätze für das Web-Design

Ulrike Pekal
Fährstr. 12
27308 Otersen

© 2005 by
TEIA AG – Internet Akademie und Lehrbuch Verlag
Salzufer 13/14
10587 Berlin
Tel. 030/726 298-50
Fax 030/726 298-510

info@teialehrbuch.de
www.teialehrbuch.de

Herausgeber: TEIA AG – Internet Akademie und Lehrbuch Verlag
Autoren dieses Bandes: Olaf Bergmann, Carsten Bormann
Mit Beiträgen von Eilert Brinkmann

Abbildung 2.1 (Seite 32) rechts und Abbildung 6.4 (Seite 170):
Copyright © 2005 Ralf Roletschek <http://www.roletschek.de/>

Umschlaggestaltung: Steenbrink Vormgeving, Berlin
Herstellung: druckhaus köthen

ISBN 3-935539-26-6

Olaf Bergmann, Carsten Bormann
Mit Beiträgen von Eilert Brinkmann

AJAX
Frische Ansätze für das Web-Design

SPC TEIA
LEHRBUCH
VERLAG

Dipl.-Inf. Olaf Bergmann ist an der Universität Bremen im Bereich Digitale Medien und Netze (Prof. Dr.-Ing. Ute Bormann) des Technologie-Zentrums Informatik (TZI) tätig. Neben Internet-Technologien gilt sein Forschungsinteresse der Kommunikation über strukturierte Dokumente mit SGML/XML-Technologien.

Prof. Dr.-Ing. Carsten Bormann ist Honorarprofessor für Internet-Technologien an der Universität Bremen und Vorstandsmitglied des Technologie-Zentrums Informatik (TZI); z.Z. ist er Gastprofessor in der Fakultät Gestaltung der Universität der Künste Berlin (Institute of Electronic Business).

Dipl.-Inf. Eilert Brinkmann studierte an der Universität Bremen und ist freier Autor und Tutor für E-Business-Management.

Liebe Leserin, lieber Leser,

die letzten Jahre der Entwicklung des Web-Designs waren eine Zeit der Konsolidierung. Exzesse wurden beseitigt, moderne Seiten von browserspezifischen Techniken auf standardbasierte umgestellt. Wesentliche Innovationen waren für den Benutzer (außer einem allgemeinen Trend zu aufgeräumteren Designs) nicht erkennbar. Das grundsätzliche Schema blieb im Wesentlichen das gleiche: Eine Seite führte zur nächsten, man konnte gelegentlich auf einer Seite Formulare ausfüllen oder anderweitig lokal interagieren. War aber Server-Interaktion gefragt, wurde unweigerlich eine neue Seite geladen, mit der ebenso unvermeidlichen Wartezeit auf einen kompletten neuen Seitenaufbau. Frames und Iframes sollten hier einmal Erleichterung schaffen, brachten aber jede Menge eigene Probleme und ein merkwürdig starres Designkorsett.

Was für eine Veränderung brachte das Jahr 2005! Ein neuer Wirbelwind fährt durch das virtuelle Land: AJAX. Seiten können sich plötzlich dynamisch ändern, mit jederzeit frischer Information vom Server. Neue Anwendungen vor allem von Google finden breite Beachtung: Gmail, Google Suggest, Google Maps. Alle räumen sie mit dem an die Frühzeiten der Datenverarbeitung gemahnenden „Abschicken" von Seiten auf. Interaktion ist direkter, unmittelbarer. Information ist dann zu sehen, wenn sie gebraucht wird. Neue Muster des Interaktions-Designs entstehen.

AJAX wird gerade zu einem bedeutenden Baustein im Portfolio jedes Web-Designers. Zwar sind die eingesetzten Technologien – JavaScript, DOM, CSS und manchmal XML – eigentlich nicht neu, aber die Idiome, die sich jetzt herausbilden, führen zu einer neuen Art von webbasierten Anwendungen, zu einem Brückenschlag zwischen der Informationsvielfalt des World Wide Web und der interaktiven Nutzbarkeit von lokalen Anwendungen. AJAX ist bezeichnend für das neue Gesicht des Web, für das Aufblühen neuer Anwendungen und das Re-Launchen und Aufpolieren bestehender Angebote, das gerade allerorts zu beobachten ist und für das sich der Begriff „Web 2.0" durchzusetzen beginnt.

Die neue Freiheit in der Gestaltung webbasierter Anwendungen erfordert aber auch Fingerspitzengefühl: Es gibt nicht das eine universelle AJAX-Framework, auf das sich alle geeinigt haben, ebensowenig wie sich bereits universell akzeptierte „Best Practices" herausgebildet haben. Die verbesserten Interaktionsmöglichkeiten werden von manchen Designern zunächst auch missbraucht werden, wie es bei eigentlich allen neuen Web-Technologien zu beobachten war. Es geht bei AJAX also nicht nur um reine Technik, sondern immer auch um eine kritische Würdigung der neuen Möglichkeiten bezüglich ihres Nutzens (und potentiellen Schadens!).

Dieses Buch bietet eine Einführung in das spannende neue Feld von AJAX und verwandte aktuelle Methoden des Web-Designs. Teil einer neuen Reihe, die in alle wichtigen Web-Technologien einführt, wendet es sich an Leser mit Vorkenntnissen im Web-Design. Grundkenntnisse in HTML, CSS und JavaScript erleichtern das Studium des vorliegenden Buches, werden bei Bedarf aber jeweils vertieft. Vorteilhaft sind außerdem Kenntnisse in XML, die aber für das Verständnis dieses Buchs nicht vorausgesetzt werden.

Bremen, im September 2005   *Olaf Bergmann, Carsten Bormann*

Inhalt

1 Mit AJAX zum Web 2.0

Die Professionalisierung des Web-Designs und die verstärkte kommerzielle Nutzung des Mediums – nicht nur als Kommunikationskanal sondern auch als Plattform für neuartige Geschäftsmodelle – haben dazu geführt, dass sich bestimmte Technologien im WWW als Standard etabliert haben und von den meisten modernen Browsern hinreichend unterstützt werden. Auf dieser Basis sind in der jüngsten Vergangenheit interaktive webbasierte Anwendungen entstanden, mit denen die Lücke zwischen Desktop und WWW effektiv überbrückt werden kann. Trotz begrenzter Bandbreite und hoher Latenzzeiten für die Datenübertragung im Internet weisen die betreffenden Anwendungen ähnlich gute Antwortzeiten auf wie klassische Desktop-Anwendungen.

In diesem Kapitel stellen wir Ihnen einige bekannte Vertreter dieser neuen Klasse von Anwendungen vor und beleuchten kurz die Mechanismen, mit denen dieser flüssigere Ablauf der Arbeit ermöglicht wird. Ferner erfahren Sie, welche Auswirkungen diese Form der Anwendungsgestaltung auf die Gestaltung von Benutzungsschnittstellen haben wird.

Die kommerzielle Nutzung des *World Wide Web* (WWW, oft auch kurz als „Web" bezeichnet) hat in den letzten Jahren mit der Etablierung von XML und verwandten Standards dazu geführt, dass es sich von einem globalen Informationssystem für technisch versierte Nutzer und ambitionierte Startups zu einem strategisch wichtigen Kommunikationskanal für fast jedes Unternehmen mit überregionaler Wahrnehmung gewandelt hat. In gleichem Maße sind die Anforderungen an die Entwickler webbasierter Anwendungen gestiegen: Aus einer nebenberuflichen Spielwiese für Programmierer und Informatikstudenten wurde das Web-Design zu einer eigenständigen Disziplin mit hohen Ansprüchen an die Qualität der Ergebnisse und an die Kosteneffizienz des Entwicklungsprozesses.

Wichtige Faktoren für die Professionalisierung der Anwendungsentwicklung waren zum einen das Ende des Wettlaufs um die Technologieführerschaft bei Web-Browsern in der zweiten Hälfte der 1990er Jahre (*„Browserkrieg"*). Dieser hatte zunächst dazu geführt, dass webbasierte Anwendungen auf sehr unterschiedliche Plattformen portiert werden mussten, bevor sie flächendeckend eingesetzt werden konnten; der Trend zur standardbasierten Webentwicklung (s. Kapitel 2 „Nachhaltige Webentwicklung", Seite 30) setzte diesem Missstand ein Ende. Hohe Qualitätsstandards in Bezug auf Systematik und Dokumentation beim Einsatz von Skriptsprachen sowie die strikte Trennung von Datenhaltung, Anwendungslogik und

Informationspräsentation haben zum anderen die Modularisierung von webbasierten Anwendungen weiter vorangetrieben.

Die Weiterentwicklung der technischen Infrastruktur sowie ein gestiegenes Qualitätsbewusstsein bei der Gestaltung von Benutzungsschnittstellen und im Software-Entwicklungsprozess haben zur Ausprägung bestimmter Entwurfsmuster geführt, die heute oft mit dem Schlagwort *AJAX* beschrieben werden. Ursprünglich eine Abkürzung für *Asynchronous JavaScript and XML*, umfasst der Begriff mittlerweile eine abstrakte Klasse von Methoden und Werkzeugen, die keineswegs auf JavaScript und XML beschränkt sind. Wie bei *DHTML* handelt es sich bei AJAX also nicht um eine neuartige Technologie, sondern um einen Sammelbegriff für bestimmte Techniken zur systematischen und effizienten Ausnutzung bestehender Funktionalität, die das World Wide Web heute bereitstellt. So verbirgt sich hinter allerlei existierenden Webseiten bereits eine große Portion AJAX-Technologie, ohne dass dies dem Betrachter unmittelbar bewusst wird. Insbesondere bedeutet dies auch, dass für AJAX keine neuen Browser-Plugins (oder gar neue Browser) erforderlich sind – das standardbasierte Web wird mit AJAX nicht verlassen!

Was ist also neu an AJAX? Die Browser hatten alle Voraussetzungen dafür bereits mindestens seit 2001, und einige Anwendungen hatten die zugrundeliegenden Ideen bereits seit einiger Zeit in Insider-Kreisen populär gemacht. Den Mainstream erreicht AJAX allerdings erst im Februar 2005 durch einen Artikel von Jesse James Garrett [Garrett05], in dem diese Technologie beschrieben und die Abkürzung AJAX erstmals in der Öffentlichkeit definiert wurde. Jetzt konnte man über AJAX reden, ohne Wortungetüme wie „Remote Scripting mit JavaScript+CSS+DOM" bemühen zu müssen. Die Zeit war reif: Die Bewegung zum „Web 2.0" war bereits in vollem Gange, und verschiedene vieldiskutierte Projekte wie *Google Maps* und Gmail popularisierten die AJAX-Funktionen schnell. Die allgemeine Tendenz weg von einer reinen Internet-Explorer-Umgebung hin zu einer Vielzahl von Browsern, verstärkt durch die hohe Akzeptanz von Firefox und der Mac-Umgebung nicht zuletzt auch unter den Webentwicklern, taten ein Übriges.

Ein häufig angeführtes Beispiel für AJAX-Technologie, die dem Zeitpunkt des Prägens dieses Begriffs vorausging, ist der Suchdienst *Google Suggest*, den wir im folgenden Abschnitt etwas genauer betrachten wollen.

1.1 Interaktivität von Webseiten

Den meisten Nutzern von Suchdiensten im WWW dürfte *Google* wohlvertraut sein. Der wirtschaftliche Erfolg der 1998 von den beiden Stanford-Doktoranden Larry Page und Sergey Brin gegründeten Firma basiert nicht zuletzt auf dem patentierten PageRank-Algorithmus zum systematischen, automatisierten Bewerten von Webseiten. Daneben profilierte sich das Unternehmen auch als ein Vorreiter moderner Web-Technologien, der stetig neue Anwendungsideen und innovative Interaktionsmodelle generiert. Als Beispiel für die Vorteile der Nutzung von AJAX-Technologie stellen wir Ihnen in diesem Abschnitt *Google Suggest* vor, eine Variante des bekannten Google-Suchdienstes mit einem überarbeiteten Interaktionsmodell. Die Hauptseite dieses noch im Betatest stehenden Dienstes <http://www.google.com/webhp?complete=1> zeigt Abbildung 1.1 (Seite 11).

Abbildung 1.1 *Die Einstiegsseite von Google Suggest*

Auf den ersten Blick unterscheidet sich die Eingangsseite des neuen Dienstes nicht von der gewohnten Google-Suche. Sobald man jedoch beginnt, einen Suchbegriff einzugeben, liefert die Anwendung bereits mögliche Schlagwörter und Schlagwort-Kombinationen samt der jeweiligen Anzahl der Treffer dazu in Googles Datenbank. Nehmen wir einmal an, wir suchen suchen nach „AJAX" im Zusammenhang mit „XML". Abbildung 1.2 (Seite 12) zeigt, wie *Google Suggest* nach der Eingabe der Zeichenkette „ajax" aussehen könnte.

Abbildung 1.2 *Eingabe einer Suchanfrage*

Wie zu erwarten war, ist diese Suchanfrage sehr unspezifisch und würde knapp 4 Millionen Treffer liefern, die meisten davon im Zusammenhang mit einer niederländischen Fußballmannschaft. Doch bereits der nächste Buchstabe „x" für die Eingrenzung auf das Sachgebiet XML reduziert die Ergebnismenge erheblich. So würde die Suchanfrage „ajax   xml" nur noch etwa 56.000 Treffer liefern, „ajax xmlhttprequest" gar nur 363, wie in Abbildung 1.3 (Seite 12) zu sehen.

Abbildung 1.3 *Server-generierte Vorschläge für Suchanfragen*

Hier zeigt sich der besondere Vorteil von *Google Suggest*: Wussten wir anfangs nur, dass AJAX irgendetwas mit XML zu tun hat, so gibt uns diese Vorausschau auf die Suchergebnisse bereits wertvolle Hinweise auf eine mögliche Eingrenzung der Suchanfrage über einen Begriff, der uns vorher überhaupt nicht bekannt war. Abbildung 1.4 (Seite 13) zeigt die Auswahl dieser Suchanfrage aus der Drop-Down-Liste, die schließlich zur gewohnten Google-Ergebnisseite führt, zu sehen in Abbildung 1.5 (Seite 14).

Abbildung 1.4 *Auswahl eines Vorschlags für eine Suchanfrage*

Google Suggest ist bei weitem nicht die spektakulärste AJAX-Anwendung und zeigt auch nur einen sehr kleinen Teil des mit AJAX neu hinzugewonnenen Spielraums für die Gestaltung von webbasierten Anwendungen. Im Vergleich mit der klassischen Google-Suche veranschaulicht der Dienst jedoch sehr gut, wie AJAX-basierte Anwendungen im Hintergrund mit dem Server kommunizieren, während der Nutzer Eingaben tätigt oder die dargebotenen Informationen aufnimmt.

Mit AJAX zum Web 2.0

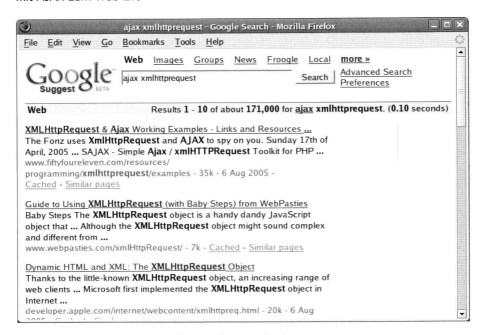

Abbildung 1.5 *Ergebnisse aus der Google-Datenbank*

Wie vielfältig AJAX-Anwendungen sein können, zeigt ein anderer Dienst, Google Maps, in dem über eine ausgefeilte Benutzungsschnittstelle Kartendaten (und Satellitenbilder) angeboten werden. Klassische Kartenanwendungen sind mit recht langen Wartezeiten verbunden, bis die Kacheln (*Tiles*, meist quadratische Ausschnitte) der Karte jeweils heruntergeladen sind. Google Maps hingegen erledigt das Nachladen der Kacheln vom Server im Hintergrund, ohne dabei den Benutzer aufzuhalten: es steht also das A am Anfang des Akronyms AJAX im Vordergrund, die Asynchronität. Am Beispiel von Google Maps diskutiert der folgende Abschnitt die Asynchronität von webbasierten Anwendungen aus der Nutzersicht und die geänderte Art und Weise im Umgang mit derartigen Webseiten.

1.2 Asynchroner Seitenaufbau

Wie schon im vorhergehenden Abschnitt zur Suche mit Google Suggest gesehen, wirken Webseiten, die mit AJAX oder verwandten Technologien realisiert wurden, deutlich interaktiver als solche, die ausschließlich mit HTML und clientseitigen

Skripts realisiert sind. Der dynamische Austausch von Daten zwischen dem Browser und einem oder mehreren Webservern während der Anzeige einer gewählten Seite ermöglicht es dem Betrachter, die bereits verfügbaren Informationen aufzunehmen, während die Anwendung gezielt weitere Teile der Webseite nachlädt. Darüber hinaus kann dynamisch auf Eingaben reagiert werden, beispielsweise um aufeinander aufbauende Formularfelder nach Bedarf ein- oder auszublenden.

Erhöhte Interaktivität bedeutet in vielen Fällen also auch mehr Datenaustausch zwischen Browser und Server, um beispielsweise, wie in Abschnitt 1.1 „Interaktivität von Webseiten" (Seite 11) für Google Suggest gezeigt, spontaner auf Nutzereingaben zu reagieren und weitere Informationen bereitzustellen. Anstatt die gesamte Seite zu übertragen und erneut auf dem Ausgabegerät darzustellen, ermöglicht AJAX punktuelle Änderungen an den relevanten Stellen der dargestellten Seite. Die Aktualisierung erfolgt schneller und erscheint flüssiger als bei einem Neuaufbau.

Anders ist es bei Anwendungen, bei denen Nutzereingaben oder vergleichbare Ereignisse zur Aktualisierung großer Objekte wie zum Beispiel bildschirmfüllenden Grafiken führen. Zwar lässt sich die Zeit für die Übertragung der Daten nicht weiter reduzieren, aber ein flüssigeres Arbeiten kann mit Hilfe von AJAX-Technologien dennoch erzielt werden. Anwendungen wie Google Maps zeigen, wie durch asynchronen Aufbau von Webseiten eine klassische Desktop-Anwendung über das WWW nutzbar gemacht werden kann, obwohl sehr große Datenmengen vom Server zum Webbrowser übertragen werden müssen. Durch einen asynchronen Seitenaufbau können Nutzer mit den bereits vorhandenen Daten arbeiten, während die Seite noch nicht vollständig geladen ist. Unter <http://maps.google.com> lässt sich dies anhand der Navigation im Ergebnis geographischer Suchanfragen leicht nachvollziehen.

Interessant ist neben der sehr gelungenen Verknüpfung von Satellitenbildern und Aufnahmen aus der Luft mit vektorbasierten Kartendaten für uns vor allem die Aufteilung der umfangreichen Bilder in kleinere Abschnitte, die nachgeladen werden, während der Benutzer in der Karte navigiert. Den schematischen Ablauf dieser Anwendung deutet Abbildung 1.6 (Seite 16) an.

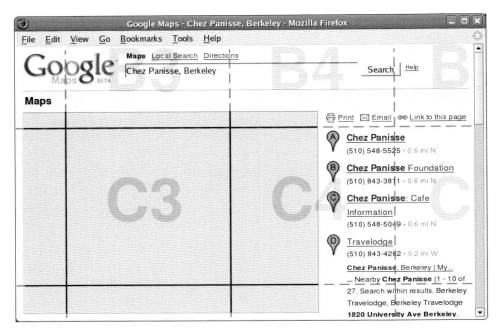

Abbildung 1.6 *Schematische Darstellung der asynchronen Aktualisierung von Kartendaten in Google Maps*

Die schematische Darstellung zeigt das Ergebnis einer Anfrage nach einem Restaurant im kalifornischen Berkeley. Auf der rechten Seite werden verschiedene Treffer aufgeführt, die mit kleinen Marken auf dem Kartenausschnitt ausgewiesen werden. Je nach Erschließung des Zielgebiets kann die aus Routenplanern bekannte vektorbasierte Darstellung von Häusern und Straßen mit hochauflösenden Luftbildern verknüpft werden, so dass ein detailgetreues Abbild der Umgebung entsteht. Diese Eigenschaft verdeutlicht noch einmal sehr schön die Besonderheit von AJAX-basierten Anwendungen: Hier wird eine riesige Informationsbasis – Satelliten- und Luftbilder aus Gebieten der ganzen Welt – mit einer interaktiven Anwendung verknüpft. Die umfangreichen und stetig aktualisierten Datenmengen machen den Zugriff über das World Wide Web erforderlich, während das Interaktionsmuster eher einer klassischen Desktop-Anwendung entspricht.

Wie schon angedeutet, kann die Interaktivität von webbasierten Anwendungen dadurch gesteigert werden, dass große Ressourcen in kleinere Pakete aufgeteilt werden, die an den Browser übermittelt werden, während dieser schon zur Verarbeitung von Nutzereingaben bereit ist. Für Google Maps heißt das, der jeweilige

Kartenausschnitt wird nicht komplett übertragen, sondern in kleinen Blöcken von 256 mal 256 Pixeln bereitgestellt. Damit sind die ersten Teilausschnitte der Karte sehr schnell verfügbar, weitere folgen kurze Zeit später. Für den Betrachter wird so die Wartezeit verkürzt, da sich die angezeigten Informationen fast sofort nach einer Eingabe verändern.

Das Versenden der Karte in Blöcken hat aber einen weiteren großen Vorteil, der erst beim mausgesteuerten Navigieren in dem Kartenausschnitt deutlich wird: Anstatt für jede Operation eine neue Karte anzufordern, verändert das clientseitige Skript als Reaktion auf das Verschieben des Kartenausschnitts die Offsets der Layoutobjekte relativ zum Anzeigebereich. Für den Ausschnitt in Abbildung 1.6 (Seite 16) bedeutet ein Verschieben des Kartenausschnitts nach rechts also, dass die x-Koordinate für alle Blöcke B2, B3, B4, C2, C3 usw. um den entsprechenden Betrag verringert wird, was einer Verschiebung der Bildblöcke nach links entspricht. Ein Nachladen dieser Daten ist somit nicht nötig und die Verschiebung des Ausschnitts kann ohne nennenswerte Verzögerung durchgeführt werden.

Beim Verschieben der Blöcke relativ zum Anzeigebereich werden zwangsläufig Teile abgeschnitten, d. h. sie werden unsichtbar. In Abbildung 1.6 (Seite 16) sind diese Teile im Bereich des Browserfensters mit einer unterbrochenen Linie gekennzeichnet. Um Lücken im sichtbaren Bereich zu vermeiden, werden beim Verschieben neue Blöcke angefordert, die der Karte im Hintergrund hinzugefügt werden. So würde die beschriebene Rechtsverschiebung im gezeigten Ausschnitt irgendwann dazu führen, dass der Block C4 vollständig sichtbar ist. Wird der Ausschnitt dann noch weiter verschoben, so entsteht eine sichtbare Lücke am rechten Rand des Kartenausschnitts. Um dies zu verhindern, fordert die Anwendung rechtzeitig den Block C5 an, der im Idealfall bereits vorhanden ist, wenn die Verschiebung des Kartenausschnitts vorgenommen wird. In diesem Fall würde der zuvor vollständig unsichtbare Block am rechten Bildrand des Anzeigebereichs erscheinen, ohne dass der Betrachter den Nachladevorgang bewusst wahrnimmt.

In dem hier gezeigten Beispiel der geographischen Suche dient die asynchrone Übertragung von Daten vorwiegend der Verbesserung der interaktiven Nutzung der Anwendung. Die Aufteilung einer umfangreichen Ressource in kleinere Ressourcen, die unabhängig voneinander aktualisiert werden, kann aber auch für den Austausch von Daten im Hintergrund genutzt werden. Der nächste Abschnitt erläutert, wie sich diese Eigenschaft der nebenläufigen Aktualisierung von Objekten sinnvoll einsetzen lässt.

1.3 Nebenläufige Aktualisierung von Objekten

Ein schönes Beispiel für eine moderne Anwendung zur Anzeige und Modifikation von Serverzustand ist *Backpack*, zu finden unter <backpackit.com>. (Sie können sich bei diesem Dienst kostenlos registrieren, um diese Funktionen ebenfalls ausprobieren zu können.)

Backpack verwaltet für seine Benutzer Seiten, auf denen Listen, Notizen, Dateien, Bilder und Links abgespeichert werden können, wie in Abbildung 1.7 (Seite 18) zu sehen.

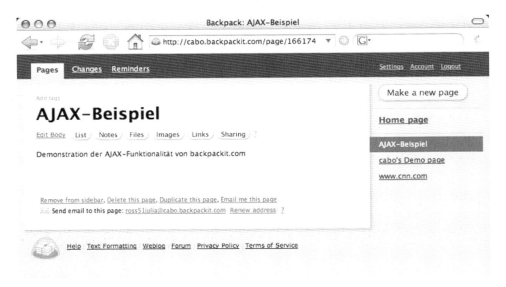

Abbildung 1.7 *Backpack – eine Beispiel-Seite*

Möchte man nun einen der Einträge auf dieser Seite ändern (z. B. Link „Edit Body"), so wird nicht etwa eine neue Webseite abgerufen und angezeigt, sondern an Ort und Stelle des zu ändernden Bestandteils erscheint ein Formular (in der Abbildung 1.8 (Seite 19) bereits mit zusätzlicher Eingabe versehen).

Drückt man den Knopf „Save Changes", wird (ebenfalls ohne dass eine neue Seite aufgebaut wird) der geänderte Eintrag angezeigt, s. Abbildung 1.9 (Seite 19). Gleichzeitig wird im Hintergrund diese Änderung zum Server übertragen und damit permanent in die Datenbank eingearbeitet.

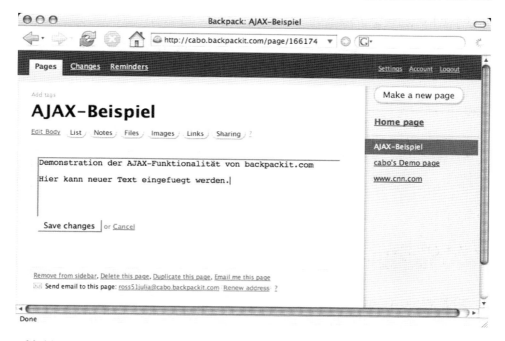

Abbildung 1.8 *Backpack – Editieren eines Seitenbestandteils*

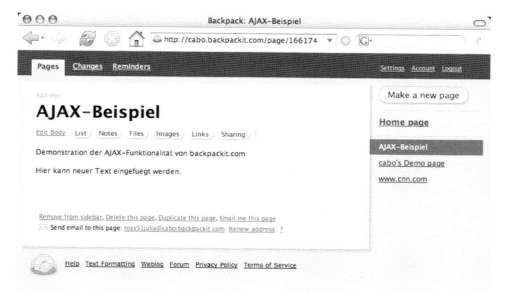

Abbildung 1.9 *Backpack – Seite nach dem Editieren*

Ein Problem dabei ist natürlich, dass Knöpfe oder Links zum Editieren aller Seitenbestandteile zwar einerseits erforderlich sind, andererseits die Seite aber sehr unruhig machen würden. Backpack löst dieses Problem so, dass diese Eingabeelemente oft erst beim Überfahren der zu ändernden Seitenbestandteile mit der Maus sichtbar werden. In Abbildung 1.10 (Seite 20) wurde der Seitentitel mit der Maus überfahren.

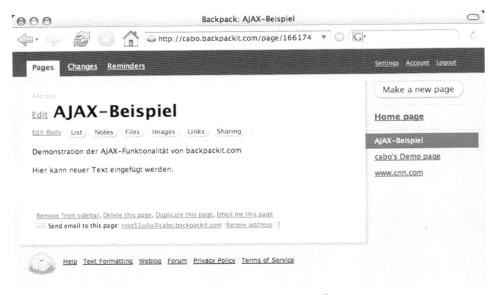

Abbildung 1.10 *Backpack – Benutzerführung zum Seitentitel*

Klickt man den neu sichtbar gewordenen Link „Edit", wird der Seitentitel wiederum durch ein Eingabeformular ersetzt, s. Abbildung 1.11 (Seite 21). Auch hier wird durch Drücken des Knopfes „Save changes" die Änderung auf der Site direkt angezeigt und im Hintergrund zum Server übermittelt.

Alle diese Interaktionen wurden durchgeführt, ohne dass ein erneuter Abruf der Seite erforderlich war. Die einzelnen Interaktionsschritte erzeugen keine Wartezeiten beim Benutzer; eventuell nötige Updates der Serverdatenbank erfolgen durch Serverzugriffe im Hintergrund.

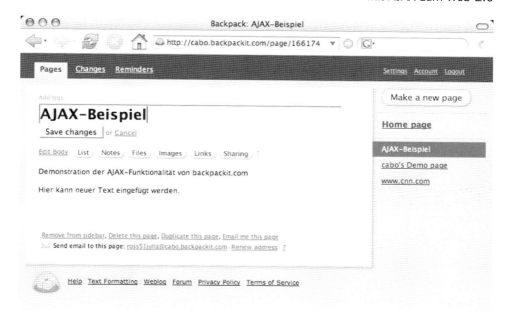

Abbildung 1.11 *Backpack – Editieren des Seitentitels*

Weitere Beispiele für moderne AJAX-Interaktionen bei Backpack sind mit Screen-
shots schwer zu demonstrieren: Probieren Sie es einfach selbst aus! Fügt man z. B.
mehrere Notizen („Notes") zu einer Backpack-Seite hinzu, erscheint ein Link
„Reorder" (deutsch: „neu anordnen"). Klickt man diesen, reduzieren sich die Notizen auf ihre Überschrift, erhalten aber zusätzlich einen kleinen Handgriff mit der
Aufschrift „DRAG". Mit diesem Handgriff kann man die Notizen per Drag-and-
Drop gegeneinander verschieben. Dies ist nicht nur in der Benutzungsschnittstelle
sehr schön gelöst, sondern führt auch hier wieder zu einem sofortigen nebenläufigen
Server-Update.

1.4 Gestaltung von Benutzungsschnittstellen

Es zeigt sich, dass der Einsatz von AJAX als Grundlage für webbasierte Anwendungen Interaktionsmuster ermöglicht, die bislang nur in Desktop-Anwendungen reali-
sierbar waren. Desktop-Anwendungen sind nicht unproblematisch: Eine neue
Desktop-Anwendung lässt sich nur verbreiten, wenn Endanwender zur oft mit eini-

gem Aufwand verbundenen Installation auf ihrem eigenen Rechner bereit sind. Dabei müssen sie Sicherheitsrisiken eingehen; auch sonst wird die Stabilität der Arbeitsumgebung nicht unwesentlich durch eine Installation weiterer Programme gefährdet. Darüber hinaus lassen sich Updates und Erweiterungen von Desktop-Anwendungen nur durchführen, indem erneut Software auf dem System des Endnutzers aufgespielt wird; automatisierte Update-Mechanismen verschaffen hier nur zum Teil Erleichterung.

Das wahre Potential der AJAX-Technologie wird deutlich, wenn man sich vergegenwärtigt, dass die enorme Datenbasis des globalen Internet nun aus hochreaktiven, interaktiv nutzbaren und zuverlässigen Anwendungen heraus genutzt werden kann, ohne all die beschriebenen Nachteile von Desktop-Anwendungen in Kauf nehmen zu müssen.

Als Kerntechnologie für eine neue Klasse von Anwendungsprogrammen erfordert AJAX im Gegenzug ein Umdenken bei der Gestaltung von Webseiten, also den Benutzungsschnittstellen dieser Anwendungen. Zwar haben Nutzer über Jahre gelernt, sich in ihren Erwartungen an das World Wide Web zu bescheiden, und haben sich beispielsweise mit langen und unproduktiven Wartezeiten für den Seitenaufbau abgefunden. Anwendungen wie Google Maps oder auch Backpack zeigen jedoch das Machbare und fördern so das Qualitätsbewusstsein der Nutzer. Entwickler werden somit gezwungen, bereits heute vorausschauend auf die Erwartungen an interaktive Anwendungen im Web von morgen zu reagieren.

Diese Wandlung des klassischen World Wide Web hat allerdings auch Auswirkungen für die Benutzer – sie werden sich nun an neue Formen des Umgangs mit webbasierten Anwendungen gewöhnen müssen. Zunächst einmal wird es wieder eine Weile dauern, bis sich so etwas wie ein Standard-Stil für bestimmte AJAX-Elemente herausgebildet hat. Dies wird in einer Übergangszeit manche Benutzer verunsichern und bestehende Berührungsängste möglicherweise noch verstärken. Darüber hinaus werden AJAX-basierte Web-Sites neue Interaktionsmuster etablieren, die Auswirkungen auf das Nutzungsverhalten der Anwender haben werden. So liegt denn auch der Vergleich mit dem Umstieg von E-Mail auf *Instant Messaging* (IM) nahe, den Lane Becker in seinem Bericht vom ersten *AJAX-Summit* [AJAX Summit 05] wagt: Neben der interaktiven Diskussion auf Basis von kurzen Textmitteilungen bietet IM vor allem aktuelle Informationen über die Anwesenheit des gewünschten Gesprächspartners – man wird ihn also nur dann kontaktieren, wenn man auch mit einer schnellen Antwort rechnen kann. Als Folge dieser Eigenschaften wird die

Kommunikation unmittelbarer und weniger formal, und es ergeben sich zwangsläufig auch neue Kommunikationsmuster.

Ähnlich fühlen sich Anwendungen an, die AJAX konsequent nutzen: Statt mit der Interaktion warten zu müssen, bis eine neue Seite angefordert wird, können viele kleine Interaktionsschritte auf ein und derselben Seite ausgeführt werden. Die Kommunikation zwischen Benutzer und Server wird feingliedriger.

Darin liegt aber auch eine Herausforderung: War bisher für den Benutzer zweifelsfrei erkennbar, dass eine Seite „abgeschickt" bzw. eine neue Seite angefordert wurde, so können AJAX-Interaktionen einfach zu subtil sein. Systeme wie Backpack verwenden daher einigen Aufwand darauf, die Auswirkungen solcher seitenlokalen Interaktionen sichtbar zu machen, z. B. durch Effekte wie ein vorübergehendes Einfärben von veränderten Bestandteilen der Seite.

Zusammengefasst: Die Benutzer sind noch die grobkörnige Interaktion gewohnt; feinkörnige Interaktion muss eine gewisse Selbstverständlichkeit noch entwickeln. In einer AJAX-Site kann es daher gar nicht genug Benutzerführung geben, um die Besonderheiten angemessen herauszustellen. Als Ergebnis wird der Webentwickler aber mit einer erheblichen Verbesserung seines Produktes belohnt: die Arbeit mit dem Web wird für die Benutzer flüssiger und weniger irritierend.

TiddlyWiki – eine moderne Benutzungsschnittstelle

Ein hervorragendes Beispiel für den Geist moderner Benutzungsschnittstellen im Web ist *TiddlyWiki* von Jeremy Ruston <http://www.tiddlywiki.com>. Zwar ist TiddlyWiki keine AJAX-Anwendung im eigentlichen Sinne, weil es auf asynchrone Kommunikation mit dem Server verzichtet, doch die Interaktionsmuster der Anwendung lassen sich sehr gut auf AJAX-Anwendungen übertragen.

Wie der Name bereits andeutet, bietet TiddlyWiki die Funktionalität eines Wikis, d. h. es besteht aus einer Sammlung von kleinen Textbeiträgen mit zahlreichen semiautomatisch erzeugten Querverweisen. Ähnlich einem Weblog weist ein Wiki keine lineare Struktur auf, sondern lädt zum Stöbern entlang der vielen Querverweise auf andere Artikel ein (in TiddlyWiki heißen diese einzelnen Inhalte auch „Tiddler"). Wie Abbildung 1.12 (Seite 24) zeigt, gibt bereits die Homepage von TiddlyWiki einen Eindruck der vielfältigen Interaktionsmöglichkeiten mit dem System.

Abbildung 1.12 *Ein TiddlyWiki auf der TiddlyWiki-Homepage*

Wie in anderen Wikis üblich, ist die Seite in mehrere Bereiche unterteilt, in denen Navigationselemente, Stichwortsuche und Meta-Angaben untergebracht sind. Der größte Bereich ist natürlich auch hier für die Inhaltsinformationen reserviert. Wie in einem Weblog oder einem webbasierten Newsticker sind die einzelnen Kurzbeiträge (die Tiddler) untereinander angeordnet. Der Text kann mit strukturierenden Elementen wie Aufzählungslisten, betonten Abschnitten oder abgesetzten Zitatblöcken versehen und zusätzlich mit Bildern oder anderen Medienobjekten angereichert werden. Die Auszeichnung von Dokumentbestandteilen erfolgt im Editor nach den Wiki-spezifischen Syntaxkonventionen, so dass der Autor eines Eintrags nicht direkt mit HTML-Tags konfrontiert wird. Die Umsetzung nach HTML erfolgt automatisch durch den Wiki-Prozessor, sobald der Fertig-Knopf betätigt wurde.

Die Besonderheiten von TiddlyWiki werden vor allem bei der Navigation durch das Informationssystem deutlich: Befindet sich der Mauszeiger über einem Tiddler, so erscheinen oberhalb der abgesetzten Titelzeile einige Knöpfe, mit denen sich zusätzliche Operationen auf dem Tiddler aktivieren lassen. Neben den Knöpfen zum Ändern des Beitrags und zum Erzeugen eines permanenten Verweises findet sich hier beispielsweise auch ein Knopf zum Ausblenden des Beitrags; danach wird er nicht mehr vom Browser angezeigt und die nachfolgenden Artikel rutschen nach oben.

Geschickte Kombination von CSS und DOM-Scripting ermöglicht zudem unaufdringliche visuelle Effekte, mit denen die durchdachten Navigationsfunktionen von TiddlyWiki angereichert werden. So führt das Anwählen eines der zahlreichen Querverweise innerhalb eines Tiddlers oder auf einer Menüleiste zum Einblenden des betreffenden Artikels, falls dieser noch nicht sichtbar war, oder zum Scrollen des Ausgabebereichs bis zum Erreichen des gewählten Artikels. Durch ein kurzes Aufblenden (Fading in) wird der neu ins Blickfeld gerückte Bereich des Ausgabemediums deutlich gekennzeichnet, um so die Aufmerksamkeit des Betrachters auf die von ihm gewünschten Informationen zu lenken.

Eine Besonderheit von TiddlyWiki besteht in der ausschließlichen Nutzung von clientseitiger Funktionalität (insbesondere JavaScript in Kombination mit CSS) zur Realisierung der Benutzungsschnittstelle. Da die gesamte Anwendungslogik im HTML-Dokument verankert ist, können alle Konfigurationseinstellungen als Tiddler repräsentiert werden. Dies hat zur Folge, dass eine Anpassung des TiddlyWiki an eigene Bedürfnisse interaktiv über die gezielte Veränderung einiger vorgegebener Tiddler erfolgen kann. Ein mögliches Ergebnis veranschaulicht Abbildung 1.13 (Seite 25).

Abbildung 1.13 *Ein TiddlyWiki für eine fiktive Autowerkstatt*

Um dieses Ergebnis zu erzielen, mussten lediglich einige vorgegebene Tiddler für Seitentitel, Hauptmenü und das CSS-Stylesheet angepasst werden. Zusätzlich wurde ein Tiddler mit deutschsprachigen Meldungen und Navigationselementen eingefügt. Wie die beispielhafte Suche nach der Zeichenkette „ajax" zeigt, steht dem Wiki nach der Anpassung der vollständige Funktionsumfang von TiddlyWiki zu Verfügung. Als Ergebnis der Suche werden alle Tiddler eingeblendet, in denen der angegebene Ausdruck vorkommt. Jedes Vorkommen wird zudem farbig unterlegt, um einen schnellen Überblick über die Suchergebnisse zu ermöglichen.

Mögliche Fallen

TiddlyWiki ist ein gutes Beispiel für eine Benutzungsschnittstelle, in der visuelle Effekte dosiert eingesetzt werden, um die Aufmerksamkeit gezielt auf lokale Änderungen der angezeigten Seite zu lenken. Während viele Web-Designer seit der Erfindung des Elementtyps blink gelernt haben, sehr sparsam mit visuellen Effekten umzugehen, steht die Entwicklung solcher „Best Practices" für den Einsatz von AJAX-Technologien im Allgemeinen noch bevor. Bei aller „Coolness" der neuen Möglichkeiten darf nicht vergessen werden, dass auch eine AJAX-Entwicklung einen echten, messbaren Nutzen erbringen muss. AJAX ist kein Allzweckmittel, das sich für jede Aufgabe gleich gut einsetzen lässt.

Sites sollten ihre regelmäßigen Benutzer nicht mit „coolen" AJAX-Funktionen entnerven, wenn die gleiche Funktion auch einfacher und schneller erbracht werden kann. Browserfeatures wie *tabbed browsing* sind nützlich und sollten auch weiterhin unterstützt werden. Bookmarking und der „Zurück"-Knopf dürfen keinesfalls verlorengehen.

Auch wenn der Serverzugriff mit AJAX wesentlich schneller ist als das vollständige Laden einer neuen Seite, sollte man die kleine Verzögerung nicht ignorieren. Navigationselemente wie Menüs, bei denen wir schnelle Reaktionen erwarten, sind nicht unbedingt Kandidaten für AJAX, sondern sollten auf dem lokalen System erbracht werden, wie es mit TiddlyWiki eindrucksvoll vorgeführt wird. Andererseits zeigt Google Suggest, dass das Anreichern von Eingabeelementen durch Server-basierte Informationen durchaus schnell genug gehen kann.

Vor allem aber sollte die eigentliche Funktion der Web-Site nicht hinter überflüssigen Effekten in den Hintergrund treten. In unrühmlicher Erinnerung sind hier aus der Frühzeit der *Flash*-basierten Anwendungen die „Tunnel-Sites", bei denen der Besucher zunächst eine (meist nutzlose) Flash-Animation über sich ergehen lassen musste, bevor endlich die eigentliche Site betreten werden konnte – nicht selten wohl aus dem Bedürfnis der Entwickler heraus, mit ihren „coolen" Fähigkeiten anzugeben, auch wenn sie zum Zweck der Site wenig beitragen.

Zu beachten ist außerdem die mögliche Unterstützung von Suchmaschinen – je interaktiver die einzelnen Seiten einer Site sind, desto schwieriger wird die automatisierte Erfassung der relevanten Inhalte. Die visuelle Aufwertung von Sites wie Google Maps, Backpack und TiddlyWiki durch asynchrone Kommunikation und aufwendiges DOM-Scripting betrifft damit nicht nur Robots, sondern auch eine sehr große Gruppe menschlicher Nutzer, denen der visuelle Eindruck einer Webseite versagt bleibt. Neben Sehbehinderten gehören dazu die Nutzer von mobilen Endgeräten, die nur über sehr eingeschränkte Speicherkapazität und Prozessorleistung verfügen. Die Barrierefreiheit von webbasierten Anwendungen ist zu Recht in den letzten Jahren immer mehr in den Fokus der Entwicklung gerückt und darf nun nicht zugunsten der AJAX-Bewegung geopfert werden.

1.5 Übersicht über dieses Buch

In diesem Kapitel haben wir Ihnen einen ersten kurzen Überblick über existierende AJAX-basierte Anwendungen im World Wide Web gegeben und mögliche Auswirkungen auf das Anwendungsdesign aufgezeigt. In den verbleibenden Kapiteln dieses Buchs werden Sie nun lernen, wie Sie AJAX für Ihre Anwendungen nutzen können. Die Beispiele aus diesem Kapitel sollen dabei als Leitfaden dienen und Anregungen für eigene Projekte liefern.

Die Gliederung in der Übersicht:

- Kapitel 2 „Nachhaltige Webentwicklung" (Seite 30) wiederholt in knapper Form die Grundlagen der Entwicklung nachhaltiger Web-Sites mit HTML und Cascading Style Sheets (CSS). Der Schwerpunkt liegt dabei auf der Trennung von Inhalt und Layout als wichtige Voraussetzung interaktiver Anwendungen mit JavaScript.

- Den wohldosierten Einsatz von JavaScript zeigt Kapitel 3 „JavaScript für Profis" (Seite 53). Neben einem kurzen Rückblick auf die grundlegenden Eigenschaften der Sprache und die Möglichkeiten zur Manipulation von HTML-Dokumenten über den DOM-Baum innerhalb eines Webbrowsers soll hier vor allem der systematische und strukturierte Entwurf wiederverwendbarer Module im Vordergrund stehen.

- Im Anschluss an die beiden Kapitel zu den Voraussetzungen für die Entwicklung nachhaltiger Anwendungen im WWW erläutern wir in Kapitel 4 „AJAX-Grundlagen" (Seite 84) die grundsätzliche Funktionsweise AJAX-basierter Anwendungen und zeigen einige alternative Ansätze, mit denen sich AJAX-ähnliche Funktionalität auch mit älteren Browsern erreichen lässt.

- In Kapitel 5 „Frameworks für AJAX" (Seite 112) stellen wir Ihnen einige Funktionsbibliotheken vor, die den Einsatz von AJAX in der Praxis erleichtern. Anhand umfangreicher Beispiele erlernen Sie den Umgang mit diesen Bibliotheken und erhalten das notwendige Handwerkszeug, um schnell und sicher portable AJAX-Anwendungen zu entwickeln.

- Abschließend werden in Kapitel 6 „Diskussion" (Seite 156) die Vorteile und Nachteile der AJAX-Technologie einander noch einmal gegenübergestellt und Alternativen aufgezeigt.

- Der umfangreiche Anhang liefert zudem weitere Hintergrundinformationen sowie zusammenhängende Beispiellistings und vertiefende Diskussionen zu Aspekten, die aus Platzgründen nicht in den Hauptteil des Buchs aufgenommen werden konnten.

1.6 Übungen

Übung 1

Entwerfen Sie Ihr eigenes Wiki mit TiddlyWiki. Sie können wahlweise Ihre persönliche Homepage im Wiki-Design verfassen oder eine geschäftliche Homepage entwerfen, z. B. für unsere AJAXWerkstatt. Ihr Wiki sollte über eine Reihe an passenden Default-Einträgen verfügen und natürlich eigenen Inhalt über Ihre Person bzw. Ihr (fiktives) Geschäft enthalten. Seitentitel, Hauptmenü und sonstige Voreinstellungen sollten Sie nach Ihrem Geschmack anpassen. Wenn Sie bereits mit CSS gearbeitet haben, können Sie auch das Seitenlayout im Tiddler StyleSheet ändern.

Ein leeres TiddlyWiki legen Sie an, indem Sie <http://www.tiddlywiki.com/empty.html> unter einem beliebigen Namen auf Ihrem Rechner speichern. Nachdem Sie die Seite im Browser geöffnet haben, können Sie Ihr Wiki nach Belieben anpassen. Vergessen Sie nicht, die Änderungen mit der Option save changes in der Optionsleiste auf der rechten Seite zu speichern! Um deutsche Navigationselemente zu erhalten, können Sie die Systemkonfiguration <http://byzero.de/files/tiddlywiki-deutsch.txt> von Markus Heurung per *Copy and Paste* in einen beliebigen Tiddler übertragen und diesen mit dem Tag systemConfig versehen.

Folgende Tiddler bieten sich dafür an, sie nach Ihren Vorstellungen anzupassen:

* SiteUrl

* SiteTitle

* SiteSubtitle

* MainMenu

* DefaultTiddlers

* StyleSheet

Einen Lösungsvorschlag finden Sie im Anhang E auf Seite 203.

Übung 2

Überlegen Sie einmal abstrakt, was man tun müsste, um TiddlyWiki um AJAX-Funktionalität zu erweitern. Der gesamte Inhalt des Wiki wird dann nicht mehr als Bestandteil des HTML-Dokuments lokal abgespeichert, sondern nach jeder Änderung eines Tiddlers häppchenweise auf dem Server fortgeschrieben.

Dazu würde im Hintergrund ein Server zur Verfügung stehen, der auf Anfrage geänderte Tiddler abspeichern könnte. Was müsste der Server sonst noch können?

Einen Lösungsvorschlag finden Sie im Anhang E auf Seite 205.

2 Nachhaltige Webentwicklung

Neue Techniken wie AJAX sind nur ein Bestandteil moderner Webentwicklung: ebenso wichtig ist es, sich von den Fehlentwicklungen der 1990er Jahre zu verabschieden und die Stärke des WWW als standardbasierte Plattform wiederzuentdecken. Wichtige Grundlagen sind die korrekte Verwendung von HTML und CSS sowie der Einsatz von JavaScript, um bestehende Probleme älterer Browser gegebenenfalls auszugleichen.

Als Tim Berners-Lee das Web erfand, hatte er vor, den Austausch von Information in den international verteilten Teams des CERN zu unterstützen. Im Vordergrund standen die Inhalte, nicht die Darstellung, und so wurde mit HTML ein Format zur Repräsentation der Daten entwickelt, das eine logische Beschreibung der übertragenen Informationen ermöglicht. Die layoutorientierte Sichtweise entstand erst später und wurde begünstigt durch den eingangs bereits erwähnten Wettlauf von Software-Herstellern um die Vorherrschaft im Bereich der Web-Technologien. Mittlerweile leben ganze Berufszweige davon, dass sie grafisch ansprechende Benutzungsschnittstellen für webbasierte Anwendungen entwickeln und diese für unterschiedliche Browser-Plattformen nutzbar machen. Mit der zunehmenden Komplexität der Anwendungen stieg auch der Qualitätsanspruch ihrer Nutzer. Design-Fehler, die vor einigen Jahren als verzeihliche Unsauberkeit durchgingen, werden heute als Sünden ausgelegt und sind im schlimmsten Fall schädlich für das Image des Anbieters einer Webseite.

Zudem haben sich klare Richtlinien für die Gestaltung von Webseiten durchgesetzt, die neben dem Wunsch nach größtmöglicher Benutzbarkeit und optischer Klarheit verstärkt widerspiegeln, dass sich die technischen Eigenschaften der Einsatzumgebungen gewandelt haben. Während Web-Designer lange Zeit bestimmte Rahmenbedingungen wie beispielsweise eine Mindestgröße für den Bildschirm als gegeben voraussetzen konnten und damit insbesondere Nutzergruppen mit speziellen Ausgabegeräten wie Screen-Readern faktisch vom Zugang zu einem Großteil des WWW ausschlossen, hat unter anderem die zunehmende Beliebtheit von Handheld-Computern zu einem Umdenken geführt und erzwingt einen durchdachteren Aufbau der Benutzungsschnittstelle webbasierter Anwendungen. An die Stelle der sogenannten *Tag Soup* – unstrukturierte Ansammlungen von HTML-Tags, die sich oftmals an dem Sprachumfang des veralteten HTML 3.2 orientieren – und der Vermischung von eingebetteten Grafiken und HTML-Elementen zur Erzielung bestimmter Layout-Effekte treten immer häufiger strukturiert aufgebaute, valide HTML-Dokumente, in denen klar zwischen Inhaltsinformationen und Layout getrennt wird. Diese klare Struktur vereinfacht nicht nur die dynamische Anpassung der Dokumente an die Anforderungen spezifischer Ausgabegeräte, sondern unterstützt auch die fortgeschrittenen Techniken zur Verbesserung der Zugriffszeiten auf Webseiten, etwa durch verteiltes Caching in Content Networks.

Datenbanken und logische Dokumentauszeichnung – üblicherweise mittels XML – helfen, diese Aufgabentrennung auf die Anwendungslogik auszuweiten und so neue Einsatzgebiete für webbasierte Anwendungen zu erschließen. Zu nennen sind hier insbesondere Online-Informationsdienste, die auf aktuelle Datenbestände angewiesen sind, aber auch Lagerhaltungssysteme, Überwachung von Produktionsständen und natürlich virtuelle Handelsplattformen. Die Komplexität dieser Anwendungen hat einen Grad erreicht, der mit verteilten Programmsystemen im lokalen Netz durchaus vergleichbar ist oder diese stellenweise sogar übertrifft. Ein sorgfältiges Qualitätsmanagement ist dabei genauso unverzichtbar wie das Einhalten bestehender Standards, um ein möglichst breites Einsatzgebiet zu gewährleisten.

Hinsichtlich der eingesetzten Webbrowser ist die Orientierung an Standards um so wichtiger, da sich heute kaum voraussagen lässt, welche Technologien morgen auf der Clientseite verfügbar sein werden. Einen kleinen Eindruck des Variantenreichtums an Endgeräten zur Darstellung von Webseiten bietet Abbildung 2.1 (Seite 32). Wegen dieser Vielfalt kann eine nachhaltige Anwendungsentwicklung nur auf der Basis existierender Standards gewährleistet werden. So vielversprechend neue Technologien für das Web von morgen auch sein mögen – eine weite Verbreitung ist nur dann möglich, wenn dokumentierte Schnittstellen und Nutzungsrichtlinien existieren, auf die sich Browser-Hersteller berufen können. Neben offiziellen Standards anerkannter Organisationen wie dem *World Wide Web Consortium* (W3C <http://www.w3.org>) und der *International Organization for Standardization* (ISO <http://www.iso.ch>) gehören dazu auch Industriestandards – etwa von der *Organization for the Advancement of Structured Information Standards* (OASIS <http://www.oasis-open.org>) – und bestimmte informelle Quasi-Standards, die sich mit der Zeit etabliert haben.

Nachhaltige Webentwicklung erfordert demnach umfassende Kenntnisse der verfügbaren Technologie und ihrer Umsetzung in verschiedenen Browsern. Ein gutes Beispiel für die uneinheitliche Auffassung von Standardtreue bietet die W3C-Empfehlung *Cascading Style Sheets, Level 2* [CSS2], die in den existierenden Browsern sehr unterschiedlich umgesetzt wird. Zum einen ist eine vollständige

Implementierung einer derart umfangreichen Funktionalität für einen Browser-Hersteller sehr aufwendig, zum anderen erlauben die Formulierungen in einem Standarddokument geringfügig unterschiedliche Auslegungen, die in der Folge zu abweichendem Verhalten bei der Anzeige von HTML-Dokumenten mit Stylesheets führen können. Für Autoren von Webseiten bleibt dann nur das Testen ihrer Werke mit möglichst vielen Browsern und der regelmäßige Blick in entsprechende Kompatibilitätstabellen. Eine wichtige Quelle ist hier Peter-Paul Kochs Web-Site *Quirksmode*, <http://www.quirksmode.org>.

Abbildung 2.1 *Unterschiedliche Endgeräte zur Darstellung von Webseiten*

In diesem Kapitel geben wir Ihnen einen kurzen Überblick über den Stand der Technik für die Entwicklung statischer Webseiten. Im Mittelpunkt stehen dabei die Dokumentauszeichnung mit der standardisierten *Hypertext Markup Language* (HTML) [HTML] und die Verwendung von CSS zur Verknüpfung von HTML-Dokumenten mit Layout-Angaben. Der Einsatz von *JavaScript* zur Programmierung interaktiver Webseiten bildet den Schwerpunkt von Kapitel 3 „JavaScript für Profis" (Seite 53). Nur am Rande der Betrachtung wird auch die dynamische Erzeugung von Webseiten mittels serverseitigen Skripten eine Rolle spielen, die wegen der Vielzahl der heute serverseitig eingesetzten Sprachen und Umgebungen nicht im Mittelpunkt dieses Buchs stehen kann.

2.1 Modernes HTML

HTML wurde entwickelt als Anwendung von *SGML*, der *Standard Generalized Markup Language* (ISO 8879:1986). Da zu Beginn der 1990er Jahre SGML-Werkzeuge noch nicht sehr weit verbreitet waren, wurde HTML allerdings zunächst meist von Hand, also ohne jede Werkzeugunterstützung, erstellt. Mit dem rasanten Wachstum der Webentwicklergemeinde gerieten die Prinzipien von SGML aus dem Blickfeld; die Auszeichnungen (das *Markup*) des SGML-Standards wurden oft als „Befehle" missverstanden, die man in mehr oder minder beliebiger Reihenfolge aneinander hängte. So entstand die berüchtigte *Tag Soup*, an HTML nur noch erinnernde Aneinanderreihungen von Auszeichnungsmarkierungen, die von den Browsern über ihre eingebauten Fehlertoleranzmechanismen irgendwie interpretiert und dargestellt wurden.

Standardbasierte Webentwicklung funktioniert nicht auf der Basis von *Tag Soup*. Zum einen sind die Fehlerbehandlungsroutinen der Browser nicht standardisiert, so dass zusätzliche Inkompatibilitäten entstehen, wenn man die korrekte Notation nicht beachtet. Zum anderen sind die moderneren Techniken aber auch auf die SGML-Konzepte ausgerichtet, sie ergeben mit *Tag Soup* einfach keinen Sinn. Wir wollen in diesem Abschnitt daher kurz wiederholen, was es mit diesen SGML-Konzepten (die nahtlos in XML übernommen wurden) auf sich hat.

2.1.1 Hierarchische Dokumentstruktur

Ein SGML-Dokument (und damit auch ein HTML-Dokument) ist vor allem eine Hierarchie von *Elementen*. Elemente werden über Paare von *Tags* notiert: Ein *Start-Tag* leitet das Element ein, ein *End-Tag* beendet es. Der Abschnitt zwischen den Tags heißt der *Inhalt* des Elements, hier kann einfacher Text stehen oder auch weitere Elemente (mit ihren Start- und End-Tags und dem darin wiederum eingebetteten Inhalt, der natürlich wiederum Text und/oder Elemente enthalten kann, und so fort). Im Start-Tag können *Attribute* untergebracht werden, die das Element näher beschreiben.

In HTML können End-Tags (und sogar manchmal Start-Tags) oft weggelassen werden, was das Missverständnis, hier handele es sich um „Befehle", wohl befördert hat. Sowohl für die Verknüpfung von HTML-Dokumenten mit *CSS-Stilen* (*Cascading Style Sheets*) als auch für die Manipulation von HTML-Dokumenten über das *Document Object Model* (DOM) ist es aber wichtig, in den Elementstrukturen zu denken und die Sprachmittel von HTML standardkonform einzusetzen. Die verschachtelte Elementstruktur eines HTML-Dokuments lässt sich als Baum auffassen wie in Abbildung 2.2 (Seite 34) angedeutet. Dies entspricht auch weitgehend der DOM-

Repräsentation, auf die wir in Abschnitt 3.3 „Das Document Object Model (DOM)", Seite 62, noch einmal zurückkommen werden.

```
<!DOCTYPE html PUBLIC "-//W3C//DTD HTML 4.01//EN"
   "http://www.w3.org/TR/html4/strict.dtd">
<html>
  <head>
    <title>Test<title>
    <link rel="next" href="other.html">
    <script type="text/javascript">
      // <!-- /* JavaScript-Code */ -->
    </script>
    <style type="text/css" media="screen">
      /* <!-- CSS --> */
    </style>
  </head>
  <body>
    <h1>HTML</h1>
    <p>Die <em>Hypertext Markup Language</em> (HTML)...</p>
    <p>Als SGML-Anwendung unterliegt HTML den Regeln ...</p>
    <h1>Die HTML-DTD</h1>
    <p>Die DTD für Version 4.01 ist zu finden unter
       <a href="http://www.w3.org/TR/html4/strict.dtd">
        HTML-DTD</a> auf der Website des W3C</p>
  </body>
</html>
```

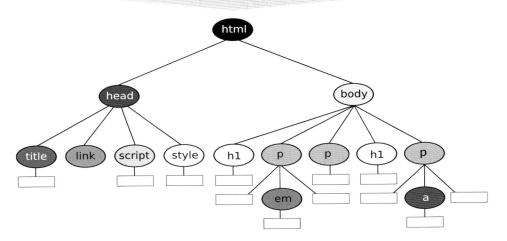

Abbildung 2.2 *Baum-Darstellung eines hierarchisch strukturierten Dokuments*

Deutlich zu erkennen ist hier die hierarchische Schachtelung der Elemente, die im Baum als *Knoten* dargestellt werden, hier jeweils visualisiert über eine Ellipse. Die

Eltern/Kind-Beziehung wird mit einer (gerichteten) *Kante* ausgedrückt, visualisiert über eine Linie. Die Richtung der Kante wird visualisiert, indem der Knoten für das umgebende Element jeweils oberhalb des Knotens für das eingeschlossene Element dargestellt wird (der Baum steht wie immer in der Informatik auf dem Kopf – die Wurzel ist oben). Neben Elementknoten zeigt die Abbildung auch die zusammengefassten Textknoten des Dokuments als kleine Rechtecke, die keine weiteren Nachfahren besitzen (die Bezeichnung Nachfahren oder auch Nachkommen für weitere enthaltene Knoten erklärt sich aus der Interpretation des Baums als Stammbaum).

Bei der *Serialisierung* eines solchen Baums als SGML-Dokument – also der Umformung in eine Folge von Strukturbeschreibungen und Inhaltsinformationen – wird die hierarchische Beziehung zwischen Elementknoten durch Tags ausgedrückt, wobei sich automatisch eine korrekte Schachtelung der Tag-Paare für ein Element ergibt. Blattknoten, die keine Nachfolger besitzen, können in SGML aus nur einem Tag bestehen, dem *leeren Element-Tag*. Anders als in SGML werden leere Elemente in XML besonders gekennzeichnet, um sie auch in Dokumenten ohne *Dokumenttyp-Definition* (DTD) parsieren zu können.

2.1.2 Dokumenttyp-Definitionen (DTDs)

Damit der Dokumentbaum im Browser wie gewünscht erzeugt wird, sollte sehr genau auf die korrekte Schachtelung von Elementen entsprechend den Vorgaben der W3C-Empfehlung zu HTML [HTML] geachtet werden. Abweichungen davon führen leicht zu unerwünschten Effekten, wenn ein Browser das Dokument als Tag Soup interpretiert. Für XHTML-Dokumente würde ein korrekt implementierter Browser im Fehlerfall unter Umständen sogar die Verarbeitung des Dokuments abbrechen und überhaupt nichts anzeigen.

Für das reibungslose Funktionieren webbasierter Anwendungen ist daher eine strikte Einhaltung dieser syntaktischen Regeln sehr wichtig, um plattformspezifische Anpassungen weitgehend zu vermeiden. HTML-Dokumente sollten daher immer eine *Dokumenttyp-Deklaration* enthalten, die mit dem Schlüsselwort DOCTYPE gekennzeichnet wird und auf den verwendeten Dokumenttyp verweist. In den Beispielen dieses Buchs verwenden wir vorwiegend die strikte Variante von HTML 4.01, die mit folgendem Text am Anfang eines Dokuments deklariert wird:

```
<!DOCTYPE html PUBLIC "-//W3C//DTD HTML 4.01//EN"
                "http://www.w3.org/TR/html4/strict.dtd">
```

Auf der Basis dieser Deklaration kann das betreffende Dokument gegen die standardisierte *Dokumenttyp-Definition* (DTD) mit dem angegebenen offiziellen Bezeichner validiert werden. Die Verwendung der strikten Variante der HTML-DTD in der Version 4.01 empfiehlt sich vor allem für Anwendungen, die auf den aktuellen Stand der Technik aufsetzen und zukünftige Entwicklungen einbeziehen. Alternativ könnte auch die XML-basierte *Extensible Hypertext Markup Language* (XHTML) in der Version 1.0 [XHTML] verwendet werden. Aufgrund der besseren Unterstützung von HTML in älteren Browsern und einiger Stolperfallen bei der Verwendung des korrekten Medientyps in der Server-Konfiguration, sind die Beispiele in diesem Buch in HTML 4.01 verfasst. Eine ausführlichere Abwägung der Vor- und Nachteile von HTML gegenüber XHTML enthält Anhang C: „Dokumentformat für Webseiten" (Seite 189).

Bei der Entwicklung eigener Anwendungen können Sie Ihre Dokumente in XHTML verfassen und anschließend mit einem Werkzeug wie *tidy* oder *xmllint* in HTML umwandeln (siehe auch Anhang A: „Werkzeuge für die Arbeit mit SGML und XML", Seite 182). Für XML-Dokumente mit einem anderen Dokumenttyp bietet sich eine Dokumenttransformation mit XSLT [XSLT] an, bei der ebenfalls striktes HTML als Ausgabeformat erzeugt werden kann.

Generell sollten Sie sowohl bei der manuellen Erstellung von logisch ausgezeichneten Dokumenten als auch bei deren automatischer Erzeugung durch Skripte oder grafische Werkzeuge regelmäßig die Korrektheit der Ergebnisse in Bezug auf die verwendete DTD überprüfen, um Fehler frühzeitig erkennen und beheben zu können. Sollten Sie mit Validierungswerkzeugen für SGML- oder XML-Dokumente noch nicht vertraut sein, so finden Sie in Anhang A: „Werkzeuge für die Arbeit mit SGML und XML" (Seite 182) einige Hinweise auf Werkzeuge und Vorgehensweisen, die Ihnen den Einstieg erleichtern.

2.1.3 Logische Dokumentauszeichnung

Ein wichtiger Aspekt neben der syntaktischen Korrektheit von HTML-Dokumenten ist natürlich auch der semantisch korrekte Einsatz der Sprachmittel von HTML. Als Sprache zur logischen Dokumentauszeichnung hat HTML-Markup vorwiegend beschreibenden Charakter: Ein Ankerelement a kennzeichnet eine Textstelle als Verweis auf ein anderes Dokument oder eine andere Textstelle im selben Dokument. Weder das Erscheinungsbild (beispielsweise blauer und unterstrichener Text) noch das Verhalten für die meisten HTML-Elemente werden bindend vorgeschrieben, auch wenn viele Browser diese Elemente ähnlich (eben blau und unterstrichen) dar-stellen, um eine weitgehend einheitliche Nutzungsschnittstelle zum World Wide Web zu schaffen.

Um das gewünschte Aussehen für HTML-Elemente auf dem jeweiligen Ausgabege-rät (zumeist ein Computer-Bildschirm) beeinflussen zu können, bieten fast alle modernen Browser eine hinreichend gute Unterstützung für CSS [CSS2]. Als Bei-spiel für das Zusammenspiel von HTML und CSS zeigt Beispiel 2.1: „HTML-Darstellung eines Menüs" (Seite 37) ein fiktives Menü, das mit Hilfe von unsortier-ten Listen mit den Elementtypen ul und li realisiert wird.

Beispiel 2.1: HTML-Darstellung eines Menüs

```
<!DOCTYPE html PUBLIC "-//W3C//DTD HTML 4.01//EN"
  "http://www.w3.org/TR/html4/strict.dtd">
<html>
<head>
<title></title>
</head>
<body>
<ul id="nav">
    <li><a href="#">Home</a></li>
    <li><a href="#">Über uns</a>
      <ul>
        <li><a href="#">Unternehmen</a></li>
        <li><a href="#">Management</a></li>
        <li><a href="#">Geschichte</a></li>
      </ul>
    </li>
    <li><a href="#">Dienstleistungen</a>
      <ul>
        <li><a href="#">Autowäsche</a></li>
        <li><a href="#">Bremsenprüfung</a></li>
        <li><a href="#">Ölwechsel</a></li>
        <li><a href="#">Lichttest</a></li>
      </ul>
    </li>
    <li><a href="#">Kontakt</a>
      <ul>
        <li><a href="#">Postanschrift</a></li>
        <li><a href="#">E-Mail-Formular</a></li>
        <li><a href="#">Anfahrtskizze</a></li>
      </ul>
    </li>
  </ul>
</body>
</html>
```

Ohne weitere Stilangaben wird das Menü im Browser als verschachtelte Liste dargestellt, zu sehen in Abbildung 2.3 (Seite 38).

Abbildung 2.3 *HTML-Darstellung eines Menüs im Browser (ohne Stile)*

2.2 Einsatz von Cascading Style Sheets (CSS)

Um eine ansprechende Darstellung von Inhaltsinformationen auf einem Ausgabegerät zu erzielen, sollten die bereits erwähnten *Cascading Style Sheets* (CSS) verwendet werden. CSS ermöglichen es, Dokumentstrukturen mit Stilinformationen anzureichern, ohne den Dokumentinhalt verändern zu müssen. Anders als bei der Verwendung von layoutspezifischen Elementtypen wie b und i oder gar dem nach HTML 3.2 nicht mehr empfohlenen Elementtyp font werden die CSS-Angaben nicht mit den Strukturinformationen des Dokuments vermischt. Die Trennung von Strukturinformationen und Layoutangaben ermöglicht nicht nur eine Aufgabenteilung zwischen Designer und Anwendungsentwickler, sondern führt auch dazu, dass sich nachträgliche Änderungen einfacher und robuster durchführen lassen.

Neben der Nachhaltigkeit, die der Einsatz von CSS für webbasierte Anwendungen mit sich bringt, ergeben sich auch noch Vorteile im Hinblick auf AJAX-basierte Anwendungen mit clientseitigem JavaScript: Das gezielte Verändern von Layouteigenschaften eines HTML-Elements in einer Webseite während der Darstellung ermöglicht zum einen visuelle Effekte wie das Öffnen eines kontextbasierten Menüs an der aktuellen Position des Mauszeigers, kann zum anderen aber auch technisch anspruchsvolle Lösungen wie die Abfrage von Mausbewegungen zur Realisierung des „Drag and Drop" vereinfachen.

Die genannten Beispiele zeigen bereits, dass der skriptbasierten Manipulation von Stilangaben eine zentrale Rolle in interaktiven Anwendungen zukommt. Die Entwicklung eigener Anwendungen setzt daher grundlegende Kenntnisse der Funktionsweise von CSS voraus. Darauf aufbauend soll in diesem Abschnitt das Zusammenspiel zwischen CSS und JavaScript am Beispiel einer einfachen JavaScript-Bibliothek illustriert werden. Diese verwendet die Selektor-Schreibweise von CSS, um Layoutobjekten dynamische Eigenschaften zuzuordnen. Zur Illustration der Ausführungen wird die Darstellung auf einem Ausgabegerät mit grafischer Benutzungsoberfläche angenommen. Andere Formen der Ausgabe – etwa akustisch oder über haptische Schnittstellen – werden in diesem Buch nicht weiter behandelt.

Als Einstieg in den Umgang mit veränderlichen Darstellungsattributen blicken wir noch einmal auf die Auswirkungen von statischen Stilangaben auf das Menü-Beispiel aus Abschnitt 2.1.3 „Logische Dokumentauszeichnung" (Seite 36). Beispiel 2.2: „CSS-Stil für Menü" (Seite 39) zeigt einen CSS-Stil für das erwähnte Menü. Einen Eindruck von der Wirkung dieses Stylesheets bei der Darstellung des Dokuments in einem Webbrowser gibt Abbildung 2.4 (Seite 40). Sie können dies leicht selbst nachvollziehen, indem Sie das head-Element im Ausgangsdokument, (Beispiel 2.1, Seite 37) nach dem Dokumenttitel um folgenden Eintrag erweitern:

```
<style src="menu.css" rel="stylesheet" type="text/css">
```

Beispiel 2.2: CSS-Stil für Menü

```
html, body {
        font-family: Verdana, Arial, sans-serif;
        }
#nav, #nav ul {
        font-size: small;
        font-weight: bold;
        margin: 0;
        padding: 0;
        list-style: none;
        width: 120px;
        border-bottom: 2px solid #ccc;
        }
#nav li {
        position: relative;
        }
```

```css
#nav li ul {
        position: absolute;
        left: 119px;
        top: 0;
        display: none;
        }
#nav li a {
        display: block;
        text-decoration: none;
        color: #777;
        background: #fff;
        padding: 5px;
        border: 2px solid #ccc;
        border-bottom: 0;
        }
#nav li a:hover {
        color: #ff0;
        background: #777;
        }
#nav li:hover ul { display: block; }
```

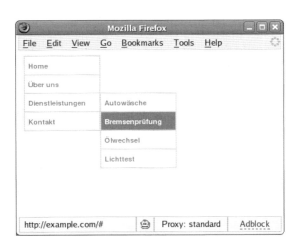

Abbildung 2.4 *HTML-Darstellung eines Menüs im Browser (mit CSS-Stil)*

Die Visualisierung der Menüstruktur wird in diesem Beispiel über die Verschachtelungstiefe der Liste gesteuert: Die Regel zu #nav und #nav ul legt die grundsätzlichen Stileigenschaften fest, unter anderem wird die Darstellung als Bullet-Liste explizit ausgeschaltet (list-style:none). Die nächsten Regeln beziehen sich auf die Listeneinträge, wobei insbesondere die Regel für die nächste Verschachtelungs-ebene interessant ist: Dort wird mit der CSS-Eigenschaft `left` eine Verschiebung nach rechts bewirkt und anschließend mittels `display:none` die Anzeige des Layoutobjekts unterdrückt, bis die CSS-Regel für die Pseudo-Klasse `:hover` diese wieder einschaltet. In der noch verbleibenden Regel werden schließlich die Stileigenschaften für die Links in den Menüeinträgen angepasst, um eine schönere Darstellung zu erreichen.

2.2.1 CSS-Grundlagen

Wie die einleitenden Beispiele gezeigt haben, ermöglicht CSS die Angabe von Stileigenschaften für bestimmte Objekte im Layoutstrom des Webbrowsers, unabhängig vom verwendeten Ausgabegerät. Die dazu verwendeten Regeln bestehen aus einem *Selektor* zur Auswahl derjenigen Objekte, auf die eine Regel anwendbar ist, und aus einem Rumpf mit den neuen Stileigenschaften für diese Objekte. (Zu den Stileigenschaften gehören übrigens nicht nur sichtbare Eigenschaften wie die Hintergrundfarbe oder die Textgröße, sondern auch Tonhöhe oder Sprecher für akustische Ausgaben.) Eine weitere Stärke von CSS ist die *Kaskadierung* von Layoutbeschreibungen, die eine Anwendung mehrerer Regelsätze auf ein HTML-Dokument erlaubt. Abhängig von der Art und der Reihenfolge der Einbindung von CSS-Beschreibungen werden einzelne Regeln überschrieben, während andere vielleicht zusammengefasst werden.

In diesem Abschnitt sollen die wichtigsten Grundlagen der deklarativen Sprache zur Definition von Stileigenschaften noch einmal kurz aufgefrischt werden. Im Vordergrund steht dabei die Auswahl von Knoten aus dem Dokumentbaum mittels Selektoren, für die CSS eine eigene Syntax definiert. Folgende kombinierbare Selektoren stehen dabei zur Auswahl:

Selektoren

Elementselektor	Der sehr häufig anzutreffende Elementselektor wählt alle Knoten eines Dokumentbaums aus, die einen angegebenen Elementtyp repräsentieren. Als Selektor wird dabei einfach der Name des gewünschten Elements angegeben.
Attributselektoren	Die Auswahl von Knoten eines Dokumentbaums kann auch anhand von Attributwerten erfolgen. Dies hat den Vorteil, dass auch Elementknoten mit unterschiedlichen

Namen in einer Operation ausgewählt werden können. Sehr häufig werden dazu die Attribute `class` und `id` verwendet, für die deswegen Kurzschreibweisen eingeführt wurden. So kann der eindeutige Bezeichner eines Elements mit dem Präfix „#" angegeben werden, der Wert eines Klassenattributs erhält den Präfix „.".

Im allgemeinen Fall besteht ein Attributselektor aus der Angabe des Attributnamens, gefolgt von einem Vergleichsoperator und einem Attributwert, und wird zur Abgrenzung von anderen Selektoren in eckige Klammern eingeschlossen. Der Selektor „`.extern`" zur Auswahl aller Elementknoten, deren `class`-Attribut das Wort „extern" enthält, ließe sich also formulieren als `[class~="extern"]`, wobei der Operator „~=" das Vorkommen des angegebenen Werts in einer mit Leerzeichen getrennten Aufzählung von Bezeichnern überprüft.

Weitere Operatoren in Attributselektoren erlauben die Prüfung auf exakte Übereinstimmung („=") oder auf Übereinstimmung eines Bezeichners in einer mit Minuszeichen getrennten Aufzählung („|="). Eine Besonderheit bildet schließlich die Form `[name]`, mit der alle Elemente ausgewählt werden, die über ein Attribut mit dem angegebenen Namen verfügen.

Universalselektor

Der Universalselektor „`*`" dient zur Auswahl aller Elementknoten in einem Dokumentbaum, unabhängig vom Elementtyp. Er wurde implizit bereits mit den Attributselektoren eingeführt, da beispielsweise „`.extern`" eine Kurzschreibweise für die Selektorkombination „`*.extern`" ist.

Nachfahren

Wie in Beispiel 2.2: „CSS-Stil für Menü" (Seite 39) bereits gesehen, erfordert die Auswahl von Knoten in komplexen Dokumenten oftmals die Berücksichtigung von hierarchischen Beziehungen von Knoten untereinander. In CSS kann diese Beziehung durch Aneinanderreihung mehrerer Selektoren ausgedrückt werden, wobei diese jeweils durch Leerzeichen voneinander getrennt werden. Der Ausdruck „#nav li a" bezeichnet somit alle Elemente des Typs a, die Nachfahren von Listeneinträgen mit dem Elementtyp li sind, die sich wiederum in einem beliebigen Element mit einem ID-Attribut nav befinden.

Kindelemente

Soll die hierarchische Beziehung auf die unmittelbare Eltern-/Kindbeziehung eingeschränkt werden, so kann dafür der Operator „>" verwendet werden. Der oben angeführte Selektor für Ankerelemente in Listeneinträgen ließe sich also auch formulieren als „#nav li > a".

Nachfolger

Um nur solche Elemente auszuwählen, die auf der gleichen Hierarchieebene unmittelbar aufeinander folgen, kann der Operator „+" in einem Selektor eingesetzt werden. Sollen also alle Listenelemente bis auf das erste mit einem bestimmten Stil versehen werden, so könnte dies mit dem Selektor „li + li" bewirkt werden.

Neben den zuvor gezeigten Selektoren definiert CSS noch eine Reihe weiterer Selektoren für Elemente und Klassenattribute, die keine Entsprechung im Dokumentbaum haben, u.a. die Pseudo-Klassen :hover, :visited und :active; mit der Stileigenschaft content kann Elementknoten textueller Inhalt zugeordnet werden, besonders nützlich im Zusammenhang mit Selektoren, die die Pseudo-Elemente :before und :after benutzen.

In der Praxis werden oft nur Elementselektoren sowie einfache Attributselektoren für Klassen und für Elemente mit eindeutigen Bezeichnern verwendet, um eine möglichst große Basis existierender Browser abzudecken (so beherrscht Internet Explorer bis einschließlich Version 6 weder den Kindelementselektor noch den Nachfolgerselektor und hat auch sonst allerlei Probleme mit nichttrivialen Selektoren; s. z.B. <http://www.quirksmode.org/css/contents.html>). Komplexe Selektoren lassen sich oftmals mit Hilfe von clientseitigen Skripten ersetzen, die auf dem Dokumentbaum operieren und so die Elementknoten auswählen, deren Stileigenschaften verändert werden sollen. Da dies vor allem für visuelle Effekte während der Darstellung eines Dokuments benötigt wird, ist die Trennung von Programmlogik und Präsentation an dieser Stelle ohnehin nicht mehr strikt einzuhalten. Wie in Abschnitt 2.2.3 „Trennung von Verhaltensweise und Struktur" (Seite 47) noch gezeigt wird, existieren zahlreiche Funktionsbibliotheken, die diese Aufgaben unterstützen und so zumindest einen systematischen Ansatz zur Aufrechterhaltung dieses Paradigmas erlauben.

Darstellungsprozess

Nachdem das darzustellende HTML-Dokument eingelesen und mit Stileigenschaften annotiert wurde, wird der Dokumentbaum vom Browser auf dem gewählten Ausgabegerät dargestellt. Für die visuelle Darstellung kann dies ein Bildschirm sein, ein Drucker oder das Display eines Mobiltelefons. Alternativ könnte aber auch eine Tonwiedergabe mit einem Screenreader gewünscht sein, für die weitere medienspezifische Annotationen denkbar sind.

Die Darstellung auf einem visuellen Ausgabemedium basiert auf dem sogenannten *Box-Modell*, also einer Anordnung von Layoutobjekten in einem Strom von rechteckigen Bereichen. Jeder dieser Bereiche verfügt über einen Rahmen, einen festgelegten Abstand zu Nachbarbereichen und einen Abstand zwischen dem äußeren Rand und dem Inhalt des Bereichs. Die Hauptaufgabe des Browsers besteht nun darin, die Anordnung der Bereiche möglichst platzsparend entsprechend den festgelegten Abständen und der ermittelten Mindestausdehnung eines jeden Bereichs durchzuführen. Der Prozess gleicht dabei weitgehend dem Vorgehen eines Formatierers im Printbereich, wobei für die Bildschirmausgabe beispielsweise die Paginierung entfällt und einige Parameter anders berechnet werden als im Buchdruck.

Zu beachten ist, dass der aus dem Dokumentbaum erzeugte Layoutstrom die Struktur des Dokuments widerspiegelt: Der rechteckige Bereich für ein Element befindet sich grundsätzlich innerhalb der Begrenzungen des umgebenden Elements. CSS bietet mit der Stileigenschaft *position* jedoch die Möglichkeit, diese starre Hierarchie zu durchbrechen. So kann ein Layoutobjekt samt der Kindelemente mit der Angabe position:relative relativ zur eigentlich normalen Position neu positioniert werden. Alternativ dazu kann eine absolute Positionierung vorgenommen werden, bei der das betreffende Objekt aus dem normalen Layoutstrom entfernt wird, d. h. die Darstellung nachfolgender Objekte erfolgt so, als folgten sie direkt auf den Vorgänger des absolut positionierten Objekts. Die absolute Positionierung macht sich unter anderem der in Abschnitt 1.2 „Asynchroner Seitenaufbau" (Seite 14) skizzierte Mechanismus zum Verschieben von Kartenausschnitten in Google Maps zunutze. Das voreingestellte Positionierungsschema entspricht der Angabe position:static, bei der keine Verschiebung gegenüber dem normalen Layoutstrom vorgenommen wird.

Die Berechnung der Position von Layoutobjekten wird im Wesentlichen von den Stileigenschaften *position* und *display* beeinflusst. Mit *display* wird die Art der Darstellung festgelegt, also ob es sich um ein Blockelement oder ein Inlineelement handelt. Während Blockelemente grundsätzlich vertikal in den Layoutstrom eingefügt werden, erfolgt die Anordnung für Inlineelemente horizontal entlang der Schreibrichtung des jeweiligen Schriftsystems. Eine Besonderheit stellt display:none dar: Ein solches Objekt wird samt seiner Nachfahren aus dem Layoutstrom entfernt und erscheint nicht auf dem Ausgabemedium. Die benachbarten Objekte werden so dargestellt, als sei dieses Objekt nicht vorhanden. Diese Eigenschaft nutzt beispielsweise TiddlyWiki für den Datenspeicher, in dem die nicht angezeigten Tiddler intern gespeichert werden.

2.2.2 Portabilität von Cascading Style Sheets

Die größte Hürde für den Einsatz von CSS stellt der weitgehend uneinheitliche Grad der Implementierung in verbreiteten Browsern dar. Zwei Familien von Browsern dominieren heute die Web-Nutzung: Einerseits der *Internet Explorer* von Microsoft, andererseits die auf der Layout-Engine *Gecko* basierenden Browser wie *Mozilla* und *Firefox* (geschätzt dürften deutlich über 90 % der Internet-Nutzer regelmäßig Browser aus einer der beiden Familien einsetzen, siehe z. B. <http://www.w3schools.com/browsers/browsers_stats.asp>). In Zukunft werden natürlich auch das vor allem für mobile Anwendungen verbreitete Opera und die KHTML-Familie mit ihrem prominenten Vertreter Safari an Einfluss gewinnen und sollten daher nicht ignoriert werden.

Die beiden verbreiteten Browser-Familien Internet Explorer und Gecko decken jeweils sehr unterschiedliche Teile der CSS-Spezifikation [CSS2] ab. Für Entwickler sehr unbequem ist diesbezüglich vor allem Microsofts Internet Explorer, da die Umsetzung von wichtigen Teilen der CSS-Spezifikation hier zu Gunsten von ActiveX zurückgestellt wurde. Erschwerend kommt hinzu, dass sich mit der Standardisierung von CSS durch das W3C an einigen Stellen die traditionelle Sichtweise auf bestimmte CSS-Konzepte gewandelt hat. Als Folge stellen ältere Browser diese Seiten anders dar als moderne Browser. Um diesem Effekt entgegenzuwirken sehen einige Browser Heuristiken zur Unterscheidung zwischen diesen beiden Verarbeitungsmodi vor. Eine Übersicht über die Unterschiede der Behandlung von CSS bietet Peter-Paul Koch auf seiner Web-Site *Quirksmode* <http://www.quirksmode.org/>.

Auch unser kurzes Beispiel funktioniert im seit 2001 funktional nicht mehr weiter-entwickelten Browser *Internet Explorer 6* leider nicht ohne weiteres, da dieser die Pseudo-Klasse :hover nur für a-Elemente unterstützt. Abhilfe kann man durch den Einsatz von JavaScript schaffen:

Beispiel 2.3: JavaScript-Fix für Internet Explorer 6

```
<style type="text/css">
/* ...CSS-Stil wie oben... */
li.over ul { display: block; }
</style>
<script type="text/javascript">
window.onload = function() {
  var nodes = document.getElementById("nav").
              getElementsByTagName("li");
  for (i=0; i != nodes.length; i++) {
    nodes[i].onmouseover = function() {
      this.className += " over";
    }
    nodes[i].onmouseout = function() {
      this.className = this.className.replace(/ over$/, "");
    }
  }
}
</script>
```

Das kurze Skript definiert einen *onload*-Handler, der nach dem Laden des HTML-Dokuments aktiv wird. Er installiert in allen li-Elementen, die im Navigations-menü vorkommen, Event-Handler für das Betreten und Verlassen des Elements mit dem Mauszeiger (*onmouseover* bzw. *onmouseout*). Diese Event-Handler modifi-zieren dynamisch das class-Attribut des li-Elements: Immer, wenn die Maus über dem Element erscheint, wird die Klasse over hinzugefügt und nach Verlassen wie-der entfernt. Der CSS-Stil wurde so angepasst, dass diese Klasse den gleichen Effekt hat wie die in Internet Explorer 6 nur für Links implementierte Pseudoklasse :hover.

Natürlich ist es nicht sehr befriedigend, standardkonforme Webseiten immer wieder neu mit „Fixes" für ältere Browser versehen zu müssen. Als Ausweg verwenden viele Web-Designer daher Funktionsbibliotheken, die eine einheitliche Schnittstelle für die Layout-Engines verschiedener Browser bieten. Eine der bekanntesten Bibliothe-ken dieser Art ist *IE7* von Dean Edwards <http://dean.edwards.name/IE7/>, eine Kombination aus JavaScript-Code und Browser-spezifischen Funktionen speziell für den Einsatz mit Internet Explorer. Mit dem Einbinden von IE7 in eigene Webseiten lassen sich zahlreiche Sonderfälle zur Behandlung der Unterschiede zwischen Gecko-basierten Browsern und Internet Explorer vereinfachen, und entsprechende Testfunktionen können vermieden werden. Neben einer Reihe von CSS-spezifischen Erweiterungen implementiert IE7 übrigens auch das JavaScript-API für das JavaScript-Objekt `XMLHttpRequest` auf der Basis des ActiveX-Objekts `XMLHTTP`.

Trotz dieser Hilfestellungen erlebt man als Autor von CSS-Stilen immer wieder Überraschungen angesichts der Auswirkungen, die manche Regeln in unterschiedlichen Browsern haben. So ist vor allem die Semantik der dynamischen Änderung von Eigenschaften von Layoutobjekten nicht eindeutig festgelegt. So wird beispielsweise die Breite eines Objekts oftmals anhand des umgebenden Bereichs berechnet. Was hat es nun aber zu bedeuten, wenn dieses Objekt anders positioniert wird? Glücklicherweise existieren im Netz zahlreiche Quellen mit Informationen über bekannte Probleme und mögliche Lösungen. Darüber hinaus haben viele Web-Designer mittlerweile den Nutzen nachhaltiger Lösungen erkannt, insbesondere im Hinblick auf barrierefreie Webseiten für Geräte mit besonderen Eigenschaften. Eine auch nur annähernd vollständige Aufzählung qualitativ hochwertiger Informationsquellen ist angesichts dieser umfangreichen Thematik kaum möglich; einen guten Einstieg bieten jedenfalls die folgenden Adressen:

*   Quirksmode <http://www.quirksmode.org>,

*   A List Apart <http://www.alistapart.com>,

*   CSS Zen Garden <http://csszengarden.com>,

*   CSS Crib Sheet <http://www.mezzoblue.com/css/cribsheet/>.

2.2.3 Trennung von Verhaltensweise und Struktur

Im vorigen Abschnitt haben Sie bereits einige Hilfsfunktionen kennengelernt, mit denen sich das Verhalten von Layoutobjekten als Reaktion auf externe Ereignisse wie Mausbewegungen oder abgelaufene Zeitgeber beeinflussen lässt. Wie zuvor gesehen, manipulieren viele dieser Funktionen die Stileigenschaften von Layoutobjekten sowie den Inhalt oder die Struktur des Dokuments. Damit die dafür notwendigen Code-Fragmente nicht über das gesamte Dokument verteilt werden, unterstützen einige der gezeigten Bibliotheken die Annotation von Layoutobjekten zur Laufzeit, d. h. nach dem Laden der jeweiligen Ressource.

Die Zuordnung von Code-Fragmenten zu Knoten im Dokumentbaum erfolgt dabei anhand der Dokumentstruktur und wird z. B. mittels XPath [XPath] oder CSS-Selektoren ausgedrückt. Bei Bedarf können Dokumentelemente mit eindeutigen Bezeichnern im Attribut id oder mit spezifischen Klassenattributen (class) versehen werden, um die Zuordnung zu erleichtern. Durch die an CSS angelehnte Regelschreibweise wird der Programmcode übersichtlicher und lässt sich leichter an neue Anforderungen anpassen (etwa durch Hinzufügen weiterer Klassenbezeichner). Beispiel 2.4: „Zuordnung von JavaScript-Code zu Dokumentelementen mittels CSS-Selektoren" (Seite 48) zeigt ein JavaScript-Fragment, über das eine solche Zuordnung ausgedrückt werden soll.

Beispiel 2.4: Zuordnung von JavaScript-Code zu Dokumentelementen mittels CSS-Selektoren

```
'#nav li' : function(element) {
        element.onmouseover = beginAction;
        element.onmouseout  = endAction;
    }
```

Als Notation wird hier die Komponentenschreibweise für die Initialisierung eines anonymen Objekts verwendet, wodurch die Zuordnung von Selektor und Regelkörper deutlich wird. Der Selektor fungiert dabei als eindeutiger Bezeichner für eine Objektkomponente, die den Rumpf der Regel bildet. Weiterer JavaScript-Code, z. B. die Bibliothek *Behaviour*, würde nach dem Laden des Dokuments diejenigen Knoten des Dokumentbaums ermitteln, die durch einen solchen Selektor beschrieben werden. Das Funktionsobjekt würde anschließend auf diese Knoten angewendet, jeweils mit dem betreffenden Knoten als Argument.

Der Beispielcode greift auf die Definition der Menüstruktur aus Beispiel 2.1: „HTML-Darstellung eines Menüs" (Seite 37) mit unsortierten Listen zurück. Das Wurzelelement für das Menü trägt darin den eindeutigen Bezeichner nav, der hier als Anker für einen Selektor verwendet wird. Die angegebene Regel wird demnach auf alle Listeneinträge (Elementtyp li) in diesem Menü angewendet. Sie dient dazu, das jeweilige Element mit zwei Funktionen zur Behandlung von Mausereignissen zu verknüpfen. Beim Eintritt des Mauszeigers in den Bereich des korrespondierenden Layoutobjekts wird die Funktion **beginAction** aufgerufen, beim Verlassen soll der Browser die Funktion **endAction** aufrufen.

Schließlich fehlt noch die Auswertung der Komponentenbezeichner als Selektoren. Dazu muss die angegebene Zeichenkette in ihre Bestandteile zerlegt und von links nach rechts sukzessive und unter Beachtung der Besonderheiten verschiedener

Browser abgearbeitet werden. Glücklicherweise existieren JavaScript-Bibliotheken, die diese Aufgabe übernehmen. Zu nennen sind hier insbesondere Dean Edwards' *cssQuery* <http://dean.edwards.name/download/cssQuery.zip> und die Bibliothek *Behaviour* <http://ripcord.co.nz/behaviour/>, deren Herzstück die Funktion `getElementsBySelector` von Simon Willison darstellt.

Beispiel 2.5: „Verwendung von CSS-Selektoren mit cssQuery" (Seite 49) erläutert den Einsatz von **cssQuery** anhand des JavaScript-Codes aus Beispiel 2.1: „HTML-Darstellung eines Menüs" (Seite 37), Beispiel 2.6: „Verwendung von CSS-Selektoren mit Behaviour" (Seite 49) zeigt, wie die gleiche Aufgabe sehr elegant mit Behaviour gelöst werden kann.

Beispiel 2.5: Verwendung von CSS-Selektoren mit cssQuery

```
<script type="text/javascript" src="cssQuery-p.js"></script>
<script type="text/javascript">
window.onload = function() {
  nodes = cssQuery("#nav li");
  for (i=0; i != nodes.length; i++) {
    nodes[i].onmouseover = function() {
      this.className+=" over";
    }
    nodes[i].onmouseout = function() {
      this.className = this.className.replace(/ over$/, "");
    }
  }
}
</script>
```

Beispiel 2.6: Verwendung von CSS-Selektoren mit Behaviour

```
<script type="text/javascript" src="behaviour.js"></script>
<script type="text/javascript">
Behaviour.register( {
  '#nav li' : function(element) {
              element.onmouseover = function() {
                      this.className+=" over";
                };
              element.onmouseout  = function() {
      this.className = this.className.replace(/ over/, "");
                };
  }
} );
</script>
```

Der Vorteil von **cssQuery** gegenüber der Funktion **getElementsBySelector** ist die Möglichkeit, die Kontextknoten explizit anzugeben, auf die sich der Selektor bezieht. So lassen sich leicht mehrstufige Operationen definieren, die auf Teilbäume des Dokuments angewendet werden.

Neben den beiden hier vorgestellten Bibliotheken existieren natürlich noch einige weitere Ansätze, die die Trennung von Verhaltensweise und Dokumentstruktur erlauben. Hervorzuheben ist darunter vor allem *Class Behaviour* (nicht zu verwechseln mit oben genannter Bibliothek *Behaviour*) von Frank van Rooijen und Maurice van Creij, zu finden in Woolly Mittens' umfangreicher Sammlung von JavaScript-Bibliotheken unter <http://www.woollymittens.nl/content/index.asp?cat=weblab>. *Class Behaviour* verwendet ein festes Vokabular von Klassenbezeichnern, mit denen ein Element bestimmte Verhaltensweisen annimmt. So kann beispielsweise der Bezeichner dropDownMenu verwendet werden, um eine Liste in ein aufklappbares Menü zu verwandeln.

Eine vergleichbare Funktionalität bietet auch *AqLists* von Stuart Langridge <http://www.kryogenix.org/code/browser/aqlists/>. Nach dem Einbinden eines kurzen Java-Script-Programms und eines zugehörigen Stylesheets werden alle Listenstrukturen mit dem Klassenattribut aqdd in aufklappbare Menüs verwandelt, das Attribut aqtree3clickable verwandelt die gleiche Struktur in einen klickbaren Baum, wie er aus dem Dateimanager von Windows XP bekannt ist. Abbildung 2.5 (Seite 50) illustriert dies für unser Beispielmenü.

Abbildung 2.5 *Klickbares Menü mit aqtree*

2.3 Übungen

Übung 1

Gegeben sei das folgende HTML-Dokument mit vier Containern für Inhalte. Ergänzen Sie das Stylesheet um zwei Regeln für die Klassenattribute on und off. Die Regel für die Klasse on soll die Hintergrundfarbe auf gray und die Schriftfarbe auf yellow setzen. Die Regel für die Klasse off soll diese Änderungen unabhängig von den konkret gewählten Farben rückgängig machen.

Wenn Sie die Korrektheit Ihres Stylesheets anhand manuell gesetzter Attribute überprüft haben, registrieren Sie unter Verwendung der Bibliothek *Behaviour* einen Event-Handler für alle div-Elemente des Dokuments, der das Klassenattribut bei jedem Mausklick auf das jeweilige Element ändert. Beim ersten Klick soll das Attribut class auf den Wert on gesetzt werden, anschließend jeweils abwechselnd auf off oder on.

Das zu bearbeitende HTML-Dokument:

```
<!DOCTYPE html PUBLIC "-//W3C//DTD HTML 4.01//EN"
  "http://www.w3.org/TR/html4/strict.dtd">
<html>
<head>
<title>Links</title>
<script type="text/javascript" src="behaviour.js"></script>
<script type="text/javascript">
  /* Event-Handler für onclick */
</script>
<style type="text/css">
div {
  padding: 0.4em 2em 0.4em 2em; width: 2em;
  text-align: center;
}
  /* Regeln für class="on" und class="off" */
</style>
</head>
<body>
<div>eins</div>
<div>zwei</div>
<div>drei</div>
<div>vier</div>
</body>
</html>
```

behaviour.js ist frei verfügbar unter <http://ripcord.co.nz/behaviour/>.

Einen Lösungsvorschlag finden Sie im Anhang E auf Seite 206.

Übung 2

Überlegen Sie, wie CSS-Stile in Kombination mit DOM-Scripting das Ausblenden von Beiträgen und Schaltflächen in TiddlyWiki unterstützen können. Denken Sie insbesondere an die Auswirkungen von `display:none` und `visibility:hidden` auf den Layoutstrom.

Einen Lösungsvorschlag finden Sie im Anhang E auf Seite 207.

3 JavaScript für Profis

Viele interaktive Anwendungen im World Wide Web basieren auf clientseitig ausgeführten JavaScript-Programmen, mit denen die interne Repräsentation eines HTML-Dokuments während der Anzeige im Browser verändert wird. Neben einer flexiblen Sprache wie JavaScript bedarf es dazu einer standardisierten Programmierschnittstelle, über die ein solches Programm auf die Interna des Browsers zugreifen kann. Darüber hinaus bedeutet Interaktion, dass auf externe Ereignisse wie Benutzereingaben reagiert werden muss.

Die Sprache JavaScript wurde entwickelt, um Entwicklern von webbasierten Anwendungen ein flexibles und leistungsfähiges Werkzeug für diese Aufgaben an die Hand zu geben. Standardisierte Schnittstellen zum Zugriff auf das Document Object Model (DOM) aus JavaScript-Programmen heraus und ein standardisiertes Eventmodell ermöglichen die Entwicklung von interaktiven Anwendungen, die auch mit zukünftig entwickelten Browsern benutzt werden können.

Dieses Kapitel gibt einen kurzen Überblick über fortgeschrittene Sprachkonzepte von JavaScript, die zum Verständnis der später vorgestellten AJAX-Bibliotheken notwendig sind. Ferner werden die Programmierschnittstelle für das DOM und die Ereignisbehandlung erläutert, wobei insbesondere die Entwicklung portabler Anwendungen auf der Basis existierender Standards verfolgt wird.

Unter den Programmiersprachen für webbasierte Anwendungen hat *JavaScript* eine zentrale Rolle, steht sie doch als Synonym für mobilen Code im World Wide Web. Fast jeder moderne Browser verfügt über einen JavaScript-Interpreter, so dass Webseiten nicht nur statische Informationen oder allenfalls animierte Grafiken enthalten können, sondern im Rahmen der Sicherheitsbeschränkungen beliebige Programme auf dem lokalen Rechner des Betrachters ausgeführt werden können. So kann ein JavaScript-Programm, das mit einer Webseite übertragen wird, zum Beispiel Fenster auf dem Bildschirm öffnen, Formulareinträge validieren und gelegentlich auch mal bunte Bilder über die Seiten wandern lassen.

Während sich damit die Phantasie vieler Entwickler oft schon erschöpft, hat JavaScript als ausgewachsene Programmiersprache wesentlich mehr zu bieten als viele andere Skriptsprachen. Da JavaScript vorrangig für den Einsatz in webbasierten Anwendungen entwickelt wurde, hat man beim Entwurf der Sprache sehr großen Wert auf Flexibilität gelegt. Als interpretierte Sprache ermöglicht JavaScript die schnelle Entwicklung von Skripten, die sofort im Browser getestet werden können, ohne sie zuvor übersetzen und linken zu müssen. Daneben erlaubt JavaScript aber auch die strukturierte Entwicklung umfangreicher Programme, da die Sprache sehr fortgeschrittene Konzepte wie höhere Funktionen und objektbasierte Programmierung bietet. Leider werden diese Mechanismen in den gängigen Referenzen zu JavaScript kaum erklärt, da sie bislang eher selten für Webanwendungen benutzt wurden. Mit AJAX ändert sich dies nun, wie zum Beispiel ein Blick in die Bibliothek *Prototype* in Abschnitt 5.3 „Prototype: Eine AJAX-Bibliothek in JavaScript" (Seite 135) zeigt.

Aus diesem Grund bietet dieses Kapitel einen Überblick über diejenigen Aspekte von JavaScript, die in den Folgekapiteln benötigt werden, aber vielleicht nicht zum Grundwortschatz jedes Web-Designers gehören. Solide Grundkenntnisse in JavaScript werden hier vorausgesetzt, aber für Einsteiger enthält Anhang B: „Werkzeuge für die Arbeit mit JavaScript" (Seite 185) ein paar zusätzliche Hinweise zu Werkzeugen und grundlegenden Entwicklungstechniken.

3.1 JavaScript: Hintergrund

JavaScript wurde ursprünglich als Erweiterung des Browsers von Netscape entwickelt, um die Steuerung von Browser-Funktionen sowie das dynamische Ändern eines Dokuments zu ermöglichen. Bald darauf wurde unter dem Namen JScript eine ähnliche Erweiterung in den Browser des Konkurrenten Microsoft integriert. Trotz vieler Gemeinsamkeiten weisen die Varianten diverse Unterschiede auf und sind nur eingeschränkt kompatibel zueinander. Mittlerweile wurden zwar verschiedene Bestandteile von JavaScript standardisiert, doch noch immer müssen beim Erstellen von Skripten manche Eigenarten unterschiedlicher Browser berücksichtigt werden.

Das, was gewöhnlich als JavaScript bezeichnet wird, besteht aus mehreren Teilen: Der Basis der Sprache, die wir hier, wo die Unterscheidung nützlich ist, kurz ECMAScript nennen wollen, und der Schnittstelle zum Browser und zum Dokument (DOM). Unter dem Namen ECMAScript wurde der Kern der Sprache von Ecma International (ehemals *European Computer Manufacturers Association*, ECMA) standardisiert. Die Referenz hierfür ist der Standard ECMA-262 [ECMAScript], der auch als internationaler Standard ISO/IEC 16262 übernommen wurde. (ECMAScript findet als Skriptsprache neben HTML-Dokumenten auch in anderen Umgebungen Anwendung, z.B. als *ActionScript* in *Flash*.) Soweit es diesen Teil der Sprache betrifft, kann man inzwischen von einer weitgehenden

Kompatibilität zwischen den gängigen Webbrowsern ausgehen. (Für ECMAScript gibt es aktuelle Erweiterungsvorschläge, die auch schon in einigen Produkten umgesetzt wurden; wir wollen uns hier jedoch auf die in den meisten Browsern anzutreffende „Edition 3" konzentrieren.)

Wesentlich für die Nutzung von JavaScript in Webanwendungen ist neben dem Kern der Programmiersprache ECMAScript aber auch die Fähigkeit, Dokumente zu handhaben, auf einzelne Elemente eines Dokuments zuzugreifen und diese zu bearbeiten. Das in verschiedenen W3C-Empfehlungen definierte Document Object Model (DOM) bietet ein browser- und sprachunabhängiges Konzept zur Repräsentation von Dokumentstrukturen und -inhalten sowie Elementeigenschaften durch standardisierte Objekte und Methoden zu deren Manipulation. Durch eine definierte JavaScript-Schnittstelle zu diesem Modell soll das Ziel erreicht werden, eine einheitliche Verwendung in allen Browsern zu ermöglichen. Doch gibt es auch zwischen aktuellen Browsern noch immer Unterschiede darin, wie weit dieses Modell inzwischen umgesetzt ist. Schließlich gibt es neben dem DOM noch weitere Mechanismen für die Interaktion zwischen einem Skript und dem Browser, die der Steuerung sonstiger Funktionen dienen. Für diesen Bereich gibt es bisher keine einheitlichen Standards, so dass die Details mitunter stark vom jeweiligen Browser abhängig sind.

Probleme mit JavaScript

Die Flexibilität von Skriptsprachen wie JavaScript führt bei der Anwendungsentwicklung oftmals zu einem organischen Wachstum des Programmcodes, unter dem die Nachvollziehbarkeit und somit die Wartbarkeit leiden. JavaScript ist dabei nur ein Beispiel von vielen – vor allem *Perl* war lange Zeit für diese Eigenschaft berüchtigt. Wie die gleiche Erfahrung mit strenger ausgelegten Programmiersprachen zeigt, handelt es sich hierbei aber eher um ein soziales Problem und nicht um gute oder schlechte Eigenschaften der verwendeten Programmiersprache. Anders als Backoffice-Anwendungen oder serverbasierte Skripte, die in einer genau bekannten und kontrollierten Umgebung ausgeführt werden, offenbaren JavaScript-Programme ihre Defizite unmittelbar beim Endnutzer, der sie als Teil einer Webseite unaufgefordert mitgeschickt bekommt. Das große Problem für Entwickler von JavaScript-Code für Webseiten ist hierbei die unbekannte Ausführungsumgebung – weder die konkreten Eigenschaften des verwendeten Browsers können vorhergesagt werden, noch ist etwas über das lokale System bekannt, auf dem dieser Browser läuft. Unter Umständen verfügt dieses System nicht einmal über eine Möglichkeit zur grafischen Ausgabe der Webseiten, sondern stellt sie als Text oder akustisch dar.

Ein JavaScript-Entwickler muss daher wenigstens seinen Programmcode im Griff haben und genau verstehen, was dieser Code tut. Da eingebetteter JavaScript-Code mit dem Herunterladen einer Webseite von jedem kopiert werden kann, gibt es eine starke Tendenz zum Abgucken und Nachvollziehen – dabei verbreiten sich schlechte Skripte leider genau so leicht wie gute. Beide Sorten finden Eingang in Kochbücher und werden von dort blind übernommen – oftmals ohne eine genauere Analyse der Arbeitsweise des Codes. Wenn nun noch das Testen in ein oder zwei Webbrowsern zufällig erfolgreich verläuft, erscheint ein solches Programm unter Umständen schon als fertige Lösung und der Entwickler verlässt sich darauf, dass es auch auf anderen Plattformen funktionieren wird. Diese „Copy-and-Paste-Programmierung" ohne tiefes Verständnis der Wirkungsmechanismen entwickelt sich also zu einem *Cargo Cult* <http://de.wikipedia.org/wiki/Cargo-Kult>, dem das grundsätzliche Verständnis für die Funktionsweise der vorgetragenen Lösungen fehlt. Damit webbasierte Anwendungen nachhaltig funktionsfähig sind, ist daher eine tiefe Auseinandersetzung mit den unterliegenden Technologien notwendig. Dies beginnt mit dem Transportmechanismus, auf dem das World Wide Web basiert, und erstreckt sich über die Eigenschaften der verwendeten Programmiersprache bis hin zu den Unterschieden der bekannten Webbrowser.

In diesem Zusammenhang ergeben sich weitere Probleme. So wird beim Erstellen von Anwendungen mit JavaScript oft über wesentliche Grundlagen der Webentwicklung nicht ausreichend nachgedacht. Insbesondere die saubere Trennung von logischer Struktur und Layout eines Dokuments bleibt häufig auf der Strecke, worunter dann auch die Barrierefreiheit leidet. Dieses Problem ist zwar auch sonst häufig anzutreffen, wird aber durch den Einsatz von JavaScript oft noch verschärft. Zwar besteht hier kein zwangsläufiger Zusammenhang – es ist durchaus möglich, in einer Anwendung JavaScript zu verwenden und gleichzeitig die Barrierefreiheit zu wahren. Doch machen sich viele Anwendungen ohne Notwendigkeit von aufwendigen JavaScript-Effekten abhängig, obwohl sie auch so gestaltet werden könnten, dass alle wesentlichen Funktionen ohne JavaScript nutzbar sind.

Eine typische Erscheinung – gerade in der Phase, als JavaScript (oder später bestimmte Erweiterungen davon) noch relativ neu war und den Reiz des Besonderen hatte – war auch die Verwendung von JavaScript-Effekten um ihrer selbst willen. Webseiten wurden oft mit optischen Effekten und anderen Spielereien überladen, die dem Zweck der Seite nicht dienlich waren und die eigentlichen Inhalte mitunter in den Hintergrund treten ließen. (Ein weiteres Symptom war der exzessive Einsatz animierter Bilder.) Das kommt zwar auch heute noch vor, ist aber seltener geworden. Meist wird JavaScript heute durchaus zur Erfüllung einer nützlichen Aufgabe eingesetzt, auch wenn dabei – wie im vorigen Absatz erwähnt – oft ohne zwingenden Grund auf das Angebot alternativer Zugangswege verzichtet wird. Insgesamt lässt sich daraus die Lehre ziehen, JavaScript dort einzusetzen, wo es dem Benutzer einer Webseite einen wirklichen Mehrwert bietet, aber auf unnützen Einsatz zu verzichten und nach Möglichkeit Browser ohne JavaScript-Unterstützung nicht auszusperren.

Unabhängig vom Nutzen des JavaScript-Einsatzes müssen Entwickler bei der praktischen Umsetzung mit dem bereits erwähnten Problem kämpfen, dass die Schnittstelle der Sprache zum Dokument und zum Browser in verschiedenen Browsern unterschiedlich implementiert ist. Früher waren die Lösungen hier untrennbar mit einer bestimmten Entwicklungslinie (Netscapes JavaScript oder JScript im Internet Explorer) verbunden. Das zeigte sich auch darin, dass Anwendungen oft nur in einem Browser einwandfrei funktionierten und in anderen zu Fehlern führten oder schlicht nicht benutzbar waren. Die übliche Lösung für solche Probleme bestand darin, in Skripten eine Unterscheidung zwischen verschiedenen Browsertypen und -versionen vorzunehmen und für jede Variante eine eigene Lösung der gleichen Aufgabe vorzusehen. Das kann natürlich nicht zu nachhaltigen Web-Sites führen: Zwar mag die zum Zeitpunkt der Site-Erstellung für die Zielgruppe wichtige Auswahl von Browsern getestet worden sein, aber weder lässt sich voraussagen, was diese im Laufe ihres Lebens für (u. U. inkompatible) Änderungen erfahren werden, noch lassen sich so neue (oder neu populär werdende) Browser berücksichtigen. Der einzige Ausweg aus dieser Sackgasse der 1990er war die Hinwendung zur *standardbasierten Web-Entwicklung*.

Mit Standards wie dem DOM kann man heute (für aktuelle Browser) zwar standardbasiert arbeiten, und etliche Probleme können als weitgehend gelöst betrachtet werden, doch ganz ohne Berücksichtigung von browserspezifischen Eigenarten geht es noch immer nicht.

Darüber hinaus haftet JavaScript noch der negative Ruf eines Sicherheitsrisikos für das eigene System an. Zwar sollte mobilem Code immer mit einer gesunden Paranoia begegnet werden, doch bieten die meisten modernen Browser mittlerweile eine vergleichsweise sichere Laufzeitumgebung für fremden Code aus Webseiten. Das Hauptproblem besteht vielmehr darin, dass Systemadministratoren (oder auch wohlgesinnte Verwandte, die diese Rolle für private Benutzer übernehmen) die ihnen anvertrauten Nutzer vor deren Unbedarftheit schützen wollen und daher die Ausführung von JavaScript-Programmen deaktivieren. Für den Internet Explorer als die am weitesten verbreitete Browserplattform kommt erschwerend hinzu, dass AJAX dort auf dem problematischen ActiveX basiert, das nur als Ganzes ein- oder ausgeschaltet werden kann, wodurch sich ein zusätzliches Risiko für die Nutzer dieser Technologie ergeben kann.

Neben dem latenten Sicherheitsrisiko für das lokale System entstehen durch moderne Web-Technologien noch weitere Gefahren, die sich nur bedingt durch technische Maßnahmen entschärfen lassen. So erfordert die Verwaltung von Zustandsinformationen auf dem Webserver die Aktivierung von Cookies, denen viele Nutzer ablehnend gegenüberstehen. Der Grund dafür ist die oft praktizierte missbräuchliche Nutzung zur Erzeugung von Nutzerprofilen, die typischerweise für personalisierte Werbung verwendet werden. Noch problematischer ist aber die theoretische Möglichkeit des Ausspähens von Informationen im Zusammenhang mit anderen Web-Sites durch eingeschleusten Code auf einer Webseite. Gegen diese *Cross-Domain-Attacke* haben die Hersteller von Webbrowsern mit der *Same-Origin-Policy* reagiert, einer Sicherheitspolitik, die einem clientseitigen Skript den Zugriff auf fremde Domains verbietet. So sind insbesondere asynchrone HTTP-Transaktionen ausschließlich mit dem Server erlaubt, von dem die ursprüngliche Webseite geladen wurde.

Chancen von JavaScript

Einer der großen Vorteile von JavaScript ist die Möglichkeit, auch die Clientseite von Anwendungen weiterzuentwickeln, ohne dass die Benutzer dazu ständig neue Versionen einer Software installieren müssen. Mit dem Laden einer Webseite erhält der Browser vom Server immer automatisch auch die jeweils aktuellste Fassung eingebetteter Skripte. Zwar werden im Zuge der fortschreitenden Entwicklung auch zukünftig Updates von Browsern nötig sein, damit neue Funktionen verfügbar werden bzw. eine Anpassung an neue Versionen von Standards stattfindet. (Erfahrungsgemäß sind Browser-Updates auch aus anderen Gründen nötig, z. B. zur Behebung von entdeckten Sicherheitslücken und sonstigen Mängeln.) Einen einzelnen Webbrowser auf dem aktuellen Stand zu halten ist aber für den Endnutzer deutlich weniger Aufwand als die clientseitige Wartung vieler unterschiedlicher Anwendungsprogramme.

Ein weiterer Pluspunkt, der dem allgemeinen Fortschritt zugute kommt, ist die Tatsache, dass JavaScript-Programme in menschenlesbarer Form vorliegen. Jeder kann den in eine Webseite eingebetteten JavaScript-Code und die Dokumentstrukturen, mit denen das Programm arbeitet, ansehen. So können Entwickler die Funktionsweise bestehender Anwendungen untersuchen, sich von neuen Ansätzen inspirieren lassen und diese fortentwickeln. Das Resultat solcher auf Ideen aus anderen Anwendungen basierenden Weiterentwicklungen wird mit dem öffentlichen Einsatz ebenfalls wieder zu einer Quelle, aus der sich andere Programmierer Anregungen holen können.

3.2 Objektbasierte Programmierung

JavaScript (bzw. der Sprachkern ECMAScript) ist eine *objektbasierte* Sprache, d. h. sie kennt zwar Objekte, beinhaltet aber kein Klassenkonzept wie es aus objektorientierten Programmiersprachen wie z. B. C++ und Java bekannt ist. Jedoch gibt es auch in JavaScript Konstruktoren, die Objekte erzeugen, indem sie Speicherplatz dafür reservieren und die Eigenschaften neuer Objekte mit Anfangswerten initialisieren. Anders als bei klassenbasierten Sprachen können einem Objekt jedoch auch nach seiner Instantiierung noch weitere Eigenschaften hinzugefügt werden – dies geschieht, indem man diesen einfach Werte zuweist.

Eine weitere Besonderheit von JavaScript ist, dass ein Konstruktor selbst auch ein Objekt ist. Ein Konstruktor verfügt insbesondere über eine Eigenschaft namens *prototype*. Dieser Prototyp eines Konstruktors ermöglicht eine spezielle Art der Vererbung und fasst gemeinsame Eigenschaften von Objektinstanzen zusammen.

Die prototypbasierte Vererbung in JavaScript basiert darauf, dass jedes neu erzeugte Objekt eine implizite Referenz auf den Prototyp seines Konstruktors besitzt. Eine mehrstufige Vererbung ist dadurch möglich, dass der Prototyp eines Objekts selbst wieder eine Referenz auf einen weiteren Prototypen besitzen kann. So kann eine Kette von Prototypen entstehen, die zu den Eigenschaften eines Objekts beitragen. Wird in einem Objekt eine Eigenschaft referenziert, die es in diesem Objekt selbst nicht gibt, so wird diese Eigenschaft als nächstes im Prototyp des Objekts gesucht. Ist die gesuchte Eigenschaft auch dort nicht definiert, so wird die Suche entlang der Prototypenkette fortgesetzt, bis eine Eigenschaft mit dem entsprechenden Namen gefunden wird oder das Ende der Kette erreicht ist.

So wird bei der Vererbung in JavaScript nicht nur (wie in klassenbasierten Sprachen) eine Struktur vererbt, sondern ein neues Objekt erbt auch den Zustand und alle Methoden seines Prototyps.

Etwas verwirrend dabei ist, dass der Prototyp eines Objektes eine implizite Eigenschaft ist (die allerdings bei einigen Browsern über den Namen __proto__ ansprechbar ist). Diese implizite Eigenschaft wird bei der Erstellung des Objektes durch new mit dem gegenwärtigen Wert der Eigenschaft prototype des Konstruktors besetzt. Will man später noch einmal auf den Prototyp eines Objektes zugreifen, so geht das (außer über die nicht standardisierte Eigenschaft __proto__) nur über das Konstruktor-Objekt und seine Eigenschaft prototype.

Sehen wir uns dazu ein einfaches Beispiel an:

```
function ObjektA() {
}
ObjektA.prototype = {
  text: "Dieses Objekt basiert auf ObjektA",
  zahl: 99
};
function ObjektB(z) {
  this.zahl = z;
}
ObjektB.prototype = new ObjektA();
```

Hier werden Konstruktoren für zwei Objekte ObjektA und ObjektB definiert. Der Konstruktor von ObjektA nimmt dabei keine besonderen Initialisierungen vor, allerdings besitzt ObjektA als *prototype*-Eigenschaft ein Objekt mit zwei Eigenschaften, *text* und *zahl* (dieses Objekt wird mit einem Objektinitalisierer hergestellt: zwischen geschweiften Klammern stehen durch Komma getrennte Paare der Form Name: Wert). Die Eigenschaft *prototype* von ObjektB verweist auf eine Instanz von ObjektA, so dass dessen Eigenschaften von allen mit dem Konstruktor ObjektB erzeugten Objekten geerbt werden. Jede Instanz von ObjektB erhält durch ihren Konstruktor darüber hinaus eine eigene Eigenschaft mit dem Namen *zahl*, deren Wert aus dem Argument des Konstruktors stammt. Erzeugen wir nun einige Instanzen dieser beiden Objekte:

```
var a1 = new ObjektA();
var a2 = new ObjektA();
var b = new ObjektB(22);
```

Wird nun a1.text, a2.text oder b.text referenziert, so bezieht sich das jeweils auf die Eigenschaft *text* des Prototypobjekts von ObjektA. Man erhält dafür also in allen drei Fällen den Wert „Dieses Objekt basiert auf ObjektA". Auch mit dem Referenzieren von a1.zahl und a2.zahl erhält man den entsprechenden Wert (99) aus dem Prototypobjekt. Dagegen ist b.zahl die Eigenschaft *zahl* in der erzeugten Instanz von ObjektB und hat den Wert 22 – die gleichnamige Eigenschaft des Prototypobjekts wird hier also verdeckt. Abbildung 3.1 (Seite 61) illustriert die Beziehungen der Objekte zueinander.

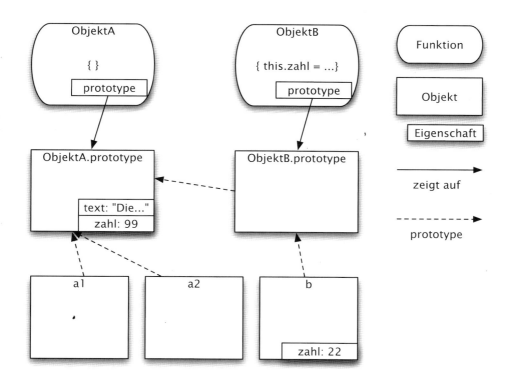

Abbildung 3.1 *JavaScript-Objekte und Prototypen*

Weisen wir nun in einer der Instanzen von ObjektA der Eigenschaft *zahl* einen neuen Wert zu:

```
a1.zahl = 77;
```

Nach dieser Zuweisung besitzt die Instanz *a1* nun eine eigene Eigenschaft namens *zahl*, die den Wert 77 hat. Für die andere Instanz des Objekts, *a2*, ergibt sich dadurch aber keine Änderung. In ihr gibt es nach wie vor keine Eigenschaft *zahl*, so dass beim Referenzieren von a2.zahl noch immer auf die entsprechende Eigenschaft des Prototypobjekts mit dem Wert 99 zugegriffen wird. Wir können aber nicht nur Eigenschaften einzelner Instanzen einen Wert zuweisen, sondern auch Eigenschaften eines Prototypobjekts ändern:

```
ObjektA.prototype.text = "Neuer Text";
```

Da keine der Instanzen *a1*, *a2* und *b*, die (direkt oder indirekt) auf dem Prototyp von ObjektA basieren, eine eigene Eigenschaft namens *text* hat, wirkt sich diese Änderung auf alle drei Instanzen aus. Beim Referenzieren von a1.text, a2.text oder b.text erhält man nun also jeweils den neuen Wert der Eigenschaft im Prototypobjekt von ObjektA, also „Neuer Text". Solange den Instanzen nicht selbst eine gleichnamige Eigenschaft zugewiesen wird, verfügen sie hier also über eine gemeinsame Eigenschaft, deren Wert sich mit Wirkung für alle Instanzen zugleich ändern lässt. (Ebenso könnte man ObjektA.prototype auch eine neue Eigenschaft geben, die dann sofort als Eigenschaft der drei Objekte *a1*, *a2* und *b* sichtbar würde.)

3.3 Das Document Object Model (DOM)

Mit dem DOM (*Document Object Model*) Level 1 [DOM Level 1] hat das W3C eine abstrakte Schnittstelle geschaffen, auf deren Basis sich die Eigenschaften hierarchisch strukturierter Dokumente unabhängig von konkreten Browserplattformen oder Programmiersprachen beschreiben lassen. Mittlerweile steht in vielen Webbrowsern eine aus clientseitigen Skripten nutzbare Teilmenge der modular aufgebauten zweiten Ausbaustufe der DOM-Familie zur Verfügung. Diese umfasst neben der Kernspezifikation [DOM Level 2 Core] ein HTML-spezifisches Objektmodell [DOM Level 2 HTML] und einen Mechanismus zur Behandlung asynchroner Ereignisse [DOM Level 2 Events], mit denen sich interaktive Anwendungen zukunftssicher entwickeln lassen.

Leider kann die Unterstützung für die vergleichsweise neuen Funktionen der zweiten DOM-Stufe nicht in allen Browsern vorausgesetzt werden. In Funktionsbibliotheken für JavaScript finden sich oft sogar noch Fallunterscheidungen für proprietäre Mechanismen aus der Phase vor dem DOM der ersten Stufe. Die ältesten Mechanismen dieser Art datieren auf die Zeit der Einführung von JavaScript in Version 2 des Netscape-Browsers; sie werden häufig (etwas irreführend, da sie nie standardisiert wurden) mit *DOM Level 0* bezeichnet. Aus Gründen der Rückwärtskompatibilität stehen diese Funktionen auch in modernen Browsern meist noch unverändert zur Verfügung. Wegen des sehr eingeschränkten Funktionsumfangs lassen sich einige Aufgaben damit allerdings nur unter hohem Aufwand lösen – die neueren Versionen des DOM bieten hier erheblich komfortablere Funktionen an.

Mit dem Höhepunkt des Browserkriegs zwischen Netscape und Microsoft entstanden weitere proprietäre DOM-Varianten, die bessere Unterstützung für das neu aufkommende *Dynamic HTML* (DHTML) bieten sollten, den unmittelbaren Vorläufer der in diesem Buch vorgestellten visuellen Effekte. Die Browsergeneration aus dieser Zeit sticht durch besonders uneinheitliche Programmierschnittstellen hervor, die in portablen Skripten berücksichtigt werden müssen. Dazu werden zur Laufzeit bestimmte Eigenschaften des Objekts document überprüft, das den Zugriff auf den Dokumentbaum ermöglicht. Als Faustregel gilt:

getElementById   Ist diese Funktion verfügbar, so unterstützt der Browser mindestens DOM Level 1. Dies ist z. B. der Fall für Mozilla, Internet Explorer ab Version 5, aber auch Opera ab Version 5, Konqueror und Safari.

all   In älteren Microsoft-Browsern (Internet Explorer ab Version 4) erlaubt das Array *document.all* den Zugriff auf alle Elementknoten des Dokuments. Für Elemente mit einem eindeutigen Bezeichner kann der jeweilige Bezeichner als Index verwendet werden, so dass dieses Objekt äquivalent zur DOM-Funktion **getElementById** ist.

Da *document.all* in Gecko-basierten Browsern nicht definiert ist, wird dieses Objekt häufig als Unterscheidungskriterium zwischen den großen Browserfamilien herangezogen. Diese Praxis ist allerdings nicht empfehlenswert, da sich dies in zukünftigen Browsergenerationen natürlich ändern kann.

layers   *document.layers* wurde von frühen Netscape-Browsern (bis Version 4) für DHTML-Effekte angeboten. Es wird oft äquivalent zu *document.all* zur Browsererkennung verwendet. In den Netscape-Versionen dieses Jahrhunderts wird *document.layers* allerdings nicht mehr unterstützt; der verbleibende Anteil der Benutzer, die Netscape Version 4 oder früher benutzen, ist inzwischen im Promillebereich.

Auf den ersten Blick bestehen also einige Unterschiede zwischen den Programmier-schnittstellen der älteren Browsergenerationen, so dass die Entwicklung portabler Anwendungen erheblich erschwert wird. Ist diese Hürde jedoch erst einmal genommen, dann bieten sich dem Anwendungsentwickler sehr ähnliche Schnittstellen zur Modifikation von Stileigenschaften und zur Manipulation des Dokumentinhalts. Dies setzt sich bis zum standardisierten DOM fort, der auf diesen historischen Wurzeln aufbaut. So verfügen die Elementknoten des Dokumentbaums über ein Attribut `style`, das die Stileigenschaften des zugehörigen Layoutobjekts repräsentiert. Änderungen an diesem Attribut führen unmittelbar zur Aktualisierung der Darstellung auf dem Ausgabemedium, sofern sich das Objekt im Ausgabebereich befindet. Ein Kontextmenü in einer interaktiven Anwendung könnte zum Beispiel mit der JavaScript-Anweisung `menu.style.display="block"` eingeblendet werden, wenn die rechte Maustaste gedrückt wurde. Analog dazu erfolgte das Ausblenden mittels `menu.style.display="none"`.

Die wesentliche Neuerung im DOM Level 1 ist die strukturierte Beschreibung der logischen Dokumentbestandteile und der zugehörigen Eigenschaften. Standardisierte Funktionen ermöglichen die Navigation durch diese hierarchische Struktur, den lesenden und schreibenden Zugriff auf die Eigenschaften jedes Knotens sowie die Modifikation der Dokumentstruktur. Einige dieser Knoteneigenschaften illustriert Abbildung 3.2 (Seite 64).

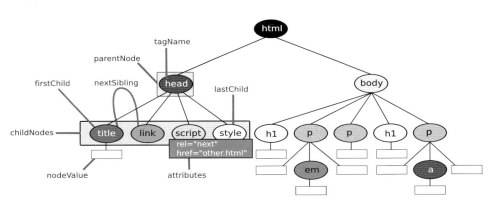

Abbildung 3.2 *Eigenschaften von Knoten im XML-DOM*

In der Abbildung werden die Beziehungen von Elementknoten untereinander angedeutet sowie die Beziehung zwischen Elementknoten und Attributknoten. Ausgehend vom Knoten für das Element head bilden die Knoten für die Elemente title, link, script und style das Array *childNodes*. Als erstes Element des Array ist title darüber hinaus über die Eigenschaft *firstChild* zugreifbar, das letzte Element style repräsentiert die Eigenschaft *lastChild*. Für jeden dieser Knoten ist head der *parentNode*. Untereinander sind die Knoten über die Eigenschaften *nextSibling* und *previousSibling* (hier nicht gezeigt) verkettet. Der Elementtyp ist in der Eigenschaft *tagName* vertreten, der textuelle Inhalt eines Textknotens kann über *nodeValue* ermittelt werden.

Attribute werden im DOM mit einem eigenen Knotentyp repräsentiert. Sie sind über ihren *parentNode* in dem Array *attributes* zugreifbar. Jeder Attributknoten verfügt über die Eigenschaften *name* und *value*, die den Namen und den Wert des jeweiligen Attributs repräsentieren.

Eine sehr angenehme Eigenschaft des DOM ist die objektbasierte Repräsentation aller Komponenten in einem Dokumentbaum als Spezialisierung eines generischen Knotentyps. Die auf der Menge der Knoten definierten Funktionen lassen sich somit auf alle abgeleiteten Objekte anwenden, d. h. es muss nicht zwischen Elementen, Attributen oder weiteren Knotentypen unterschieden werden. Die für das DOM-Scripting wichtigsten Funktionen sind:

hasChildNodes ()

Eine boolesche Funktion ohne Parameter, die überprüft, ob der jeweilige Knoten über Kindknoten verfügt.

appendChild (*newChild*)

Fügt den angegebenen Knoten *newChild* als letzten Kindknoten hinzu. Der Rückgabewert entspricht dem hinzugefügten Knoten.

removeChild (*oldChild*)

Entfernt den angegebenen Knoten aus der Liste der Kindknoten. Falls der Knoten nicht vorhanden ist oder nur lesender Zugriff auf diese Liste erlaubt ist, wird eine entsprechende Exception ausgelöst. Im Falle eines Erfolgs wird der entfernte Knoten als Ergebnis zurückgeliefert.

replaceChild (*newChild*, *oldChild*)

Ersetzt einen bestehenden Knoten *oldChild* durch einen neuen Knoten *newChild* und liefert den alten Knoten als Ergebnis. Tritt ein Fehler auf, weil der zu ersetzende Knoten nicht gefunden wurde oder nur lesender Zugriff erlaubt ist, so löst diese Funktion eine Exception aus.

insertBefore (*newChild, reference*)

Fügt einen neuen Knoten *newChild* vor dem bereits existierenden Knoten *reference* ein. Ist *reference* null, dann wird der neue Knoten an das Ende der Liste eingefügt. Als Ergebnis liefert die Funktion den eingefügten Knoten zurück. Im Falle eines Fehlers wird eine Exception ausgelöst.

cloneNode (*deep*)

Erzeugt ein Duplikat des aktuellen Knotens und liefert dieses als Ergebnis. Ist der boolesche Parameter *deep* true, so wird der gesamte Teilbaum kopiert, den der aktuelle Knoten repräsentiert. Andernfalls wird lediglich eine Kopie des aktuellen Knotenobjekts angefertigt. Handelt es sich dabei um einen Elementknoten, so werden zusätzlich dessen Attributknoten dupliziert.

Neben diesen allgemeinen Funktionen von Knotenobjekten verfügen abgeleitete Objekttypen über weitere, typspezifische Funktionen. So stellt der Dokumentknoten document beispielsweise Funktionen zur Erzeugung spezifischer Knotenobjekte bereit, um Elementknoten, Textknoten, Attribute, Kommentare usw. erzeugen zu können. Darüber hinaus sind über das Dokumentobjekt die bereits angesprochenen Funktionen **getElementsByTagName** und **getElementById** definiert. Elementknoten bieten vor allem Funktionen für den Zugriff auf Attribute des Elements, insbesondere **getAttribute** zum Auslesen und **setAttribute** zum Setzen von Attributwerten.

Die zweite Stufe des DOM bringt im Hinblick auf diese Grundfunktionalität nur wenige Neuerungen. Im Wesentlichen kommen dort Funktionen für den Umgang mit XML-Namespaces hinzu, die wir in diesem Buch allerdings nicht einsetzen (eine ausführliche Diskussion der Vorteile und Nachteile der direkten Verwendung von XML-Dokumenten im World Wide Web finden Sie in Anhang C: „Dokumentformat für Webseiten", Seite 189). Außerdem wurden vom W3C die speziell auf HTML abgestimmten Funktionen und Knotentypen in eine separate Spezifikation abgetrennt von den für XML allgemein geltenden Teilen des DOM; die Trennung zwischen diesen beiden Teilen des DOM wurde dabei noch etwas überarbeitet. Darüber hinaus wurden weitere DOM-Module u. a. für die Ereignisbehandlung und für den Umgang mit Stileigenschaften definiert.

HTML-Dokumente werden im W3C-DOM intern durch ein Objekt mit dem Typ HTMLDocument dargestellt, das von dem Objekttyp Document abgeleitet ist und somit die zuvor skizzierte Funktionalität erbt. Zusätzlich enthält dieses Objekt Web-spezifische Meta-Informationen, unter anderem den Dokumenttitel (title), den URI der verweisenden Webseite (referrer), die Domain des Servers (domain), den URI des aktuellen Dokuments (URL) sowie die für das Dokument gespeicherten Cookies (cookie). Um die Rückwärtskompatibilität mit dem DOM Level 0 zu gewährleisten, sind außerdem Komponenten wie images, links und forms mit der bekannten Semantik definiert.

3.4 Ereignisbehandlung

Clientseitige Skripte im Browser ermöglichen nicht nur die gezielte Änderung von Dokumenten und Darstellungseigenschaften zur Laufzeit, sondern können auch zur Behandlung von Ereignissen wie dem Klicken auf einen Bereich der dargestellten Webseite oder dem Abschluss des Ladens einer Ressource eingesetzt werden. Die Grundlage dafür bildet das Eventmodell des DOM, das eine Verknüpfung von Funktionen zur Ereignisbehandlung mit Elementknoten im Dokumentbaum erlaubt.

Seinen Ursprung hat diese Art der Ereignisbehandlung in frühen Versionen des Browsers Netscape, der mit der Sprachversion 1.0 von JavaScript einen einfachen Mechanismus zur clientseitigen Validierung von Eingaben in Formularfeldern einführte. Die ursprüngliche Beschränkung auf Elemente in Formularen wurde jedoch schnell aufgehoben und so konnten bald auch Elemente wie img und frame mit eigenen Funktionen zur Behandlung von Ereignissen ausgestattet werden.

Die Registrierung von Event-Handlern erfolgte anfangs in speziellen Attributen im Start-Tag der genannten Elemente und wurde später ausgeweitet auf alle Elemente eines HTML-Dokuments. Die Namen der Attribute waren abgeleitet von den damit verbundenen Ereignissen, beispielsweise onkeypress für das Drücken einer Taste oder onmouseover für das Bewegen des Mauszeigers über das zugehörige Layoutobjekt. Neben den Ereignissen, die Eingang in HTML gefunden haben, werden bis heute je nach Browserhersteller unzählige weitere Ereignistypen unterschieden, die durch Funktionen wie Drag and Drop, Kontextmenüs oder das Öffnen und Schließen von Popupfenstern ausgelöst werden.

Diese Art der Registrierung von Event-Handlern hat den Nachteil, dass der Java-Script-Code der Anwendung unter Umständen über das gesamte HTML-Dokument verteilt wird, was sowohl die Lesbarkeit des Dokumentinhalts als auch die Wartbarkeit des Programms negativ beeinflusst. Um diese Situation zu verbessern, ist seit Version 3 des Netscape-Browsers eine Zuweisung von Event-Handlern auf der JavaScript-Ebene möglich. Die Behandlung für das Ereignis keypress in einem input-Element könnte also mit einer Zuweisung eines Funktionsobjekts an die Eigenschaft *onkeypress* des betreffenden Elements realisiert werden.

Mit der Standardisierung der Ereignisbehandlung als Teil des DOM Level 2 wurde diese Methode schließlich durch einen noch besseren Mechanismus abgelöst, der insbesondere auch die Registrierung mehrerer Event-Handler für ein Element ermöglicht. Aus diesem Grund sollte das DOM-basierte Modell bevorzugt verwendet werden, sofern es von dem jeweils benutzten Webbrowser unterstützt wird. Aufgrund der zentralen Bedeutung des ereignisgesteuerten Programmablaufs wollen wir Ihnen hier die Grundzüge des DOM-Eventmodells in aller Kürze ins Gedächtnis rufen. Generell ist das hier beschriebene Verfahren aber mit der zuvor beschriebenen historischen Ereignisbehandlung kompatibel. Der Vorteil des DOM-Eventmodells besteht vor allem in der standardisierten Syntax zur Registrierung und Entfernung von Event-Handlern sowie der genau festgelegten Semantik der möglichen Ereignisse.

Grundsätzlich treten Ereignisse im Zusammenhang mit einem Layoutobjekt auf, das einem Element in der logischen Struktur des dargestellten Dokuments entspricht. Zur Behandlung eines solchen Ereignisses werden daher diejenigen Event-Handler aufgerufen, die für diesen Elementknoten in Kombination mit dem entsprechenden Eventtyp registriert wurden. Zum Beispiel könnten die Menüeinträge aus Beispiel 2.1: „HTML-Darstellung eines Menüs" (Seite 37) folgendermaßen mit einem Event-Handler versehen werden:

```
var nodes = cssQuery("#nav a");
var n;
while (n = nodes.pop())
  n.addEventListener("mouseover", beginAction, false);
```

Im ersten Schritt werden mittels **cssQuery** (siehe Abschnitt 2.2.3 „Trennung von Verhaltensweise und Struktur", Seite 47) diejenigen Elementknoten mit dem Typ a ermittelt, die sich unterhalb des Menüs mit dem eindeutigen Bezeichner nav befinden. In einer einfachen Schleife wird anschließend jedes dieser Elemente mit einem eigenen Event-Handler verknüpft. Fortan wird die angegebene Funktion **beginAction** immer dann aufgerufen, wenn sich der Mauszeiger über dem Bereich des jeweiligen a-Elements befindet. Dazu propagiert der Event-Prozessor des Browsers das aufgetretene Ereignis entlang des Pfads von der Wurzel bis zu dem betreffenden Element durch den Dokumentbaum. Für jeden Elementknoten, der dabei passiert wird, ruft der Prozessor alle Event-Handler auf, die für die *Capture-Phase* dieses Ereignisses registriert wurden (dazu wird während der Registrierung eines

Event-Handlers das dritte Argument von **addEventListener** auf true gesetzt). Abbildung 3.3 (Seite 69) zeigt diese Phase, bei der das Ereignis von oben nach unten durch den DOM-Baum propagiert wird.

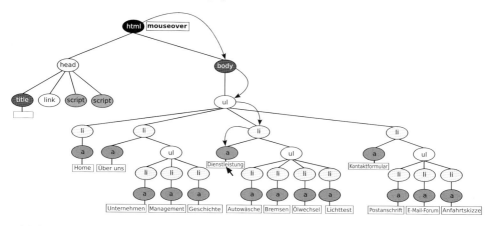

Abbildung 3.3 *Die Capture-Phase der Ereignisbehandlung*

Ist die Verarbeitung am Zielelement angekommen, dann beginnt die *Bubble-Phase* der Verarbeitung: Das Ereignis steigt dabei entlang des Pfads zum Wurzelelement wieder die Dokumenthierarchie hinauf. In dieser Phase werden alle Event-Handler aufgerufen, die mit dem Wert false als drittem Argument von **addEventListener** registriert wurden. Abbildung 3.4 (Seite 69) verdeutlicht diese Richtung der Event-Verarbeitung.

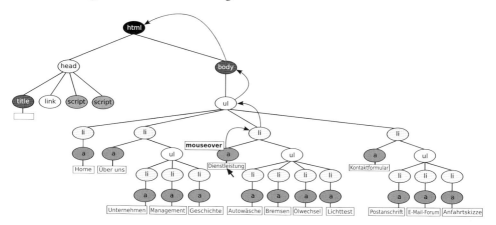

Abbildung 3.4 *Die Bubble-Phase der Ereignisbehandlung*

Die Unterscheidung zwischen Capture-Phase und Bubble-Phase ist neu im DOM-Eventmodell; ältere Eventmodelle verwenden lediglich eine der beiden Phasen. Das proprietäre Eventmodell des Internet Explorer verwendet beispielsweise das aufsteigende Verarbeitungsmodell. Sowohl in diesem Modell als auch im DOM-Eventmodell kann die Bubble-Phase explizit unterbunden werden, um die Auslieferung des Ereignisses an einem bestimmten Punkt zu beenden. Microsoft sieht dazu eine boolesche Variable *cancelBubble* im globalen Objekt *window.event* vor. Etwas eleganter wurde dies vom W3C gelöst, indem eine Methode des jeweils dem Event-Handler übergebenen Event-Objekts verwendet wird (**stopPropagation**).

Bislang wird das Eventmodell des W3C [DOM Level 2 Events] hauptsächlich von Gecko-basierten Browsern wie Mozilla und Firefox unterstützt. Für andere Browser müssen die älteren Mechanismen verwendet werden. Im Internet Explorer steht darüber hinaus ein weiteres proprietäres Eventmodell zur Verfügung, das an vielen Stellen von der standardisierten Variante abweicht. So werden Event-Handler mit einer Funktion **attachEvent** registriert, der der Name des Events mit dem Präfix „on" sowie eine Handler-Funktion übergeben werden. Der Event-Handler wird aber mit anderen Parametern und in einem anderen Kontext ausgeführt als der Event-Handler für das DOM-Eventmodell. Bei der Entwicklung portabler Skripte sollte daher ein Verzicht auf die Nutzung dieses Modells erwogen werden, um unerwünschte Nebeneffekte zu vermeiden (unter <http://www.dithered.com/javascript/dom2_events/> findet man eine umfangreiche Bibliothek, die in vielen Umgebungen DOM-2-Events emulieren kann). In vielen Fällen ist eine so genaue Unterscheidung jedoch nicht notwendig, daher wird diese Variante in vielen JavaScript-Bibliotheken als Alternative zu **addEventListener** genutzt. Ein Beispiel für eine browserunabhängige Registrierung von Event-Handlern könnte demnach so aussehen wie in Beispiel 3.1: „Registrieren von Event-Handlern in unterschiedlichen Browsern" (Seite 71) angedeutet.

Die Funktion vereint die wesentlichen Mechanismen moderner Browser zur Registrierung von Event-Handlern mit HTML-Elementen. Das Hinzufügen der übergebenen Funktion *handler* als Handler des Elements *element* für das Ereignis *event* wird in drei Schritten versucht: Im ersten Schritt nach dem Plausibilitätstest zu Beginn der Funktion wird die Existenz der Methode **addEventListener** getestet. Falls diese existiert, handelt es sich um einen DOM-konformen Browser und die Funktion kann mit den übergebenen Argumenten von **_addEventHandler** aufgerufen werden.

Beispiel 3.1: Registrieren von Event-Handlern in unterschiedlichen Browsern

```
function _addEventHandler(element, event, handler) {
  var _tmp, _onevent;
  if (!element || !event )
    return false;
  if (element.addEventListener)    // DOM-konform
    element.addEventListener(event, handler, false);
  else {
    _onevent = 'on'+event;
    if (element.attachEvent)       // IE
      element.attachEvent(_onevent, handler);
    else {                         // ältere Browser
      _tmp = element[_onevent];
      element[_onevent] = typeof _tmp == 'function'
        ? (function() { _tmp(); handler(); })
        : handler;
    }
  }
}
```

Ganz ähnlich sieht es im zweiten Fall aus, der für Internet Explorer in den Versionen 5.5 und 6.0 typisch ist. Anstelle der (undefinierten) Methode **addEventListener** wird hier die Funktion **attachEvent** zum Registrieren des Handlers verwendet. Als Argument wird der Funktion der Bezeichner des Ereignisses und der Event-Handler übergeben. Abweichend von der DOM-konformen Variante muss außerdem noch der Event-Bezeichner um den Präfix „on" erweitert werden.

Sind weder **addEventListener** noch **attachEvent** als Methoden des übergebenen Element-Objekts verfügbar, so steht als Ausweg lediglich noch die Verwendung des Event-Bezeichners als Eigenschaftsname für das entsprechende Element zur Verfügung. Da diese Eigenschaften nicht für jeden Elementtyp definiert sind, wird diese Möglichkeit nicht immer zum Erfolg führen. Um auch hier mehrere Event-Handler registrieren zu können, wird erst einmal der aktuelle Inhalt des betreffenden Felds in einer temporären Variable gespeichert. Falls es sich dabei um ein Funktionsobjekt handelt, wird eine anonyme Funktion registriert, die den alten Handler und den neu hinzuzufügenden Handler nacheinander aufruft. Andernfalls wird lediglich der neue Event-Handler registriert und der alte Wert dieses Felds verworfen.

An dieser Stelle wird deutlich, dass die Reihenfolge der Registrierung von Event-Handlern durchaus eine Rolle spielen kann. Unglücklicherweise unterscheiden sich die beiden vordefinierten Methoden **addEventListener** und **attachEvent** in diesem Punkt: Während die **addEventListener** die Event-Handler in der Reihenfolge ihrer Registrierung auswertet, ist die Aufrufreihenfolge im Internet Explorer genau umgekehrt. Interaktive Anwendungen müssen daher so entworfen werden, dass keine Abhängigkeiten von Event-Handlern untereinander bestehen.

Die Unterschiede zwischen den Eventmodellen verbreiteter Browser erstrecken sich auch auf die Repräsentation der aufgetretenen Ereignisse. Innerhalb einer Funktion zur Ereignisbehandlung sind daher weitere Fallunterscheidungen notwendig, je nach verwendetem Browser. Generell sieht das DOM-Eventmodell die Übergabe des aufgetretenen Events als Argument des Event-Handlers vor. Im Internet Explorer ist das Event hingegen in einer globalen Variable *window.event* zu finden. Damit nicht genug, gibt es auch Abweichungen bei der Benennung der Eigenschaften des Events. So heißt das Ziel in der standardisierten Variante beispielsweise *target*, während Microsoft-Browser den Bezeichner *srcElement* verwenden.

Zum Entfernen von Event-Handlern wird schließlich die Funktion **removeEventListener** mit den gleichen Parametern wie bei der Registrierung aufgerufen. Für das Microsoft-Eventmodell steht die Funktion **detachEvent** zur Verfügung, die mit den gleichen Parametern aufgerufen wird wie **attachEvent**. Für alle anderen Browser kann einfach der Wert der betreffenden Event-Funktion auf den undefinierten Wert null gesetzt werden.

3.5 Trennung von JavaScript-Code und Dokumentinhalt

Wie der vorhergehende Abschnitt gezeigt hat, haben Event-Handler eine wichtige Funktion in interaktiven Anwendungen, da sie eine unmittelbare Rückkopplung auf Nutzereingaben erlauben. Die Verknüpfung von JavaScript-Code und HTML-Elementen über deren Attribute führt allerdings zu einer Vermischung von Dokumentinhalt und Anwendungslogik. Damit wird das Dokument unübersichtlicher und erschwert das Testen der Anwendung, insbesondere wenn Layout und Anwendungslogik von unterschiedlichen Personen entwickelt werden.

Um eine bessere Lesbarkeit – und damit eine übersichtlichere Programmstruktur – zu erzielen, kann eine AJAX-Anwendung die Funktionen des Browsers zum Zugriff auf den DOM-Baum für das HTML-Dokument ausnutzen: Die Ereignisbehandlung wird den Elementknoten dabei erst nach dem Laden des Dokuments hinzugefügt und ist somit in der statischen Version der Dokumentdatei nicht vorhanden.

Im einfachsten Fall wird ein Element mit einem eindeutigen Bezeichner versehen, der zum Auffinden des zugehörigen Elementknotens mittels der DOM-Funktion getElementById dient. Zur Registrierung eines Event-Handlers verwenden wir die portable Funktion **_addEventHandler** aus Beispiel 3.1: „Registrieren von Event-Handlern in unterschiedlichen Browsern" (Seite 71).

```
function _init() {
  _addEventHandler(document.getElementById('elemId'),
              'click', hnd);
}
```

In der gezeigten Funktion **_init** wird das Element mit dem Attribut id="elemId" für das Ereignis „Mausklick" mit dem Event-Handler **hnd** versehen. Ein Vorteil dieses Vorgehens ist die Unabhängigkeit vom Elementtyp, der für die Anwendungslogik irrelevant ist. So könnte ein Modul zur dynamischen Erzeugung von Menüs für eine Webseite beispielsweise die Existenz eines Elements mit dem eindeutigen Bezeichner „menu" voraussetzen, ohne jedoch den Elementtyp vorzugeben.

Zur Initialisierung aller Event-Handler eines Dokuments muss unmittelbar nach dem Laden die Funktion **_init** ausgeführt werden. Dazu kann sie explizit im Inneren eines script-Elements aufgerufen werden, oder sie wird dem Event-Handler für das Ereignis load hinzugefügt.

```
<body onload="_init()">
```

Der Nachteil dieser beiden Vorgehensweisen zeigt sich, wenn die betreffenden Funktionen von einem externen Programmmodul bereitgestellt werden: Der Nutzer des Moduls ist nun für die korrekte Initialisierung der Module zuständig. Sollen sogar mehrere Module eingebunden werden, so sind deren Handler ebenfalls in den Wert des Attributs onload im Element body einzutragen. Dies lässt sich wiederum auf Basis des DOM realisieren:

```
_addEventHandler(window, 'load', _init);
```

Mit dieser Anweisung wird **_init** als Event-Handler registriert, ohne das entsprechende Attribut im body-Element ändern zu müssen. Für eine größere Anzahl an Event-Handlern kann es außerdem sinnvoll sein, die Aufrufe von **_addEventHandler** zu automatisieren. Dazu könnten die notwendigen Angaben, d. h. der eindeutige Bezeichner für das betreffende Element, das Ereignis und das

Funktionsobjekt für alle Event-Handler in einem Array abgelegt werden, das anschließend in einer Schleife traversiert wird:

```
var items = [
  ['elem1', 'click', clickElem1],
  ['elem1', 'mouseover', enterElem1],
  ['elem1', 'mouseout', leaveElem1],
  ['elem2', 'click', genericClick],
  ['elem3', 'click', genericClick],
  ['elem4', 'click', genericClick]
];
for (i=0; i<items.length; ++i)
  _addEventHandler( document.getElementById(items[i][0]),
                    items[i][1], items[i][2]);
```

3.6 Übungen

Übung 1

Für den Online-Shop der AJAXWerkstatt soll ein Warenkorb mit *Drag-and-Drop*-Funktionalität entwickelt werden. Im ersten Schritt ist dabei nur die Mausinteraktion zu realisieren, d. h. Objekte können mit der Maus ausgewählt und über den Anzeigebereich bewegt werden, solange eine Maustaste gedrückt ist. Das Loslassen der Maustaste führt zu einem Ablegen des bewegten Objekts an der aktuellen Position. Von dort kann es durch erneutes Anklicken wieder aufgenommen werden. Abbildung 3.5 (Seite 75) zeigt drei stilisierte Waren-Objekte nach dem Verschieben mit der Maus.

Zur Vereinfachung der Aufgabe wird ein geeignetes HTML-Dokument mit einem Gerüst für die JavaScript-Anwendung vorgegeben. Die Waren werden als Elemente mit dem Typ div repräsentiert. Den Inhalt des div-Elements bildet eine textuelle Beschreibung der Ware. Sie nehmen lediglich die Initialisierung der Anwendung vor und vervollständigen die Funktionen zur Ereignisbehandlung.

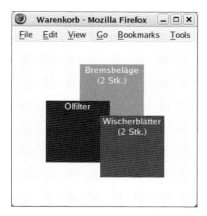

Abbildung 3.5 *Beispiel für einen Warenkorb*

Basierend auf den vorgegebenen Dokumenten dnd-template.html, dnd.js und compat.js sind dazu folgende Aufgaben zu lösen:

1. Überschreiben Sie die Funktion **DragArea.init** so, dass dem div-Element mit dem Bezeichner „waren" drei Waren-Objekte mit den eindeutigen Bezeichnern „a", „b" und „c" hinzugefügt werden. Die textuelle Beschreibung können Sie frei wählen wie in Abbildung 3.5 (Seite 75) angedeutet.

2. Darüber hinaus müssen die Funktionen **DragArea.move** und **DragArea.up** als Event-Handler für das Element body registriert werden, um die Behandlung von Mausereignissen auch dann sicherzustellen, wenn sich der Mauszeiger außerhalb des gerade bewegten Objekts befindet.

3. Die Funktionen **DragObject.addHandler** und **DragObject.removeHandler** sind zu vervollständigen. Die übergebene Callback-Funktion soll als Event-Handler für das ebenfalls angegebene Ereignis registriert werden. Die Zuordnung von Ereignissen zu Callback-Funktionen erfolgt mit Hilfe des assoziativen Arrays *DragObject.handlers*.

4. Registrieren der Funktionen **DragArea.move** und **DragArea.up** als Handler für die Ereignisse „mousemove" und „mouseup" im Event-Handler für das Auswählen von Waren-Objekten.

5. Aufruf von **Compat.stopPropagation** nach der Behandlung von „mousemove" und „mouseup", um eine mehrfache Auswertung von Events zu vermeiden.

6. Entfernen der Event-Handler für Mausbewegungen und Loslassen von Maustasten, nachdem ein Objekt abgelegt wurde.

Das HTML-Dokument dnd-template.html:

```html
<!DOCTYPE html PUBLIC "-//W3C//DTD HTML 4.01//EN">
<html>
  <head>
    <title>Warenkorb</title>
    <style type="text/css">
      .object {
        text-align: center;
        position: absolute;
        color: yellow;
      }
      #a { background: #888; }
      #b { background: #222; }
      #c { background: #444; }
      html, body {
        background-color: #eee;
      }
      #waren {
        left: 0; top: 0; width: 100%; height: 100%;
        margin: 0;
        position: absolute;
      }
    </style>
    <script type="text/javascript" src="compat.js"></script>
    <script type="text/javascript" src="dnd.js"></script>
  </head>
  <body>
    <div id="waren"></div>
  </body>
</html>
```

Ihre Lösung fügen Sie bitte an den gekennzeichneten Stellen in die Datei dnd.js ein:

```javascript
var DragArea = {
  dobj: null,
  cnt: 0,
  createObject: function(id,desc) {
    var obj = document.createElement("div");
    obj.id = id;
    obj.style.left = (this.cnt++)*120 + "px";
    obj.style.top  = "10px";
    obj.style.width  = "100px";
    obj.style.height = "100px";
    obj.style.zIndex = "100";
```

```
    obj.className   = "object";
    obj.style.position   = "absolute";
    obj.appendChild(document.createTextNode(desc));
    obj.dobj = new DragObject(obj);
    obj.dobj.addHandler("mousedown", DragArea.down);
    return obj;
  },
  down: function(event) {
    var element = Compat.getTarget(event);
    if (!element || !element.dobj)
      return true;
    DragArea.dobj = element.dobj;
    element.xoffset = xpos(event);
    element.yoffset = ypos(event);
    element.z = element.style.zIndex;
    element.style.zIndex = 999;
    /* Registrieren von DragArea.move und DragArea.up als Handler
       für die Ereignisse "mousemove" und "mouseup". */
  },
  move: function(event) {
    if (!DragArea.dobj)
      return true;
    var element = DragArea.dobj.element;
    var ex      = xpos(event);
    var ey      = ypos(event);
    var x = parseInt(element.style.left,10);
    var y = parseInt(element.style.top,10);
    var nx, ny;
    nx = x + (ex - element.xoffset);
    ny = y + (ey - element.yoffset);
    element.style.left = (nx > 0 ? nx : 0) + "px";
    element.style.top = (ny > 0 ? ny : 0) + "px";
    element.style.position = "absolute";
    element.xoffset = ex;
    element.yoffset = ey;
    /* Event-Bubbling vermeiden */
  },
  up: function(event) {
    if (!DragArea.dobj)
      return true;
    var element = DragArea.dobj.element;
    element.style.zIndex = element.z;
    /* Aufräumen: Entfernen der Ereignisbehandlung für
```

```
            Mausbewegungen und Loslassen von Maustasten für element.
            Löschen von DragArea.dobj.
            Event-Bubbling vermeiden.
        */
    },
    init() { alert("init");
    }
}
var DragObject = function(element) {
    this.element = element;
    this.handlers = new Array();
    this.addHandler = function(event,cb) {
        /* Registrieren von cb als Handler für event für this.element
           Speichern in this.handlers
        */
    }
    this.removeHandler = function(event) {
        /* Entfernen von cb als Handler für event für this.element
           Entfernen aus this.handlers
        */
    }
    this.clearHandlers = function() {
        this.removeHandler("mousemove");
        this.removeHandler("mouseup");
    }
}
Compat.addEventHandler(window, "load", DragArea.init);
/* DragArea.init */
```

Die Bibliothek compat.js bietet einige sehr einfache Hilfsfunktionen für browser-unabhängige Entwicklung:

```
var Compat = {
    addEventHandler: function(element, event, handler) {
        var _tmp, _onevent;
        if (!element || !event )
            return false;
        if (element.addEventListener)   // DOM-konform
            element.addEventListener(event, handler, false);
        else {
            _onevent = 'on'+event;
            if (element.attachEvent)        // IE
                element.attachEvent(_onevent, handler);
            else {                          // ältere Browser
```

```
      _tmp = element[_onevent];
      element[_onevent] = typeof _tmp == 'function'
        ? (function() { _tmp(); handler(); })
        : handler;
    }
  }
},
removeEventHandler: function (element, event, handler) {
  var _tmp, _onevent;
  if (!element || !event )
    return false;
  if (element.removeEventListener)   // DOM-konform
    element.removeEventListener(event, handler, false);
  else {
    _onevent = 'on'+event;
    if (element.detachEvent)       // IE
      element.detachEvent(_onevent, handler);
    else {                          // ältere Browser
      element[_onevent] = "";
    }
  }
},
getTarget: function (event) {
  return typeof event.target == "undefined"
  ? window.event.srcElement
  : event.target;
},
clientX: function (event) {
  return window.event ? window.event.clientX : event.clientX;
},
clientY: function (event) {
  return window.event ? window.event.clientY : event.clientY;
},
stopPropagation: function(event) {
  if (typeof event.target == "undefined")
    window.event.cancelBubble = true;
  else if (event.stopPropagation)
    event.stopPropagation();
},
/* utility functions */
log: function(text,replace) {
  var logarea = document.getElementById("log");
  if (!logarea) return;
```

```
    if (replace) {
      while(logarea.hasChildNodes())
        logarea.removeChild(logarea.firstChild);
    }
    logarea.appendChild(document.createElement("p").
                appendChild(document.createTextNode(text)));
  }
}
function xpos(event) {
  return window.event
    ? (window.event.clientX +
        document.documentElement.scrollLeft +
        document.body.scrollLeft)
    : event.clientX + window.scrollX;
}
function ypos(event) {
  return window.event
    ? (window.event.clientY +
        document.documentElement.scrollTop +
        document.body.scrollTop)
    : event.clientY + window.scrollY;
}
```

Einen Lösungsvorschlag finden Sie im Anhang E auf Seite 208.

Übung 2

In dieser Übung soll ein Bestellformular der AJAXWerkstatt mit Hilfe von DOM-Scripting und CSS verschönert werden. Außerdem soll eine automatische Berechnung der Preise für jeden Bestellposten und eine Berechnung der Gesamtsumme erfolgen. Abbildung 3.6 (Seite 80) zeigt ein mögliches Ergebnis.

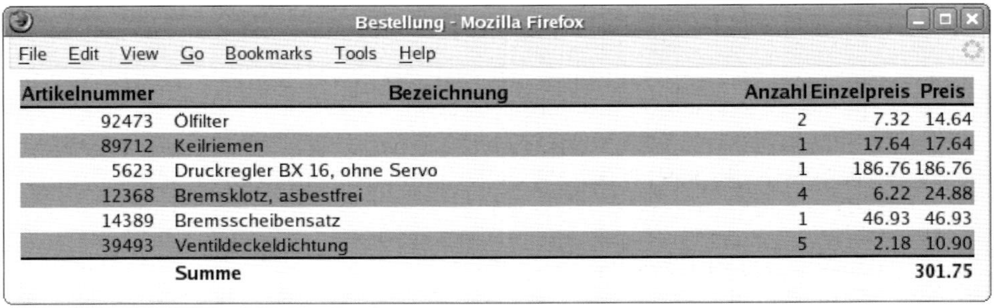

Artikelnummer	Bezeichnung	Anzahl	Einzelpreis	Preis
92473	Ölfilter	2	7.32	14.64
89712	Keilriemen	1	17.64	17.64
5623	Druckregler BX 16, ohne Servo	1	186.76	186.76
12368	Bremsklotz, asbestfrei	4	6.22	24.88
14389	Bremsscheibensatz	1	46.93	46.93
39493	Ventildeckeldichtung	5	2.18	10.90
	Summe			301.75

Abbildung 3.6 *Beispiel für ein Bestellformular*

Das unvollständige HTML-Dokument mit den Ausgangsdaten:

```html
<!DOCTYPE html PUBLIC "-//W3C//DTD HTML 4.01//EN">
<html>
  <head>
    <title>Bestellung</title>
    <meta http-equiv="Content-Type"
          content="text/html ;charset=utf-8">
    <style type="text/css">
      html, body {
        background-color: #eee;
      }
      .odd  { background-color: #00abab; }
      .even { background-color: #ccffee; }
      th, td { border: none; }
      th {
        border-bottom: solid 2px;
      }
      .artnr, .anzahl, .einzelpreis, .preis {
        text-align: right;
      }
      .bezeichnung {
        text-align: left;
        padding-left: 1em;
      }
      .sort { color: white; }
      .summe td { font-weight: bold; border-top: solid 2px; }
    </style>
  </head>
  <body>
    <table width="100%" cellspacing="0">
      <tr>
        <th width="2">Artikelnummer</th>
        <th width="500">Bezeichnung</th>
        <th width="1">Anzahl</th>
        <th width="20">Einzelpreis</th>
        <th width="20">Preis</th>
      </tr>
      <tr>
        <td>92473</td>
        <td>Ölfilter</td>
        <td>2</td>
        <td>7.32</td>
        <td> </td>
      </tr>
```

```
    <tr>
      <td>89712</td>
      <td>Keilriemen</td>
      <td>1</td>
      <td>17.64</td>
      <td> </td>
    </tr>
    <tr>
      <td>5623</td>
      <td>Druckregler BX 16, ohne Servo</td>
      <td>1</td>
      <td>186.76</td>
      <td> </td>
    </tr>
    <tr>
      <td>12368</td>
      <td>Bremsklotz, asbestfrei</td>
      <td>4</td>
      <td>6.22</td>
      <td> </td>
    </tr>
    <tr>
      <td>14389</td>
      <td>Bremsscheibensatz</td>
      <td>1</td>
      <td>46.93</td>
      <td> </td>
    </tr>
    <tr>
      <td>39493</td>
      <td>Ventildeckeldichtung</td>
      <td>5</td>
      <td>2.18</td>
      <td> </td>
    </tr>
    <tr class="summe">
      <td> </td>
      <td>Summe</td>
      <td> </td>
      <td> </td>
      <td> </td>
    </tr>
  </table>
  </body>
</html>
```

Unter Verwendung von Funktionen des W3C-DOM, Level 2, sollen folgende Erweiterungen vorgenommen werden:

1. Die Tabellenzeilen sollen abwechselnd die Klassenattribute „even" und „odd" tragen, beginnend mit even in der ersten Zeile.

2. Die Tabellenzellen mit Bestelldaten werden mit zusätzlichen Klassenattributen versehen: „artnr" für die Artikelnummer, „bezeichnung" für die Spalte mit der Artikelbeschreibung sowie „anzahl", „einzelpreis" und „preis" für die folgenden drei Spalten mit der Bestellmenge und den Preisangaben.

3. Die Inhalte der fünften Spalte (preis) werden aus der Bestellmenge und dem Einzelpreis berechnet. Die letzte Tabellenzeile enthält die Gesamtsumme der Bestellung.

Einen Lösungsvorschlag finden Sie im Anhang E auf Seite 210.

4 AJAX-Grundlagen

Dieses Kapitel gibt einen kurzen Einblick in die Arbeitsweise des Hypertext Transfer Protocol (HTTP), das eigentliche Herz des World Wide Web und damit auch von AJAX-basierten Anwendungen. Moderne Browser bieten mit dem Objekt XMLHttpRequest **eine mächtige Schnittstelle zur Kontrolle von HTTP-Transaktionen. Für die asynchrone Kommunikation zwischen Browser und Webserver erlaubt das Objekt zum einen die Registrierung von Callback-Funktionen, die bei jeder Änderung des Transaktionszustands ausgewertet werden, zum anderen kann auf alle Felder von Anfrage und Antwort zugegriffen werden. Damit geht** XMLHttpRequest **weit über die Funktionalität alternativer Lösungen wie die skriptbasierte Manipulation von Inline frames oder die asynchrone Übertragung von Nutzdaten in Cookies hinaus.**

Grundsätzlich erfolgt die Kommunikation zwischen Webbrowser und Webserver über das *Hypertext Transfer Protocol* (HTTP), beschrieben in [RFC2616]. Das Protokoll ist transaktionsorientiert, d. h. zu jeder *Anfrage* (englisch: „Request") eines Senders wird vom Empfänger genau eine *Antwort* (englisch: „Response") generiert. In einer Client/Server-Architektur wie dem World Wide Web werden Anfragen immer an einen Server gesendet. Dieser kann, ohne dass der Client dies merkt, zur Beantwortung der Anfrage weitere Anfragen an andere Server stellen (man spricht dann von Content Syndication) oder andere Techniken zur Erzeugung einer Antwort nutzen, etwa Datenbankanfragen oder nutzerspezifische Programme. In jedem Fall muss dieser Server zum Abschließen der Transaktion eine Antwort erzeugen und diese an den Sender der Anfrage zurücksenden.

Traditionell wird eine HTTP-Anfrage von einem Webbrowser generiert, wenn der Nutzer einen URI in die Adresszeile des Browsers eingegeben oder die Verfolgung eines Hyperlinks auf einer Webseite aktiviert hat. Ist die Anfrage erfolgreich, dann enthält die Antwort des Servers die angefragte Ressource zur Darstellung auf dem jeweiligen Ausgabegerät (üblicherweise ein Bildschirmfenster). Bestimmte Ressourcen wie HTML-Dokumente können Verweise auf weitere Ressourcen enthalten, die zur Darstellung erforderlich sind. In diesem Fall erzeugt der Browser selbstständig neue Anfragen, um auch diese Ressourcen vom angegebenen Server zu erhalten.

In einer statischen Webseite ist der Frage /Antwort-Zyklus damit beendet, bis eine manuelle Eingabe erfolgt, die eine neue Anfrage auslöst. Wie in Kapitel 3 „JavaScript für Profis" (Seite 53) dargestellt, können Webseiten aber auch Code-Fragmente enthalten, die vom Webbrowser beim Eintreten bestimmter

Ereignisse ausgeführt werden. Während sich die damit ausgeführten Aktionen ursprünglich auf lokal definierte Funktionen beschränkten und vorwiegend auf die Manipulation der dargestellten Ressource abzielten, steht in modernen Browsern mit XMLHttpRequest ein JavaScript-Objekt zum Absetzen beliebiger Anfragen über HTTP zur Verfügung. Erstmals wurde dieser Mechanismus in Microsofts Internet Explorer 5.0 als ActiveX-Objekt XMLHTTP eingeführt. Der Browser Mozilla bietet Unterstützung für dessen API seit Version 1.0, und in Safari kann man das Objekt seit Version 1.2 einsetzen. Darüber hinaus wird AJAX in Grundzügen auch von den Browsern Konqueror und Opera unterstützt.

4.1 XMLHttpRequest

Der Objekttyp XMLHttpRequest stellt clientseitigen Skripten eine Schnittstelle zur Erzeugung von HTTP-Transaktionen zur Verfügung und verwaltet die zugehörigen Zustandsinformationen. Sowohl der initiale Request für eine Transaktion wird über ein XMLHttpRequest-Objekte erzeugt als auch die zugehörige Antwort eingelesen und zur weiteren Verarbeitung bereitgestellt. Insofern bildet XMLHttpRequest den Kern nahezu jeder AJAX-Anwendung.

Um diesen Mechanismus verwenden zu können, muss zuerst in einem clientseitigen Skript ein Objekt vom Typ XMLHttpRequest erzeugt werden. Beispiel 4.1: „Synchrones Senden eines HTTP-Requests" (Seite 85) veranschaulicht, wie dieses Objekt genutzt werden kann, um eine Ressource von einem entfernten Server anzufordern.

Beispiel 4.1: Synchrones Senden eines HTTP-Requests

```
var req = new XMLHttpRequest();
req.open('GET', 'http://www.w3.org/', false);
req.send(null);
handleResponse(req.status, req.responseText);
```

In diesem Beispiel wird ein neues XMLHttpRequest-Objekt angelegt und mit einem GET-Request für die Ressource http://www.w3.org/ initialisiert. Das dritte Argument der Funktion **open** gibt an, dass dieser Request synchron verarbeitet werden soll: Wenn der Request mit dem folgenden Aufruf der Funktion **send** gesendet wird, wird die Ausführung des Skripts solange blockiert, bis die Antwort des Servers vollständig empfangen wurde. Das Ergebnis dieser Operation kann ebenfalls über das XMLHttpRequest-Objekt ermittelt werden. Zur Verarbeitung der Antwort wird hier die fiktive Funktion **handleResponse** mit dem Statuscode der empfangenen HTTP-Antwortnachricht und dem Inhalt dieser Antwort als Zeichenkette aufgerufen.

Um das blockierende Warten des Browsers auf die Antwort zu vermeiden, muss zum einen das dritte Argument des Aufrufs von **open** in den Wert true geändert werden. Das Skript läuft dann nach dem Absenden des Requests einfach weiter. Nun darf die Abfrage des Antwort-Status aber nicht mehr unmittelbar danach erfolgen, da dies wegen der Laufzeiten der Transaktion so gut wie nie zum Erfolg führen wird. Statt dessen muss eine Callback-Funktion vorgesehen werden, die immer dann aufgerufen wird, wenn sich der Bearbeitungszustand der Transaktion ändert. XMLHttpRequest-Objekte verfügen dafür über eine Eigenschaft *onreadystatechange*, die mit einem Funktionsobjekt belegt werden kann. Beispiel 4.2: „Nutzung einer Callback-Funktion für asynchrone HTTP-Requests" (Seite 86) zeigt, wie eine Callback-Funktion für ein XMLHttpRequest-Objekt definiert werden kann.

Beispiel 4.2: Nutzung einer Callback-Funktion für asynchrone HTTP-Requests

```
var req = new XMLHttpRequest();
req.onreadystatechange = handleStateChange;
req.open('GET', 'http://www.w3.org/', true);
req.send(null);
```

Nach dem Anlegen des Objekts *req* wird die Funktion **handleStateChange** als Callback-Funktion für Statusänderungen in der Variablen *onreadystatechange* eingetragen. Nach dem Aufruf von **req.open** und **req.send** setzt der Browser die Ausführung des Skripts fort ohne zu blockieren. Aus diesem Grund entfällt hier der zuvor gezeigte Aufruf von **handleResponse**.

Die angegebene Funktion **handleStateChange** wird fortan für jede Statusänderung des XMLHttpRequest-Objekts *req* aufgerufen. Das Feld *readyState* des XMLHttpRequest-Objekts gibt Aufschluss über den aktuellen Status der Transaktion beim Aufruf dieser Callback-Funktion. So lassen sich einzelne Phasen der Datenübertragung unterscheiden wie in Beispiel 4.3: „Callback-Funktion für Statusänderungen eines XMLHttpRequest-Objekts" (Seite 87) gezeigt. Der wichtigste Fall ist hier das Erreichen des Status COMPLETED mit dem Statuscode 4: Er gibt an, dass die Antwort des Servers vollständig übertragen wurde und nun ausgewertet werden kann. Die Bedeutung der weiteren Statuscodes erläutert die Tabelle „Mögliche Werte für XMLHttpRequest.readyState" (Seite 87); allerdings sind die Statuscodes außer 4 (COMPLETED) in verschiedenen Browsern nicht wirklich einheitlich implementiert.

Beispiel 4.3: Callback-Funktion für Statusänderungen eines XMLHttpRequest-**Objekts**

```
function handleStateChange() {
  switch (req.readyState) {
    case 0 : // UNINITIALIZED
    case 1 : // LOADING
    case 2 : // LOADED
    case 3 : // INTERACTIVE
      break;
    case 4 : // COMPLETED
      handleResponse(req.status, req.responseText);
      break;
    default : ; // fehlerhafter Status
  }
};
```

Mögliche Werte für XMLHttpRequest.readyState

Wert	Bezeichnung	Bedeutung
0	UNINITIALIZED	Das Objekt wurde noch nicht initialisiert, d. h., es erfolgte noch kein Aufruf der Funktion open.
1	LOADING	Das Request-Objekt wurde initialisiert, aber der Request noch nicht abgesetzt (mittels send).
2	LOADED	Der Request wurde mittels der Funktion send abgesetzt.
3	INTERACTIVE	Teile der Antwort sind bereits verfügbar. Über das Feld responseText kann auf die empfangenen Daten zugegriffen werden.
4	COMPLETED	Die Bearbeitung des Requests ist beendet.

Das in Beispiel 4.2: „Nutzung einer Callback-Funktion für asynchrone HTTP-Requests" (Seite 86) gezeigte Code-Fragment bildet den Kern jeder AJAX-Anwendung mit XMLHttpRequest. Die einzige Plattformabhängigkeit besteht in der Erzeugung des XMLHttpRequest-Objekts, für das im Internet Explorer ein Objekt vom Typ ActiveXObject angelegt werden muss. Als Argument wird dem Konstruktor eine Zeichenkette übergeben, die das gewünschte Objekt bezeichnet. Je nach Version des Browsers und der lokalen Systeminstallation stehen in msxml.dll oder msxml2.dll unterschiedliche Varianten von XMLHttpRequest zur Verfügung. Glücklicherweise bieten alle diese Varianten das gleiche API, so dass keine weitere Unterscheidung erforderlich ist, sobald ein Objekt mit der benötigten Grundfunktionalität erzeugt wurde.

Die älteste Implementierung von XMLHttpRequest wird mit der Zeichenkette Microsoft.XMLHTTP angefordert, wie folgende Anweisung zeigt:

```
var req = new ActiveXObject("Microsoft.XMLHTTP");
```

Alternativ dazu kann das Objekt auch in einer neueren Variante als Teil des XML-Parsers *MSXML* verfügbar sein. Die Erzeugung des Objektes erfolgt analog zu der oben gezeigten Variante:

```
var req = new ActiveXObject("MSXML2.XMLHTTP");
```

Zu beachten ist, dass der Konstruktor ActiveXObject eine Exception auslöst, wenn das geforderte Objekt nicht erzeugt werden kann. Eine portable AJAX-Anwendung muss daher sukzessive die verschiedenen Möglichkeiten zum Anlegen des XMLHttpRequest-Objekts ausprobieren und für jeden Versuch eine geeignete Ausnahmebehandlung vorsehen. Eine weitgehend plattformunabhängige Funktion zum Erzeugen eines XMLHttpRequest-Objekts ist in Beispiel 4.4: „Portable Funktion zum Erzeugen eines XMLHttpRequest-Objekts" (Seite 88) realisiert.

Beispiel 4.4: Portable Funktion zum Erzeugen eines XMLHttpRequest-Objekts

```
function createXMLHttpRequest() {
  var req = null;
  try {
    req = new ActiveXObject("MSXML2.XMLHTTP");
  }
  catch (err_MSXML2) {
    try {
      req = new ActiveXObject("Microsoft.XMLHTTP");
    }
    catch (err_Microsoft) {
      if (typeof XMLHttpRequest != "undefined")
        req = new XMLHttpRequest;
    }
  }
  return req;
}
```

Die Funktion **createXMLHttpRequest** erzeugt im ersten Schritt eine lokale Variable *req*, die das neu erzeugte Objekt aufnehmen soll. Anschließend werden nacheinander die verschiedenen Möglichkeiten zur Erzeugung des XMLHttpRequest-

Objekts probiert, wobei die ActiveX-Varianten jeweils in einen `try/catch`-Block für die Behandlung von Exceptions eingeschlossen sind. Im zweiten `catch`-Block wird schließlich versucht, ein `XMLHttpRequest`-Objekt mit einem Aufruf von `new` anzulegen. Schlägt auch dies fehl, so muss die Anwendung auf AJAX-Funktionalität verzichten. Der Rückgabewert ist in diesem Fall `null`, ansonsten liefert die Funktion ein neues `XMLHttpRequest`-Objekt.

Wie man an diesem Beispiel sieht, sind auch AJAX-basierte Anwendungen nicht völlig frei von browserspezifischem Code. Glücklicherweise beschränkt sich dies aber auf wenige Zeilen, die sich leicht in einer generischen Funktionsbibliothek verstecken lassen. In Kapitel 5 „Frameworks für AJAX" (Seite 112) stellen wir einige bekannte Bibliotheken für den Einsatz in AJAX-Anwendungen vor. Die meisten davon bieten eine ähnliche Kapselung für die Erzeugung des `XMLHttpRequest`-Objekts. Unter Umständen können dabei sogar noch weitere Varianten des Objekts berücksichtigt werden, die im Internet Explorer durch Anfügen einer Versionsnummer an das Argument des Konstruktors für das entsprechende ActiveX-Objekt referenziert werden, beispielsweise `"MSXML2.XMLHTTP.4.0"`.

AJAX-Funktionsbibliotheken helfen aber nicht nur, diese plattformabhängigen Code-Bestandteile von der eigentlichen Programmlogik zu trennen, sondern sie unterstützen auch die Strukturierung eigener Anwendungen. So bieten einige Bibliotheken nicht nur Module zur Abwicklung der asynchronen Kommunikation zwischen Browser und Server, sondern auch generische Objekte zur Erstellung interaktiver Benutzungsschnittstellen.

Es ist ratsam, sich frühzeitig an den Einsatz einer AJAX-Funktionsbibliothek zu gewöhnen und auch kleine Projekte damit zu realisieren, sofern AJAX dort einen Mehrwert verspricht. So werden nachträgliche Restrukturierungen vermieden, wenn sich herausstellt, dass der eigene Code nicht hinreichend auf die asynchrone Kommunikation abgestimmt wurde oder dass das Programm die Besonderheiten bestimmter Browser nicht berücksichtigt. Um das Potential dieser Technologie ausschöpfen zu können, ist allerdings ein grundlegendes Verständnis der Abläufe unter der Oberfläche unverzichtbar. Bevor wir uns einer Beschreibung dieser Funktionsbibliotheken zuwenden, wollen wir daher die Funktionsweise von AJAX näher erläutern und widmen uns den Aufgaben, deren sich ein Anwendungsprogrammierer auch weiterhin annehmen muss.

4.2 Aufbau von HTTP-Nachrichten

Den Kern einer AJAX-basierten Anwendung stellt die Verwaltung von nebenläufigen HTTP-Transaktionen dar, die vom Webbrowser initiiert werden, um neue Daten vom Server zu erhalten. Viele der hier gezeigten Techniken basieren auf bestimmten Eigenschaften von HTTP, deren Kenntnis eine Voraussetzung für das Verständnis der Funktionsweise von AJAX ist.

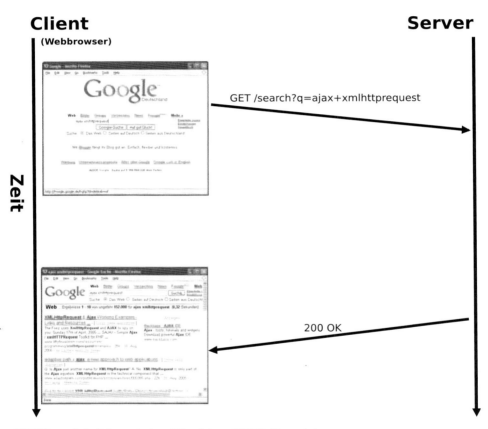

Abbildung 4.1 Schematischer Ablauf einer HTTP-Transaktion

Eingangs dieses Kapitels wurde bereits der grundsätzliche Ablauf von Transaktionen im Client/Server-Modell erläutert, den Abbildung 4.1 (Seite 90) noch einmal bildlich darstellt.

Der vom Browser gesendete Request gelangt zum Server und wird dort verarbeitet. Das Ergebnis dieser Operation wird anschließend in einer HTTP-Response dem anfragenden Client mitgeteilt. Anfrage und Antwort unterscheiden sich nur geringfügig im syntaktischen Aufbau, wie Abbildung 4.2 (Seite 91) zeigt.

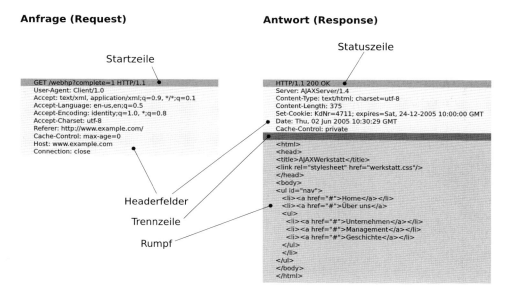

Abbildung 4.2 *Schematischer Aufbau von HTTP-Nachrichten*

HTTP-Request

Deutlich zu erkennen ist die unterschiedlich aufgebaute erste Zeile der beiden Nachrichten. Im HTTP-Request gibt diese Zeile die auszuführende Aktion an und benennt die Ressource, auf die sich diese Aktion bezieht. Der dritte Eintrag dient zur Identifikation des Protokolls HTTP und der verwendeten Version, hier also Version 1.1. In diesem Beispiel wird also ein GET-Request bezogen auf die Ressource „/webhp?complete=1" des kontaktierten Servers gesendet. Auf die Startzeile des Requests folgt eine Reihe von *Header-Feldern* in fast beliebiger Reihenfolge, die den Request genauer beschreiben. Jedes Header-Feld besteht aus einem Namen und einem Wert, die durch einen Doppelpunkt voneinander getrennt sind. Die Werte gleichnamiger Header-Felder können in einem Header zusammengefasst werden, indem sie mit einem Komma getrennt werden. Die wichtigsten Header-Felder in diesem Request sind:

Accept	Enthält die Angabe der erlaubten Medientypen wie in Anhang C: „Dokumentformat für Webseiten" (Seite 189) beschrieben.
Accept-Language	Gibt eine Liste der Sprachen an, die der Benutzer als Präferenz in seinem Browser eingestellt hat. Jeder Eintrag kann mit einem Parameter q zur Gewichtung versehen werden.
Accept-Charset	Spezifikation der akzeptierten Zeichenkodierungen, in denen die Inhaltsinformationen vorliegen dürfen. Für XML-Dokumente sollte hier zumindest UTF-8 erlaubt werden, um größtmögliche Kompatibilität zu erhalten.
Accept-Encoding	Die zur Übertragung der Inhaltsinformationen verwendete Kodierung. Anders als z. B. das *Simple Mail Transfer Protocol* (SMTP) erfordert HTTP keine Umkodierung von Binärdaten, um eine fehlerfreie Übertragung zu gewährleisten. Daher wird dieser Parameter oft den Wert „identity" enthalten. Nützlich ist dieses Header-Feld vor allem, wenn eine Kompression während der Übertragung erzwungen werden soll. In diesem Fall kann als Wert „gzip" oder „compress" angegeben werden.
Host	Enthält den Server-Namen aus dem URI der angefragten Ressource, ggf. mit zusätzlicher Portnummer, falls nicht der Standard-Port 80 für HTTP verwendet wird. Mit dieser Angabe kann ein Server Anfragen für mehrere virtuelle Hosts auf einem Port behandeln.

HTTP-Response

Die Antwort des Servers beginnt mit einer Statuszeile, die neben der Identifikation des Protokolls und der Versionsnummer einen dreistelligen Statuscode sowie eine textuelle Beschreibung des Ergebnisses enthält. Die erste Ziffer des Statuscodes gibt Aufschluss über die Art der Meldung, damit Clients auch Antworten mit unbekannten Statuscodes korrekt verarbeiten können. Die Tabelle „Statuscodes in HTTP" (Seite 93) zeigt die Bedeutung der Statusklassen, wie sie in RFC 2616 [RFC2616] definiert wurde. Die textuelle Beschreibung nach dem Statuscode ist rein informativ und kann z. B. einem Benutzer angezeigt werden, wenn der Browser die genaue Bedeutung des Statuscodes nicht kennt. Die am häufigsten angezeigten Meldungen sind vermutlich die Fehlercodes 403 und 404 mit ihren textuellen Entsprechungen „Forbidden" und „Not Found".

Statuscodes in HTTP

Code	Beschreibung
1xx	Kennzeichnet eine vorläufige Antwort zur Information über den Status der Bearbeitung. Die Transaktion wird mit einer 1xx-Antwort nicht beendet.
2xx	Die Anfrage wurde erfolgreich bearbeitet und das Ergebnis ist der Antwort beigefügt.
3xx	Die angefragte Ressource ist nicht auf dem Server verfügbar, sondern kann von einer anderen Quelle bezogen werden, die in der Antwort benannt ist.
4xx	Die Anfrage war fehlerhaft und kann deswegen nicht bearbeitet werden.
5xx	Bei der Verarbeitung der Anfrage ist auf dem Server ein Fehler aufgetreten, der nicht unmittelbar mit dem Request zusammenhängt.

Antworten mit einem Statuscode zwischen 100 und 199 stellen eine Besonderheit in HTTP dar, da sie die Transaktion nicht beenden. Sie können beispielsweise bei einem Datei-Upload verwendet werden, um vor der Übertragung einer Datei zu signalisieren, dass die Operation Erfolg haben wird. Dadurch kann der Client das Senden umfangreicher Daten verzögern, bis entweder eine Antwort mit dem Statuscode 100 als Aufforderung zum Fortsetzen der Sendeoperation oder eine entsprechende Fehlernachricht empfangen wurde.

Der Statuszeile der Antwort folgt wie bei der Anfrage eine Reihe von Header-Feldern, die weitere Informationen über das Ergebnis der Operation enthalten, beispielsweise zur Steuerung des Seiten-Cache im Browser. Den wichtigsten Teil der Antwort stellen in den meisten Fällen aber die Inhaltsinformationen dar, die nach dem Block mit den Header-Feldern folgen und mit einer Leerzeile davon getrennt werden. Abhängig von der Art der Anfrage und der Serverkonfiguration kann es sich bei den Inhaltsinformationen um beliebige Daten handeln, solange diese den in der Anfrage spezifizierten Eigenschaften entsprechen (Anfrage-Header Accept, Accept-Language, Accept-Encoding und Accept-Charset).

Damit der Client die in der Antwort enthaltenen Inhaltsinformationen verarbeiten kann, werden der Medientyp, die verwendete Sprache und die Zeichenkodierung im Header-Bereich beschrieben. Die dazu verwendeten Felder entsprechen in ihrer Namensgebung den Header-Feldern aus der Anfrage, mit denen der Client seine Präferenzen ausgedrückt hat. Die folgende Übersicht zeigt die wesentlichen Header-Felder zur Beschreibung der Inhaltsinformationen einer HTTP-Antwort:

Content-Type
: Spezifiziert den Medientyp der Inhaltsformationen in der Antwort wie in Anhang C: „Dokumentformat für Webseiten" (Seite 189) beschrieben; in einem Parameter charset wird auch die Information über den in der Antwort verwendeten Zeichensatz untergebracht, soweit hier anwendbar.

Content-Language
: Gibt die gewählte Sprache des Dokuments in der Antwort an.

Zustandsverwaltung mit Cookies

Als zustandsloses Protokoll bietet HTTP keine eingebaute Unterstützung für transaktionsübergreifende *Sessions* zwischen Browser und Server. Das bedeutet, eine webbasierte Anwendung ist selbst für die Erzeugung und Verwaltung persistenter Zustandsinformationen verantwortlich. Die Synchronisation zwischen Client und Server erfolgt mit Hilfe einer Erweiterung des Protokolls HTTP, die zusätzliche Header-Felder zur Übertragung Session-spezifischer Daten erlaubt (siehe [Cookies]). Ursprünglich von der Firma Netscape entwickelt, wird diese Protokollerweiterung von praktisch allen modernen Browsern unterstützt. (Cookies wurden später als RFC 2109 [RFC2109] standardisiert; die dort vorgenommenen Änderungen haben sich aber nicht alle durchgesetzt. Ein weiterer Versuch der Weiterentwicklung durch Standardisierung, RFC 2965, hat noch weniger praktische Bedeutung.) Die Funktionsweise des Cookie-Mechanismus illustriert Abbildung 4.3 (Seite 95).

Das Bild zeigt die Verwendung der Header-Felder *Set-Cookie* und *Cookie* zum Übermitteln von Zustandsinformationen. Zu Beginn der Sitzung wird ein Cookie in einer Antwortnachricht des Servers mit dem Headerfeld Set-Cookie gesetzt. Der Wert des Headers besteht aus einem Bezeichner für die Zustandsvariable, gefolgt von einem Gleichheitszeichen und dem zu speichernden Wert. Der Browser, der diese Antwort erhält, speichert nach einer Sicherheitsprüfung den Wert unter dem angegebenen Namen, um diese (Name und Wert) in folgenden Requests im Headerfeld *Cookie* wieder an den Server zu senden.

Neben dem Namen und dem aktuellen Wert des Cookie kann der Server im Headerfeld *Set-Cookie* noch weitere Parameter angeben, mit denen sich das Verhalten des Clients genauer steuern lässt. Die folgende Übersicht zeigt die in der ursprünglichen Spezifikation von Netscape vorgesehenen Parameter mit ihrer Bedeutung, wie sie auch heute noch in webbasierten Anwendungen verwendet werden.

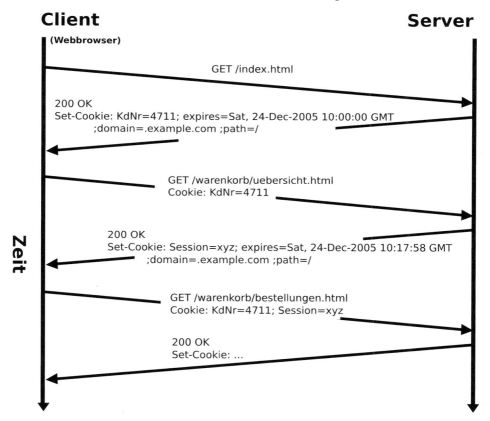

Abbildung 4.3 *Verwendung von Cookies für persistente Zustandsinformationen*

expires   Gibt den Zeitpunkt an, bis zu dem ein Cookie gültig ist. Das Format folgt dem mit RFC 822 etablierten Format zur Spezifikation von Zeit und Datum in E-Mail-Nachrichten. Um einen Cookie zu löschen wird einfach ein Datum in der Vergangenheit angegeben, etwa: Thu, 01-JAN-1970 00:00:00 GMT.

In der standardisierten Fassung der Cookie-Spezifikation wurde der Parameter expires durch den robusteren

Parameter `Max-Age` abgelöst, der angibt, wieviele Sekunden der betreffende Cookie noch gültig ist. Da die meisten Browser jedoch die ältere Version implementieren, ist eine Verwendung von `expires` in eigenen Anwendungen ratsam.

domain

Schränkt den Domainbereich ein, für den ein Cookie Gültigkeit besitzt. Der Wert entspricht mindestens einer Second-Level-Domain, d. h., ein Cookie kann nicht für das gesamte Internet oder eine Top-Level-Domain freigegeben werden. Der Browser verwendet diese Angabe intern zur Erzeugung eines hierarchischen Namensraums, durch den gleichnamige Zustandsattribute verschiedener Server unterschieden werden. Natürlich akzeptiert ein Browser ausschließlich Cookies von Servern, die zur angegebenen Domain gehören.

path

Der Parameter `path` erlaubt eine weitere Strukturierung des Cookie-Namensraums. Beim Setzen eines Cookies spezifiziert `path` den URI-Präfix, für den dieser Cookie gültig sein soll. In einem nachfolgenden Request wird ein Browser den Cookie also nur dann aufführen, wenn der Beginn des Request-URIs mit dem Wert von `path` übereinstimmt.

secure

Ein als `secure` attributierter Cookie sollte vom Browser nicht über einen unsicheren Kanal an den Server zurückgesandt werden. In der Praxis heißt dies heute, dass der Browser den Cookie nur über TLS-Verbindungen (`https://`…) verschickt; damit ist der Cookie besser gegen mögliches Abhören geschützt als wenn der Browser ihn auch über ungesichertes HTTP versenden würde. (Selbst wenn die Webanwendung selbst keine reinen HTTP-URIs verwendet, könnte ohne Verwendung von `secure` ein sicherheitsrelevanter Cookie durch manuelle Eingabe des Server-Namens im Zusammenhang mit einem HTTP-URI kompromittiert werden – er würde vom Browser automatisch im Klartext mit der HTTP-Anfrage verschickt, ohne dass der Server Einfluss darauf hat.)

Die Syntax der oben angeführten Parameter entspricht weitgehend der in RFC 2616 [RFC2616] definierten Syntax für Parameter in Headerfeldern. Der Parameter `expires` nimmt hier eine Sonderrolle ein, da der angegebene Wert entgegen der Konvention nicht in Anführungszeichen eingeschlossen wird.

(RFC 2965 sieht noch weitere Parameter und neue Headerfelder vor, die in der Praxis allerdings eher geringe Bedeutung haben. Um größtmögliche Kompatibilität mit bestehenden Browsern zu wahren, sollte sich eine Anwendung nicht auf die Existenz von Parametern verlassen, die nicht in der obigen Liste aufgeführt sind. Eine Ausnahme stellt der Parameter `Version` dar, der in der ursprünglichen Cookie-Spezifikation nicht vorgesehen ist. In der standardisierten Variante ist die Verwendung dieses Parameters vorgeschrieben, so dass mit dieser Angabe eine Unterscheidung zwischen beiden Versionen der Spezifikation möglich ist.)

In AJAX-basierten Anwendungen nimmt die transaktionsübergreifende Synchronisierung von Zustandsinformationen naturgemäß eine bedeutende Stellung ein, da hier zahlreiche kurzlebige Interaktionen zu einer länger andauernden Sitzung zusammengefasst werden. Wie bei anderen HTTP-Anfragen von Browsern werden auch bei `XMLHttpRequest` Cookies gesendet und `Set-Cookie`-Header aus der Antwort ausgeführt.

Anders als bei Dokumentformaten, DOM-Unterstützung oder CSS ist für den Austausch von Cookies kein Trend zur Implementierung des offiziellen Standards [RFC2965] zu erkennen. Statt dessen basieren die meisten Anwendungen auf der ersten von Netscape veröffentlichten Fassung, die damit den Rang eines Quasi-Standards erreicht hat.

HTTP-Transaktionen und AJAX

Das WWW in seiner ursprünglichen Form war als verteiltes Informationssystem konzipiert, das einen Zugriff auf entfernte Datenspeicher ermöglichte. Nachdem anfänglich vorwiegend statische Dokumente über das WWW bezogen wurden, die als Datei auf dem Serversystem verfügbar waren, wurde schnell deutlich, dass der Dienst von Anfang an so entworfen war, dass auch dynamisch erzeugte Objekte mit beliebigem Typ über HTTP befördert werden können. DHTML und Remote Scripting führten diese Entwicklung fort, indem die dynamische Veränderung von Dokumenten nun auch auf der Clientseite stattfand.

AJAX-Technologien führen diesen Ansatz fort, indem die Interaktivität ein stärkeres Gewicht bekommt. Anstelle einzelner HTTP-Transaktionen, die jeweils ein für sich isoliertes Dokument im Ganzen ausliefern, tritt nun die Übertragung von

Informationshäppchen, die im Browser zu einem größeren – und dynamisch veränderlichen – Gesamtbild zusammengesetzt werden. In Anlehnung an Abbildung 4.1 (Seite 90) zeigt Abbildung 4.4 (Seite 98) den veränderten Ablauf der Kommunikation zwischen Browser und Server in einer AJAX-basierten Anwendung.

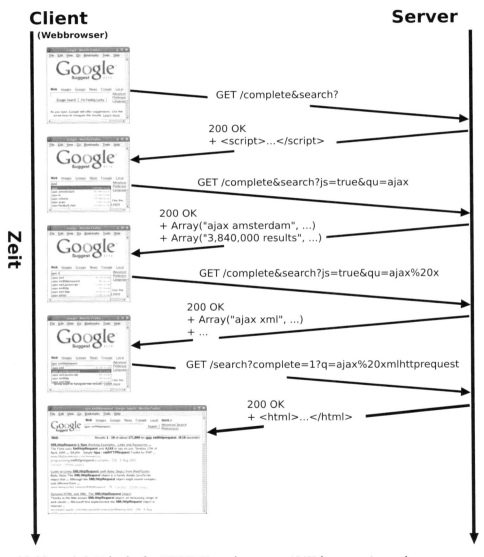

Abbildung 4.4 *Nebenläufige HTTP-Transaktionen in AJAX-basierten Anwendungen*

Deutlich zu erkennen ist in diesem Beispiel die hohe Frequenz, in der HTTP-Requests ausgesendet werden. Moderne HTTP-Server und -Clients erleichtern diese Art der Kommunikation, indem TCP-Verbindungen für die Dauer der Transaktionsfolge geöffnet bleiben, anstatt für jede Anfrage einen neuen Transportkanal zu öffnen. Die Zuordnung der Transaktionen auf dem Server erfolgt am einfachsten mit dem zuvor erläuterten Cookie-Mechanismus, über den ein eindeutiger Sessionbezeichner ausgetauscht werden kann.

Weitere Methoden in HTTP

In den bisherigen Ausführungen wurde nicht unterschieden, welche *Methode* in der Startzeile von HTTP-Anfragen aufgeführt wird. Die am häufigsten verwendete HTTP-Methode ist GET. Die Semantik von GET schließt jedoch einen *Seiteneffekt*, also das Verändern des Serverzustands in einer Weise, die Rückwirkung auf den Benutzer hat, aus: Es gibt zu viele Fälle, in denen Systemkomponenten wie Browser oder Caches ohne weiteres Zutun des Benutzers entscheiden, ein GET auszuführen (besonders unangenehm ist das böswillige Unterschieben von automatisch verfolgten Links, wie z. B. aus IMG-Elementen; vgl. auch [Ruby 05a] und [Ruby 05b]).

Je nach auszuführender Aktion kann es daher angebracht sein, eine andere Methode als GET einzusetzen; insbesondere fallen Operationen wie das Abschicken von Bestellungen, die Aktualisierung von Datenbanken, das Hinzufügen von Dateien oder auch das Löschen von Ressourcen nicht in den Aufgabenbereich eines GET-Requests. Für diese Aufgaben stehen in HTTP weitere Methoden zur Verfügung, von denen einige auch in AJAX-basierten Anwendungen sinnvoll eingesetzt werden können:

PUT	Dient zum Hinzufügen einer Ressource zum Datenbestand des Servers. Der URI des Requests bezeichnet den Namen, unter dem die übergebenen Inhaltsdaten abgelegt werden sollen.
	Zu beachten ist, dass HTTP keineswegs vorschreibt, wie oder wo die Daten gespeichert werden sollen – dies kann im lokalen Dateisystem des Webservers geschehen, in einer eigenen Datenbank oder auf einem LDAP-Server.
POST	Wesentlich häufiger als PUT wird in der Praxis POST verwendet. POST dient ähnlich wie PUT zur Übertragung von Inhaltsinformationen an einen Webserver. Anders als PUT werden mit POST Daten übertragen, die mit einer

Ressource im Zusammenhang stehen, aber typischerweise nicht mit dieser Ressource identisch sind. Das häufigste Einsatzgebiet von POST ist die Übertragung ausgefüllter Web-Formulare an einen Server. Anstatt die erhaltenen Werte unter dem angegebenen Namen zu speichern, übergibt der Server die Daten an die Anwendungslogik, die über den Anfrage-URI identifiziert wird.

Unabhängig davon, ob im konkreten Anwendungsfall PUT oder POST verwendet wird, haben beide Methoden über die u. U. passendere Semantik hinaus gegenüber GET den Vorteil, dass problemlos größere Mengen an Daten übertragen werden können. Jeder Web-Entwickler, der schon einmal vor der Entscheidung stand, ob in einem Formular POST oder GET verwendet werden soll, kennt dieses Problem: Während in einem POST-Request die Daten im Inhalt der Nachricht übertragen werden, fügt der Browser die Werte aus den Formularfeldern für einen GET-Request dem URI hinzu. Dies ist nicht nur unschön, sondern kann auch zu Problemen führen, wenn Browser oder Server eine feste Obergrenze für die Länge der Startzeile vorgeben.

Die Programmierschnittstelle von XMLHttpRequest bietet zahlreiche Möglichkeiten zur Modifikation des abzusetzenden HTTP-Requests. So kann die zu verwendende Methode beispielsweise in der Funktion **open** spezifiziert werden. Zwei weitere Parameter ermöglichen zudem die Angabe von Benutzername und Passwort, um eine Authentisierung beim Server zu ermöglichen. Beispiel 4.5: „Versenden eines POST-Requests mit XMLHttpRequest" (Seite 101) und Beispiel 4.6: „Versenden eines PUT-Requests mit XMLHttpRequest" (Seite 101) illustrieren die Verwendung von XMLHttpRequest mit den HTTP-Methoden POST und PUT zum Senden einer Datei an einen Server. Bei POST werden der Name und die zu speichernden Daten im Rumpf der HTTP-Nachricht übertragen, der an die Funktion **send** übergeben wird. Schließlich wird mittels **setRequestHeader** der Medientyp application/x-www-form-urlencoded gesetzt, um ein korrektes Parsieren der übertragenen Daten auf dem Server sicherzustellen. Bei PUT muss der Server Information über den Dateinamen aus dem Anfrage-URI ableiten (im Beispiel gibt der Client darüber hinaus den Content-Type als XML vor).

In beiden Fällen kann der Server erfolgreiche Anfragen mit den Antwortcodes 200 („OK") oder 204 („No Content") beantworten; 200 steht dabei für den Fall, dass in der Antwort noch eine beschreibende Ressource (z.B. ein HTML-Dokument zur Anzeige für den Benutzer) mitgeliefert wird, während 204 ein wortloses OK ist. Die

Anfrage kann, wenn eine neue Ressource angelegt wurde, auch mit 201 („Created")
beantwortet werden (wie bei 200 mit einer Ressource in der Antwort).

Beispiel 4.5: Versenden eines POST-Requests mit XMLHttpRequest

```
_body="filename="+escape(_filename)+"&content="+escape(_text);
var req = new XMLHttpRequest();
req.onreadystatechange = handleStateChange;
req.open('POST', '/serverscript.php', true, username, password);
req.setRequestHeader('Content-Type',
                     'application/x-www-form-urlencoded');
req.send(_body);
```

Beispiel 4.6: Versenden eines PUT-Requests mit XMLHttpRequest

```
var req = new XMLHttpRequest();
req.onreadystatechange = handleStateChange;
req.open('PUT', '/path/' + escape(_filename), true, username,
password);
req.setRequestHeader('Content-Type',
                     'application/xml');
req.send(_text);
```

4.3 Remote Scripting ohne XMLHttpRequest

Nachdem dieses Kapitel einen ausführlichen Einblick in den Umgang mit dem vergleichsweise neuen Objekttyp XMLHttpRequest gegeben hat, soll hier nicht ver-
schwiegen werden, dass die asynchrone Kommunikation zwischen Browser und
Server auch mit alternativen Mechanismen realisiert werden kann. Ein bekanntes
Beispiel dafür ist die *LiveConnect*-Funktionalität von Flash-basierten Anwendungen, und generell kann jedes eingebettete Java-Objekt bei Bedarf mit dem Server
kommunizieren. Herstellerspezifische Erweiterungen dieser Art sind allerdings
schwer zu warten, da Nutzer natürlich nicht ständig neue Updates einspielen wollen. Erschwerend kommt hinzu, dass Anwender am Arbeitsplatz oder im Internet-
Cafe oftmals überhaupt nicht berechtigt sind, die bestehende Installation zu ändern.
Und schließlich unterbinden sicherheitsbewusste Nutzer grundsätzlich die automatische Installation unbekannter Software-Komponenten auf ihrem Rechnersystem,
so dass die genannten Erweiterungen beim Betrachten einer Webseite oft nicht verfügbar sind.

Vor dem Hintergrund der eingangs erwähnten Angleichung der Browserplattformen und der weitgehenden Unterstützung der wesentlichen Standards in diesem Bereich – neben HTML, DOM, CSS und JavaScript gehört mittlerweile auch XML dazu – sind daher Mechanismen vorzuziehen, die ohne proprietäre Erweiterungen auskommen und AJAX-Funktionalität mit den Bordmitteln eines Browsers ermöglichen. Bevor der Begriff „AJAX" seinen heutigen Stellenwert erreichte, wurde dies zuweilen unter dem Schlagwort „Remote Scripting" zusammengefasst, das ähnlich wie AJAX auf die nebenläufige Aktualisierung von Teilbereichen einer Webseite zielt.

Ein verbreitetes Verfahren für das asynchrone Nachladen von Ressourcen basiert auf JavaScript und iframe-Elementen (sogenannte *Inline frames*; wir sprechen im Folgenden verkürzend von „Iframes"). Der Elementtyp iframe ist in der Transitional-Variante von HTML definiert und dient zur Einbettung von Ressourcen innerhalb eines Textblocks in einem HTML-Dokument. Die Ressource wird mit dem Attribut src referenziert; ihre Darstellung ordnet sich in den Layoutfluss entsprechend den Stilvorgaben für den umgebenden Block ein. Ein iframe-Element kann überall dort auftreten, wo Hyperlinks (Elementtyp a) oder Bilder (Elementtyp img) erlaubt sind.

Für unsere Zwecke wird ein randloser Iframe mit einer Ausdehnung von 0 Pixeln irgendwo im Rumpf des HTML-Dokuments erzeugt. Das Nachladen einer Ressource wird über ein externes Ereignis angestoßen, hier z. B. das Klicken auf einen Textabschnitt. Die nachgeladene Ressource wiederum besteht aus einem script-Element mit beliebigem JavaScript-Code. Hier wird eine Funktion aufgerufen, die im Hauptdokument definiert wurde. Dadurch lassen sich auf einfache Weise Callback-Funktionen realisieren, wie sie mit XMLHttpRequest auch verwendet werden. Beispiel 4.7: „Nachladen einer Ressource in einem Iframe" (Seite 102) veranschaulicht dies in einem einfachen HTML-Dokument.

Beispiel 4.7: Nachladen einer Ressource in einem Iframe

```
<html>
  <head><title>Basic Iframe Example</title>
  <script type="text/javascript">
function handleResponse(result) {
  alert(result);
}
function load(f,uri) {
  document.getElementById(f).src=uri;
}
  </script>
```

```
  </head>
  <body>
    <iframe id="i" name="i" src="#"
            style="width:0px; height:0px; border: 0px"></iframe>
    <div onclick="load('i','embed.html')">...Inhalt....</div>
  </body>
</html>
```

Das `div`-Element mit dem Beispieltext verfügt über ein Attribut `onclick`, in dem die selbstdefinierte Funktion **load** aufgerufen wird. Als Argumente werden der eindeutige Bezeichner des versteckten Iframe und der URI der nachzuladenden Ressource übergeben. Das Nachladen wird schließlich durch eine Änderung des Attributs `src` des betreffenden `iframe`-Elements erzielt, wie im Rumpf der Funktion **load** ersichtlich.

Beispiel 4.8: Aufruf einer Callback-Funktion aus einer nachgeladenen Ressource

```
<!-- embed.html -->
<script type="text/javascript">
window.parent.handleResponse('Aufruf der Callback-Funktion');
</script>
```

In Beispiel 4.8: „Aufruf einer Callback-Funktion aus einer nachgeladenen Ressource" (Seite 103) wird die Funktion **handleResponse** aufgerufen, die im Hauptdokument definiert wurde. Das Argument dient als Platzhalter für das Ergebnis der auf dem Server durchgeführten Operation, beispielsweise eine komplizierte Berechnung oder die Zusammenstellung einer Auswahlliste mit kontextabhängigen Alternativen wie im Falle von Google Suggest.

Alternativ zur Verwendung von Iframes können kleinere Datenmengen auch in einem Cookie übertragen werden, der dann vom Browser ausgelesen wird. Zuvor muss natürlich ein HTTP-Request erzeugt werden, der das entsprechende Serverskript zum Setzen des Cookies aktiviert. Das Absetzen des Requests kann erzwungen werden, indem das Attribut `src` in einem `img`-Element verändert wird. Als Antwort muss das Serverskript nun ein beliebiges Bild zurückliefern oder aber eine Antwort mit dem Statuscode 204 erzeugen, „No Content". Diese Antwort des Servers besagt, dass der Dokumentinhalt nicht verändert wurde und der Browser daher keine Aktualisierung der Anzeige vornehmen soll. Da die Header-Felder in der Antwort aber durchaus aktualisierte Informationen tragen können, lässt sich auf diese Weise sehr elegant der Wert des Cookies verändern.

Die Schwierigkeit besteht nun in der Auswertung der Antwort, da die Anfrage asynchron erfolgte und der Browser den Erhalt der Antwort dem Skript nicht mitteilt. Die frei verfügbare Bibliothek *RSLite* von Brent Ashley löst dieses Problem, indem der Inhalt der Cookie-Variablen im Objekt document in regelmäßigen Zeitabständen auf Änderungen überprüft wird (siehe <http://www.ashleyit.com/rs/rslite/>). Ist ein neuer Cookie mit einem zuvor festgelegten Namen verfügbar, dann wird eine benutzerdefinierte Funktion mit dem Inhalt des Cookies als Argument aufgerufen.

Der große Nachteil der Cookie-basierten Lösung ist die notwendige Überwachung des Browserzustands in kurzen Abständen. Für komplexe interaktive Anwendungen, in denen zahlreiche nebenläufige Transaktionen mit dem Server notwendig sind, ist diese Möglichkeit daher nicht für jede Anwendung gleich gut geeignet. Die Iframe-basierte Lösung wirkt vielleicht auf den ersten Blick ein wenig unsauber, hat aber den Vorteil, dass sich asynchrone Operationen besser verwalten lassen.

Mit XMLHttpRequest steht zwar in modernen Browsern eine Technologie zur Verfügung, die die Vorteile von Iframes und der Cookie-basierten Lösung verbindet, ohne deren Nachteile zu übernehmen. Allerdings werden die traditionellen Ansätze von älteren Browsern besser unterstützt, so dass es aus Gründen der Portabilität durchaus sinnvoll sein kann, auf die Verwendung von XMLHttpRequest zu verzichten. Darüber hinaus bewahrt der Zurück-Knopf des Browsers bei der Verwendung von Iframes seine angestammte Funktion – einer der häufigsten Kritikpunkte an Googles *Gmail* ist daher auch nicht zufällig das Fehlen einer Zurück-Semantik.

Dennoch bleibt festzuhalten, dass XMLHttpRequest eine wesentlich höhere Flexibilität gegenüber den anderen Möglichkeiten zur asynchronen Kommunikation mit dem Server bietet:

- XMLHttpRequest kann für GET, POST, oder sogar für andere HTTP-Anfragemethoden benutzt werden. Sollen Änderungen am Server-Datenbestand vorgenommen werden, ist dafür eine POST-Anfrage erforderlich (s. Abschnitt „Weitere Methoden in HTTP", Seite 99), die in einem Iframe nur über zusätzliche Formular-Elemente realisiert werden kann.

- Auch sonst besteht bei XMLHttpRequest vollständige Kontrolle über die HTTP-Anfrageheader.

- Die Rückmeldungen an ein JavaScript-Programm sind nicht auf ONLOAD beschränkt. Laufend sich ändernde Informationen („Push") können über XMLHttpRequest beschafft werden, aber nur sehr umständlich über Iframes.

Zusammengefasst bieten sich Iframes eher für die globalen Zustandsübergänge einer Webseite an (auch wegen des Zurück-Knopfes), während mit XMLHttpRequest eher einzelne Effekte und Mechanismen der Seite realisiert werden können. Nur wenige Anwendungen benutzen aber heute beide Mechanismen in Kombination.

4.4 Übungen

Übung 1

Schreiben Sie eine Anwendung, die es erlaubt, einen asynchronen GET-Request für eine beliebige Ressource auf dem aktuellen Server abzusetzen. Im Ausgabebereich der Anwendung sollen der Bearbeitungsstatus sowie die erhaltene finale Anwort des Servers angezeigt werden.

Einen Lösungsvorschlag finden Sie im Anhang E auf Seite 214.

Übung 2

Entwickeln Sie eine webbasierte Anwendung, mit der sich die Verfügbarkeit von Kollegen und Freunden ermitteln lässt. Die Benutzungsschnittstelle der Anwendung zeigt Abbildung 4.5 (Seite 106). Der linke Bereich des Fensters dient zur Anzeige der Verfügbarkeit der Personen, an denen der Benutzer Interesse bekundet hat. In diesem Fall handelt es sich um die vier Personen ob, dku, jo und cabo. Hinter dem Namenskürzel findet sich die textuelle Beschreibung des Zustands, wie sie vom Server zurückgeliefert wird. Das erste Wort der Beschreibung kennzeichnet den Verfügbarkeitszustand, der zudem vor dem Namen als farbiges Rechteck angedeutet wird (diese Darstellung ist für sich gesehen nicht barrierefrei, aber die gleiche Information ist auch textuell vorhanden). Unterschieden werden die drei Zustände away, busy und available. Alle anderen Werte stellen einen unbekannten Zustand dar, der z. B. mit einem grauen Rechteck visualisiert werden kann.

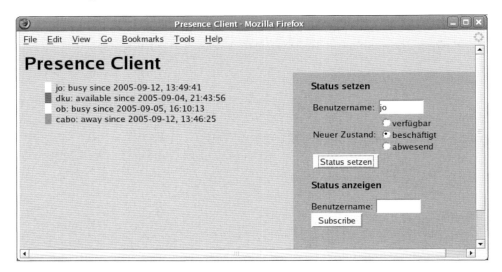

Abbildung 4.5 *Ein webbasierter Presence-Client*

Zur Aktualisierung der Zustandsinformationen muss der Browser in regelmäßigen Abständen eine GET-Anfrage an den Server senden. In dieser Übung soll dies mit Hilfe des Attributs `src` in einem Element vom Typ `img` realisiert werden. Der gesamte Datenaustausch zwischen Browser und Server erfolgt über Cookies und HTTP-Antworten mit dem Status-Code 204. Vorgegeben ist ein PHP-Skript, das auf dem Server zur Änderung der Zustandsinformationen als Reaktion auf eine POST-Anfrage dient. Angaben über den Erfolg einer Operation sendet der Server im Cookie `$Comment`, das bei der Ausgabe der Nutzerinformationen entfernt werden muss.

Als Antwort auf eine GET-Anfrage liefert das Serverskript `presenceserver.php` Informationen über die Verfügbarkeit von Personen. Für jede Person muss dazu ein gleichnamiger Cookie in der GET-Anfrage existieren. Der Wert des Cookies ist unerheblich. Statusinformationen über die Personen `dku`, `ob` und `jo` könnten mit folgendem Cookie-Header angefordert werden:

```
Cookie: dku=; ob=; jo=
```

Vervollständigen Sie das HTML-Dokument `presence.html` so, dass alle zehn Sekunden eine GET-Anfrage mit einer Liste von Nutzernamen an das Serverskript `presenceserver.php` gesendet wird. Im Sekundenabstand soll die Anwendung den Inhalt der Variable *document.cookie* prüfen und bei einer Änderung in der beschriebenen Weise strukturiert ausgeben. Die Funktion **subscribe** dient zum Hinzufügen eines neuen Namens zur Liste der beobachteten Nutzer. Das Ändern der Zustandsbeschreibung einer Person erfolgt über das eingebettete Formular, das eine POST-Anfrage an `presenceserver.php` absetzt. Diese Funktionalität ist in der Vorgabe bereits vollständig enthalten.

Das HTML-Dokument presence.html:

```html
<!DOCTYPE html PUBLIC "-//W3C//DTD HTML 4.01//EN">
<html>
  <head>
    <title>Presence Client</title>
    <script type="text/javascript">
      function subscribe() {
        /* Hinzufügen eines Cookies für den im Formular 'form'
         * angegebenen Nutzer 'user' und Aktualisierung der
         * Anzeige.
         */
      }
      function showStates() {
        /* Prüfen von 'document.cookie' auf Änderungen,
         * Überspringen von '$Comment',
         * Erzeugen von 'li'-Elementen mit entsprechenden
         * class-Attributen für die Zustände 'away', 'busy'
         * und 'available' Aktualisierung der Anzeige
         */
      }
      function reload() {
        /* Setzen des Attributs 'src' im Element 'img#reload' */
      }
      window.onload = function() {
        /* Registrieren von Callback-Funktionen zum Aufruf von
           showStates und reload
           Initiale Anzeige
         */
      }
    </script>
    <style type="text/css">
      #liste { list-style-type: none; }
      li {
        border-left: 10px solid lightgrey; padding-left: 1ex;
      }
      li.available { border-left: 10px solid green; }
      li.busy      { border-left: 10px solid yellow; }
      li.away      { border-left: 10px solid red; }

      #setstate {
        padding-top: 0;
        left: 60%; width: 40%; height: 100%;
```

```
      padding-left: 2em;
      position: absolute;
      background-color: #aaa;
    }
    #showstate {
      left: 0; width: 60%; height: 100%;
      padding-top: 0;
      position: absolute;
      background-color: #bcd;
    }

    html, body { background-color: #bcd; }
    h1 { padding: 0; margin: 0; border: 0; }
    h2 { font-size: medium; }
    #reload { display: none; }
  </style>
</head>
<body>
  <h1>Presence Client</h1>
  <div id="setstate">
  <h2>Status setzen</h2>
  <form action="presenceserver.php" method="POST">
    <table>
      <tbody>
        <tr>
          <td>Benutzername:</td>
          <td><input type="text" size="8" name="user"></td>
        </tr>
        <tr>
          <td>Neuer Zustand:</td>
          <td>
            <input type="radio" name="state"
                value="available">verfügbar</input><br>
            <input type="radio" name="state"
                    value="busy">beschäftigt</input><br>
            <input type="radio" name="state"
                        value="away">abwesend</input><br>
          </td>
        </tr>
        <tr>
          <td colspan="2">
            <input type="submit" name="set"
                value="Status setzen">
```

```
              </td>
            </tr>
          </tbody>
        </table>
      </form>
    <h2>Status anzeigen</h2>
    <form name="subscription">
      <p>Benutzername:
          <input type="text" name="user" size="8"></input><br>
          <input type="button" value="Subscribe"
                onclick="subscribe()"></input>
      </p>
    </form>
    </div>
    <div id="showstate">
    <ul id="liste">
    </ul>
    </div>
    <img id="reload" src="p.tif">
    </body>
</html>
```

Das Serverskript presenceserver.php:

```
<?php
  // Es wird ein fuer den Webserver schreibbares Unterverzeichnis
  // "presencestates" benoetigt!
  $user_regexp = '/^[a-z][a-z0-9_-]{1,7}$/';
  $states = array("available", "busy", "away");
  function response($code, $state, $text) {
    header("HTTP/1.0 204 $state");
    header("Content-Type: text/plain");
    setcookie("\$Comment",$text);
  }
  /* Die Funktion readState() liefert ein Array, dessen Elemente
   * der Status und der Zeitpunkt der letzten Statusaenderung des
   * angegebenen Benutzers sind. Ist fuer den Benutzer kein
   * Status verzeichnet, wird FALSE zurueckgegeben.
   */
  function readState($user) {
    if ($fh = @fopen("presencestates/$user", "r")) {
      $result = fgetcsv($fh, 1000, ";");
      fclose($fh);
      return $result;
    } else {
```

```
      return FALSE;
    }
  }
  function writeState($user, $state) {
    if ($fh = @fopen("presencestates/$user", "w")) {
      fwrite($fh,$state.";".strftime("%Y-%m-%d, %H:%M:%S")."\n");
      fclose($fh);
      return TRUE;
    } else {
      return FALSE;
    }
  }
  /* Verarbeitung von POST-Anfragen, die dem Setzen des
   * Presence-Status dienen:
   */
  if ($_SERVER["REQUEST_METHOD"] == "POST") {
    if (!isset($_POST["user"]) || !isset($_POST["state"])) {
      response(400, "Missing Parameters",
               "Es fehlen notwendige Parameter.");
    }
    if (!preg_match($user_regexp, $_POST["user"])) {
      response(400, "Invalid Username",
               "Der angegebene Benutzername ist nicht erlaubt.");
    }
    if (!in_array($_POST["state"], $states)) {
      response(400, "Invalid State",
               "Es wurde kein bekannter Status angegeben.");
    }
    $oldstate = readState($_POST["user"]);
    if ($oldstate && $oldstate[0] == $_POST["state"]) {
      response(200, "Presence State Unchanged",
               "Der alte Zustand (" . $oldstate[0]
               .") wurde beibehalten.");
    } else if (writeState($_POST["user"], $_POST["state"])) {
      response(200, "Presence State Changed",
               "Der Zustand wurde auf '" . $_POST["state"]
               . "' gesetzt.");
    } else {
      response(500, "Internal Server Error",
               "Neuer Zustand konnte nicht gespeichert werden.");
    }
  }
  /* Verarbeitung anderer Anfragen (GET): Hier werden Cookies
   * ausgefuellt.
   */
```

```
header("HTTP/1.0 204 Updated Presence States");
foreach($_COOKIE as $user => $value) {
  if (preg_match($user_regexp, $user)) {
    $state = readState($user);
    if ($state) {
      setcookie($user, $state[0] . " since " . $state[1]);
    } else {
      setcookie($user, "unknown");
    }
  }
}
?>
```

Einen Lösungsvorschlag finden Sie im Anhang E auf Seite 217.

5 Frameworks für AJAX

Der nachhaltige Einsatz von AJAX-Technologien in eigenen Anwendungen erfordert sehr gute Kenntnisse über verbreitete Browserplattformen und hohen Aufwand beim Testen des eigenen Codes in unterschiedlichen Browsern. Funktionsbibliotheken, die speziell auf AJAX-basierte Anwendungen ausgerichtet sind, können diese Aufgaben vereinfachen, indem sie getestete Standardfunktionen für bestimmte Aufgaben bereitstellen. Im Vordergrund steht dabei häufig das reibungslose Zusammenspiel zwischen serverseitigen Skripten und dem im Browser ausgeführten Code. Auch wenn AJAX ursprünglich auf das Nachladen von XML-Dokumenten abzielte, nutzen viele existierende Anwendungen auch andere Datenformate. So könnten nach demselben Grundmuster natürlich auch reine Textdaten, JavaScript-Funktionen oder auch HTML-Fragmente nachgeladen werden. Die genaue Ausgestaltung hängt jeweils vom Anwendungsgebiet und der Komplexität der Inhaltsinformationen ab.

In den vorhergehenden Kapiteln dieses Buchs haben Sie gelernt, wie Daten vom Server in kleinen Einheiten bereitgestellt werden können, damit Webseiten nicht erst komplett an den anfragenden Client ausgeliefert werden müssen, bevor der Benutzer damit arbeiten kann. Um solche Anwendungen robust und effizient entwickeln zu können, stehen zahlreiche Bibliotheken zur Verfügung, die dies mit Hilfe von JavaScript und serverseitigen Technologien unterstützen. In diesem Kapitel stellen wir Ihnen drei frei verfügbare Bibliotheken vor, die Sie in eigenen Anwendungen einsetzen können:

Sajax	*Sajax* zielt auf eine möglichst einfache Integration des clientseitigen Codes mit dem Serverskript. Anwendungsentwickler können die serverseitige Anwendungslogik in ihrer gewohnten Skriptsprache entwickeln und dabei auf gekapselte AJAX-Funktionen zurückgreifen. Das Sajax-Framework generiert dabei den clientseitigen JavaScript-Code, der mit der dynamisch erzeugten Webseite ausgeliefert wird. Sajax bietet Module zur Anbindung zahlreicher Skriptsprachen, darunter neben PHP, Perl, Python und Ruby auch die ASP-Umgebung und ColdFusion.
Sarissa	Die Bibliothek *Sarissa* zeichnet sich durch eine strikte Kapselung von Funktionen zur Verarbeitung von XML-Dokumenten aus. Dies umfasst unter anderem eine ein-

heitliche browserunabhängige Programmierschnittstelle für den gezielten Zugriff auf Bestandteile von XML-Dokumenten sowie die Transformation von Dokumentfragmenten mit XSLT.

Prototype
Ein sehr viel Aufmerksamkeit auf sich ziehendes AJAX-Toolkit ist aus einer Weiterentwicklung des Projekts *Prototype* entstanden, das wiederum stark von dem ebenfalls gerade sehr populären Webentwicklungs-Framework *Ruby on Rails* beeinflusst wurde. Prototype bietet nicht nur eine klare objektbasierte Programmierschnittstelle zur Modifikation des Dokumentbaums und für die asynchrone Kommunikation zwischen Browser und Webserver, sondern wartet auch mit einer Fülle an visuellen Effekten auf, mit denen die eigene Anwendung angereichert werden kann.

5.1 Sajax: Simple AJAX Toolkit

Sajax <http://www.modernmethod.com/sajax/> bietet eine sehr einfache Möglichkeit, mittels JavaScript aus einer Webseite heraus serverseitige Funktionen aufzurufen. Dabei werden serverseitig verschiedene Programmiersprachen unterstützt, darunter PHP, Perl, Python und Ruby. Für jede dieser Programmiersprachen beinhaltet das Sajax-Paket eine kleine Bibliothek, die das Einbinden von Funktionen der jeweiligen Sprache in eine AJAX-Anwendung ermöglicht. Die Details unterscheiden sich je nach Sprache, das grundsätzliche Vorgehen ist aber immer gleich: Es gibt auf dem Server in der Regel eine Ressource (z. B. ein CGI-Skript oder ein HTML-Dokument mit eingebettetem PHP-Code), die je nach Kontext die eigentliche Webseite liefert oder einzelne ergänzende Anfragen via AJAX beantwortet. Optional können diese beiden Aufgaben auch auf zwei getrennte Ressourcen aufgeteilt werden. Im Folgenden gehen wir aber zunächst von nur einer Server-Ressource aus.

Das bei einer einfachen HTTP-Anfrage nach einer solchen Ressource gelieferte HTML-Dokument stellt eine Webseite dar, die AJAX-Elemente für die weitere Interaktion mit dem Server enthalten kann. Aufrufe von serverseitigen Funktionen aus der Webseite heraus führen zu HTTP-Anfragen für dieselbe Ressource, die jedoch mit zusätzlichen Parametern versehen sind. Ein Teil der Sajax-Bibliothek sorgt in diesem Fall für den Aufruf der entsprechenden Funktionen und die Übermittlung des Ergebnisses an den Client.

Für jede serverseitige Funktion, die in der Webseite genutzt werden soll, wird mittels Sajax eine JavaScript-Funktion erzeugt, die den eigentlichen Aufruf verbirgt. Diese greift für die Anfrage an den Server auf eine von Sajax bereitgestellte JavaScript-Funktion namens `sajax_do_call` zurück.

Im folgenden Abschnitt wird exemplarisch die Verwendung von Sajax mit PHP beschrieben und an einem Beispiel gezeigt. Das grundsätzliche Vorgehen ist bei den anderen Sprachvarianten ähnlich, wobei die Erzeugung des eigentlichen HTML-Dokuments anders aussehen kann. PHP bietet die Möglichkeit, Anweisungen zur dynamischen Erzeugung einer Webseite direkt in ein HTML-Dokument einzubetten. Vor der Auslieferung der Webseite werden die eingebetteten Code-Fragmente vom Webserver interpretiert, und die Ausgaben werden anstelle der PHP-Abschnitte in das Dokument eingefügt. Alternativ dazu definiert das *Common Gateway Interface* (CGI) [RFC3875] eine Schnittstelle zur Übergabe von Daten zwischen Webserver und ausgeführtem Skript. Ein CGI-Skript erzeugt im Allgemeinen ein vollständiges HTML-Dokument, das vom Webserver als Antwort auf eine entsprechende HTTP-Anfrage zurückgeliefert wird. Aufgrund der strikten Trennung von Skript und Server-Logik kann für CGI prinzipiell jede Programmiersprache verwendet werden, sofern die CGI-Spezifikation unterstützt wird und die Kommunikation zwischen Webserver und Skript gelöst ist – üblicherweise mittels Umgebungsvariablen und Standardausgabekanal. Traditionell werden daher Skriptsprachen wie Perl und PHP eingesetzt, aber auch Visual Basic und C++ sind keine Seltenheit.

5.1.1 Sajax mit PHP

Für eine AJAX-Seite, die mit der PHP-Variante von Sajax realisiert wird, genügt auf dem Server ein gewöhnliches HTML-Dokument mit eingebetteten PHP- und JavaScript-Anweisungen. Am Anfang dieser Datei muss vor dem Beginn des eigentlichen HTML-Dokuments ein Block mit PHP-Anweisungen stehen, die folgende Schritte durchführen:

1. Einbinden der Sajax-Bibliothek mittels `require("Sajax.php");` (Falls die Bibliothek nicht im gleichen Verzeichnis wie das Dokument oder in einem der im `include_path` der PHP-Installation angegebenen Verzeichnisse liegt, muss hier der Pfad zu der Datei angegeben werden.)

2. Definition der eigenen serverseitigen Funktionen, die in der Webseite genutzt werden sollen. Dieser Schritt kann natürlich auch das Einbinden weiterer benötigter Bibliotheken beinhalten bzw. die Funktionen selbst können aus einer mit **require** eingebundenen Datei stammen.

3. Aufruf der Funktion **sajax_init**, die für interne Initialisierungen von Sajax vorgesehen ist. In der derzeitigen Fassung ist diese Funktion zwar ohne Inhalt, doch das könnte sich in zukünftigen Versionen von Sajax ändern. Daher sollte auf den Aufruf nicht verzichtet werden. Daneben können an dieser Stelle noch die Werte einiger PHP-Variablen gesetzt werden, die das Verhalten von Sajax beeinflussen:

    $sajax_request_type

    Diese Variable gibt an, welche HTTP-Methode für Anfragen an den Server verwendet wird. Vorgegeben ist zunächst der Wert GET. Je nach Anwendung kann es sinnvoll sein, diesen Wert auf POST zu ändern, insbesondere dann, wenn dem Server größere Datenmengen übermittelt werden sollen oder wenn der Request eine Zustandsänderung des Servers hervorruft (s. Abschnitt „Weitere Methoden in HTTP", Seite 99).

    $sajax_remote_uri

    Soll die Behandlung von interaktiven Anfragen serverseitig von einem anderen Skript als das Erzeugen der Seite vorgenommen werden, so kann in dieser Variable dessen URI festgelegt werden. In diesem Fall sind Schritt 1 und der Aufruf von **sajax_init** in beiden Skripten nötig. Die Schritte 2 und 5 müssen in dem Skript erfolgen, das interaktive Anfragen beantworten soll. (Grundsätzlich ist es auch möglich, für beide Skripte unterschiedliche Programmiersprachen einzusetzen, also zum Beispiel PHP zum Erzeugen der Seite und Perl zum Beantworten interaktiver Anfragen.)

    $sajax_debug_mode

    Ein Wert von 1 für diese Variable bewirkt, dass die von Sajax erzeugten JavaScript-Anweisungen auf der Clientseite einige Kontrollmeldungen in Dialogboxen ausgeben. Zur Fehlersuche kann das im Einzelfall nützlich sein, da sich damit der clientseitige Programmablauf zu einem gewissen Grad verfolgen lässt. (In einer fertigen Anwendung muss diese Testhilfe aber ausgeschaltet sein, da der Programmfluss dadurch erheblich gestört wird.)

4. Jede der eigenen Funktionen (siehe Schritt 2), die aus der Webseite zugänglich sein sollen, muss durch einen Aufruf von **sajax_export** bekannt gemacht werden. Damit zum Beispiel eine Funktion **anfrage** genutzt werden kann, ist folgender Aufruf nötig: `sajax_export("anfrage");`

5. Aufruf der Funktion **sajax_handle_client_request**. Findet der Aufruf des PHP-Skripts im Rahmen einer AJAX-Anfrage statt, sorgt diese Funktion dafür, dass die gewünschte serverseitige Funktion mit den übermittelten Parametern aufgerufen und das Ergebnis an den Client übermittelt wird. In diesem Fall wird die Ausführung des PHP-Skripts anschließend beendet, so dass das in der Datei folgende Dokument in diesem Fall nicht ausgegeben wird.

Im Anschluss an diesen einleitenden PHP-Block kann nun ein gewöhnliches HTML-Dokument folgen oder mit PHP dynamisch erzeugt werden. Das resultierende Dokument muss im Kopf allerdings mindestens zweierlei enthalten:

• Den durch Aufruf der PHP-Funktion **sajax_show_javascript** erzeugten JavaScript-Code für die eigentlichen Anfragen an den Server. Dieser enthält für jede mittels **export** bekannt gemachte PHP-Funktion eine entsprechende JavaScript-Funktion, die durch ein vorangestelltes "x_" im Namen gekennzeichnet ist. So steht nun beispielsweise zu einer serverseitigen PHP-Funktion **anfrage** clientseitig eine JavaScript-Funktion namens **x_anfrage** zur Verfügung.

• Callback-Funktionen, die nach Bearbeitung einer Anfrage aufgerufen werden und die vom Server gelieferten Ergebnisse clientseitig verarbeiten, also zum Beispiel auf der Seite darstellen. Bei jedem Aufruf einer exportierten Funktion muss als letztes Argument – zusätzlich zu den von der eigentlichen serverseitigen Funktion benötigten Argumenten – eine solche Callback-Funktion übergeben werden.

Zusätzlich dazu müssen in das HTML-Dokument natürlich auch JavaScript-Anweisungen eingebettet sein, die von den bereitgestellten AJAX-Funktionen Gebrauch machen, zum Beispiel, um in Event-Handlern auf Benutzereingaben zu reagieren. Das folgende kommentierte Beispiel, das auf einem im Sajax-Paket enthaltenen Beispiel basiert, demonstriert für einen sehr einfachen Anwendungsfall den Gebrauch der Sajax-Bibliothek in PHP.

Beispiel 5.1: Serverseitige Berechnung mit Sajax/PHP

```php
<?php
  /****************************************************************
   * Schritt 1: Einbinden der SAJAX-Bibliothek
   ****************************************************************/
  require("Sajax.php");
  /****************************************************************
   * Schritt 2: Definieren eigener Funktionen fuer die Anwendung
   ****************************************************************/
  // Beispielfunktion zum Multiplizieren zweier Werte:
  function multiply($x, $y) {
    return $x * $y;
  }
  /****************************************************************
   * Schritt 3: Initialisierung der SAJAX-Bibliothek
   ****************************************************************/
  sajax_init();
  // Fuer Ausgabe von Kontrollmeldungen die Kommentarzeichen vor
  // folgender Zeile entfernen (nur zum Testen sinnvoll):
  //$sajax_debug_mode = 1;
  /****************************************************************
   * Schritt 4: Bekanntmachen der selbstdefinierten Funktionen
   ****************************************************************/
  // Die Funktion multiply() soll aus der Webseite heraus
  // aufgerufen werden koennen:
  sajax_export("multiply");
  /****************************************************************
   * Schritt 5: Verarbeiten von AJAX-Anfragen
   ****************************************************************/
  // Der folgende Aufruf ist gegebenenfalls fuer die
  // Verarbeitung von AJAX-Anfragen aus der Webseite heraus
  // zustaendig, uebernimmt also den Aufruf der entsprechenden
  // in Schritt 2 definierten Funktion und die Uebermittlung des
  // Ergebnisses an den Client.
  sajax_handle_client_request();
  // Das folgende Hauptdokument wird nur noch ausgegeben, wenn
  // keine von sajax_handle_client_request() zu bearbeitende
  // Anfrage vorlag.
?>
```

```html
<html>
  <head>
    <title>Multiplier</title>
    <!--
      Das folgende JavaScript-Element beinhaltet die
      clientseitig noetigen Funktionen zum Aufruf von
      serverseitigen Funktionen.
    -->
    <script type="text/javascript">
      // Clientseitige SAJAX-Funktionen erzeugen. Dabei
      // entstehen auch die Kapselungen der eigentlichen
      // Funktionen, in diesem Beispiel also eine
      // JavaScript-Funktion namens x_multiply():
      <?php
        sajax_show_javascript();
      ?>
      // Callback-Funktion fuer die Verarbeitung des Ergebnisses
      // von multiply() (schreibt das Ergebnis in ein
      // Formularfeld):
      function do_multiply_cb(z) {
        document.getElementById("z").value = z;
      }
      // Funktion zum Aufruf der serverseitigen Funktion
      // multiply() mit den noetigen Argumenten:
      function do_multiply() {
        // Argumente fuer die Multiplikation
        // aus dem Formular lesen:
        var x, y;
        x = document.getElementById("x").value;
        y = document.getElementById("y").value;
        // Aufruf der mittels SAJAX exportierten Funktion mit
        // Argumenten einschliesslich der Callback-Funktion, die
        // das Ergebnis auswerten soll:
        x_multiply(x, y, do_multiply_cb);
      }
    </script>
  </head>
  <body>
    <!-- Formularfelder zur Eingabe der Argumente: -->
    <input type="text" name="x" id="x" value="2" size="3">
    *
    <input type="text" name="y" id="y" value="3" size="3">
    =
```

```
<!-- Formularfeld zur Ausgabe von Ergebnissen: -->
<input type="text" name="z" id="z" value="" size="3">
<!-- Button fuer die Uebermittlung der Argumente
     an den Server: -->
<input type="button" name="check" value="Calculate"
  onclick="do_multiply(); return false;">
  </body>
</html>
```

In diesem Beispiel wird serverseitig eine PHP-Funktion **multiply** für die Multiplikation zweier Zahlen definiert. Aus der Webseite heraus wird diese Funktion auf dem Server dazu verwendet, eine Rechnung mit den in einem Formular eingegebenen Werten durchzuführen. Die eingesetzte Callback-Funktion sorgt dafür, dass das Ergebnis, sobald es vom Server geliefert wird, in einem weiteren Formularfeld angezeigt wird.

5.1.2 Fazit

Mit den genannten Funktionen ist Sajax eine einfach zu nutzende Hilfe für die Implementierung von Interaktion mit dem Server innerhalb einer Webseite. Für viele Zwecke sind die gebotenen Mittel ausreichend, einige Möglichkeiten von XMLHttpRequest – zum Beispiel das Setzen oder Auswerten von HTTP-Header-Feldern – werden damit aber nicht erschlossen. Auch bietet Sajax keine über die reinen Server-Anfragen hinausgehenden Hilfen wie etwa zur Manipulation von Seitenelementen.

5.2 Sarissa

Bei *Sarissa* handelt es sich um eine JavaScript-Bibliothek, die in erster Linie eine einheitliche Schnittstelle zu den XML-APIs verschiedener Browser bietet. Der Schwerpunkt liegt dabei nicht auf der Durchführung von HTTP-Anfragen, sondern auf dem Umgang mit XML-Dokumenten. Dazu zählen zum Beispiel der gezielte Zugriff auf einzelne Elemente eines Dokuments oder das Transformieren von XML-Strukturen anhand von Stylesheets.

Die Unterstützung für Anfragen an den Server beschränkt sich bei Sarissa darauf, unabhängig vom jeweiligen Browser auf einheitliche Weise ein Objekt

`XMLHttpRequest` zur Verfügung zu stellen. Anders als bei Sajax wird keine weitere Hilfestellung beim Umgang mit diesem Objekt geboten. Der Programmierer muss sich hier also selbst um das Erzeugen der HTTP-Anfragen, das Setzen von Callback-Funktionen und das Auslesen der Antwort des Servers kümmern. Sarissa ist eine reine JavaScript-Biblothek zur Erweiterung von Browser-Funktionen und stellt keine Hilfen für die Serverseite einer AJAX-Anwendung zur Verfügung. So werden auch keinerlei Vorgaben für die Form des Datenaustauschs zwischen Skripten auf Client- und Serverseite gemacht. (Bei Sajax hingegen ist dafür der Aufruf einer Funktion mit einer Anzahl von Argumenten und einem Rückgabewert vorgegeben, wobei die Art dieser Werte aber auch freigestellt ist.)

Den Großteil von Sarissa machen Objekte für die Repräsentation und Bearbeitung von XML-Dokumenten aus. Dokumente bzw. Dokumentfragmente werden dabei als DOM-Objekte dargestellt. Dabei bildet Sarissa vor allem Funktionalität ab, die von den eigenen Schnittstellen der Browser bereits geboten wird, verdeckt dabei aber deren Unterschiede. Zusätzlich werden manche Funktionen, die sonst nur in einigen Browsern vorhanden sind, für andere Browser von Sarissa selbst implementiert.

In der Version 0.9.6.1 soll Sarissa mit Browsern der Mozilla/Firefox-Familie sowie dem Microsoft Internet Explorer funktionieren. Die Dokumentation gibt außerdem für die Browser Opera, Safari und Konqueror eine Unterstützung mit Einschränkungen bei bestimmten Funktionen an. Diese Angaben beziehen sich jeweils auf aktuelle Versionen der Software. Da sich im Zuge der Weiterentwicklung von Sarissa einerseits und den Browsern andererseits Änderungen ergeben können, empfiehlt es sich, die jeweils aktuelle Dokumentation zu konsultieren und Skripte auch mit unterschiedlichen Browsern zu testen. Letzteres ist auch deshalb wichtig, weil sich auch bei Verwendung einer solchen Bibliothek unterschiedliches Programmverhalten auf Grund von Eigenarten einzelner Browser nicht grundsätzlich ausschließen lässt.

Insbesondere bietet Sarissa Funktionen für die folgenden Aufgaben:

- Umwandlung zwischen der textuellen Darstellung und der internen Repräsentation eines XML-Dokuments, also das Parsieren einer XML-Zeichenkette zum Erzeugen eines DOM-Baumes bzw. das Bilden einer entsprechenden XML-Zeichenkette zu einem bestehenden DOM-Baum;

- Laden von XML-Dokumenten von einer durch einen URI bezeichneten Quelle (Webserver);

- Durchführung von XSLT-Transformationen;

- Zugriff auf bestimmte Elemente eines Dokuments unter Verwendung von XPath-Anfragen;

- Kopieren oder Verschieben von Kindknoten eines Elements in ein anderes Element.

Der vollständige Funktionsumfang kann der Sarissa beiliegenden Dokumentation entnommen werden. Im Folgenden werden wir exemplarisch einige Funktionen zu den genannten Bereichen näher betrachten und die Benutzung von Sarissa in einer kleinen Anwendung demonstrieren.

5.2.1 Funktionen von Sarissa

Dieser Abschnitt zeigt einige der Objekte und Funktionen von Sarissa im einzelnen und beschreibt Eigenschaften sowie Funktionsargumente und Rückgabewerte. Im folgenden Abschnitt wird dann der Einsatz dieser Funktionen in einer Beispielanwendung erläutert.

`XMLHttpRequest`

Dieses Objekt steht nach dem Einbinden der Sarissa-Bibliothek in jedem Fall zur Verfügung, sofern der Browser die entsprechende Funktionalität bietet. Für den Internet Explorer implementiert Sarissa zu diesem Zweck selbst ein Objekt `XMLHttpRequest`, das die Erzeugung des entsprechenden ActiveX-Objekts kapselt. So kann die Anwendung unabhängig vom Browser mit `new XMLHttpRequest()` ein Objekt erzeugen, das die bekannten Funktionen und Eigenschaften (**open**, **send**, *onreadystatechange* usw.) beinhaltet.

Bei der Initialisierung von Sarissa wird überprüft, ob der Browser die `XMLHttpRequest`-Funktionalität überhaupt bereitstellt. Das Ergebnis dieser Überprüfung wird durch den Wert `true` (Funktionalität vorhanden) oder `false` (nicht vorhanden) in der Variable *Sarissa.IS_ENABLED_XMLHTTP* angezeigt. Durch das Abfragen dieser Variable kann eine Anwendung also auf einfache Weise prüfen, ob `XMLHttpRequest` zur Verfügung steht, und gegebenenfalls eine andere Vorgehensweise wählen.

`Sarissa.getDomDocument()`

Der Rückgabewert dieser Funktion ist eine neu erzeugte Instanz eines Objekts zur Repräsentation eines DOM-Dokuments. Ein solches Objekt kann insbesondere auch dazu verwendet werden, DOM-Dokumente von einer angegebenen Quelle zu laden. Dazu dient die Funktion **load** dieses Objekts, die als Argument den (absoluten oder relativen) URI der Dokumentquelle erhält. Das Verhalten dieser Funktion kann durch die Eigenschaft *async* des DOM-Dokuments beeinflusst werden: Wird dieser Eigenschaft der Wert `false` zugewiesen, so erfolgt das Laden eines Dokuments mit dieser Instanz synchron, das heißt, es die Funktion wartet, bis das Dokument geladen ist. Andernfalls wird das Laden asynchron durchgeführt.

DOMParser

Das Objekt `DOMParser` bietet eine Möglichkeit, aus einem in textueller Repräsentation vorliegenden XML-Dokument ein entsprechendes DOM-Dokument als JavaScript-Objekt zu erzeugen. Dazu muss zunächst eine Instanz von `DOMParser` erzeugt und dann deren Funktion **parseFromString** auf die vorliegende XML-Zeichenkette angewendet werden. Als zweites Argument dieser Funktion muss dabei der Typ (`text/xml`, `application/xml` oder `application/xhtml+xml`) des Dokuments angegeben werden:

```
var parser = new DOMParser();
var domdoc = parser.parseFromString(xml, "text/xml");
```

In diesem Beispiel wird aus einem XML-String in der Variable *xml* (also einer Zeichenkette wie z. B. `<e1><e2>text1</e2><e2>text1</e2></e1>`) ein entsprechendes DOM-Dokument erzeugt.

XSLTProcessor

Das Objekt `XSLTProcessor` dient zur Durchführung von XSL-Transformationen. Nach dem Anlegen einer Instanz muss dieser zunächst mit der Funktion **importStylesheet** ein XSLT-Stylesheet zugewiesen werden, der dafür bereits als DOM-Dokument vorliegen muss. Gegebenenfalls können der Instanz außerdem Werte für in dem Stylesheet vorkommende Parameter mitgegeben werden. Dazu dient die Funktion **setParameter**, der drei Argumente übergeben werden können: Der URI des Parameter-Namespaces, der Name des zu setzenden Parameters und dessen neuer Wert.

Nach diesen Vorbereitungen kann die Funktion **transformToDocument** einer `XSLTProcessor`-Instanz dazu verwendet werden, die durch Stylesheet und Parameter definierte XSL-Transformation auf ein Dokument anzuwenden. Dazu wird das Quelldokument als Argument dieser Funktion angegeben. Der Rückgabewert ist dann ein neues DOM-Dokument mit dem Ergebnis der Transformation.

Sarissa.moveChildNodes(src, dst, true/false)

Diese Funktion entfernt alle Kindknoten aus einem angegebenen DOM-Knoten und setzt sie in einen anderen Knoten ein. Ihre ersten beiden Argumente sind der Quell- und der Zielknoten. Das dritte Argument gibt an, wie mit dem bisherigen Inhalt des Zielknotens zu verfahren ist: Wird hier der Wert `true` angegeben, so werden die verschobenen Kindknoten hinter den bisherigen Kindknoten des Zielknotens an den vorhandenen Inhalt angehängt. Dagegen bewirkt der Wert `false`, dass der ursprüngliche Inhalt des Zielknotens nicht erhalten bleibt und durch die verschobenen Kindknoten ersetzt wird. Quell- und Zielknoten können beispielsweise DOM-Dokumente (oder Teile davon) sein, die mit den zuvor vorgestellten Funktionen erzeugt wurden, aber auch Elemente der dargestellten Webseite. Nehmen wir ein HTML-Dokument an, in dem es die beiden folgenden Listen gibt:

```
<ul id="list1" name="list1">
  <li>Eintrag 1.1</li>
  <li>Eintrag 1.2</li>
</ul>
<ul id="list2" name="list2">
  <li>Eintrag 2.1</li>
  <li>Eintrag 2.2</li>
</ul>
```

Hier können mit der folgenden JavaScript-Anweisung alle Einträge aus der ersten Liste entnommen und an den Inhalt der zweiten Liste angehängt werden:

```
Sarissa.moveChildNodes(document.getElementById('list1'),
                       document.getElementById('list2'),
                       true)
```

Nach Ausführen dieser Anweisung ist die erste Liste leer. Die zweite Liste enthält dann alle vier Einträge in der Reihenfolge 2.1, 2.2, 1.1 und 1.2. Neben **moveChildNodes** gibt es noch die sehr ähnliche Funktion **copyChildNodes**. Diese erwartet die gleichen Argumente und unterscheidet sich nur darin, dass die Kindknoten nicht verschoben, sondern kopiert werden, also auch im Quellknoten erhalten bleiben.

selectNodes

Dokumentobjekte bieten mit der Funktion **selectNodes** die Möglichkeit, bestimmte Knoten eines Dokuments mittels XPath [XPath] auszuwählen. Der Rückgabewert dieser Funktion ist ein Array, das alle zu der Anfrage passenden Knoten des Dokuments enthält.

Diese Aufstellung soll Ihnen einen Einstieg bieten und die in dem folgenden Beispiel verwendeten Mittel vorstellen. Es handelt sich jedoch nicht um eine vollständige Wiedergabe des Funktionsumfangs von Sarissa, so dass Sie auf jeden Fall auch die im Paket enthaltene Dokumentation beachten sollten. Dies gilt schon allein aus dem Grund, dass sich die gebotene Programmierschnittstelle mit der Weiterentwicklung von Sarissa ändern kann und so möglicherweise zukünftig von der hier betrachteten Version abweicht.

5.2.2 Beispielanwendung mit Sarissa

Wie angekündigt wollen wir uns nun die konkrete Verwendung der beschriebenen Funktionen anhand einer Beispielanwendung ansehen. Diese Anwendung gibt auch ein Beispiel dafür, wie eine AJAX-basierte Webseite so gestaltet werden kann, dass Sie ihre wesentliche Funktion auch bei fehlender AJAX-Unterstützung noch erfüllen kann. Unser Beispiel soll ein einfaches „Message Board" sein: Eine Webseite, auf der kurze Textnachrichten eingegeben werden können, die dann für jeden Leser dieser Seite sichtbar sind. Diese Anwendung soll folgende Eigenschaften haben:

- In einem Formular kann jeder Benutzer kurze Textmitteilungen eingeben, die auf dem Server der Reihe nach als Zeilen in einer Textdatei gespeichert werden. Falls möglich, soll die Übermittlung an den Server asynchron erfolgen.

- Beim Laden der Seite werden in einer Tabelle alle bisher gespeicherten Textzeilen mit Zeilennummern angezeigt.

- Nach der Eingabe einer neuen Nachricht soll die Anzeige um alle zwischenzeitlich auf dem Server hinzugekommenen Textzeilen ergänzt werden. Falls der Browser AJAX unterstützt, soll das ohne erneutes Laden der Seite geschehen. Die Anwendung soll grundsätzlich aber auch in Browsern ohne AJAX-Fähigkeit funktionieren.

- Zusätzlich soll ein Text in der Seite über die Anzahl der gegenwärtig gespeicherten Textzeilen informieren. Auch diese Angabe muss gegebenenfalls aktualisiert werden.

- Um auch nach zahlreichen Eingaben die Übersicht zu wahren, soll der Benutzer die Möglichkeit haben, die angezeigte Tabelle ohne erneutes Laden der Seite auf die letzten drei Zeilen zu verkürzen. (Beim Laden der Seite findet aber immer eine komplette Ausgabe statt.)

Die Umsetzung dieser Beispielanwendung besteht aus einem HTML-Dokument, in das PHP-Anweisungen für serverseitige Aufgaben sowie JavaScript-Elemente für die clientseitige Funktionalität eingebettet sind. Dazu kommen zwei XSLT-Dateien, die von dem clientseitigen Skript gesondert geladen werden. Im Folgenden werden wir die wesentlichen Teile der Hauptdatei einzeln betrachten, wenn auch in einer etwas anderen Reihenfolge als der, in der sie in der Datei vorkommen. An dieser Stelle verzichten wir dabei auch auf einige Teile. Die vollständige Datei einschließlich zusätzlicher Kommentare im Quellcode finden Sie in Anhang D: „Sarissa-Beispiel" (Seite 195).

Der Rumpf des HTML-Dokuments enthält drei Blöcke, die für die AJAX-Funktionalität wesentlich sind. Der erste davon ist ein Formular mit einem Textfeld und zwei Schaltflächen, die zur Bedienung der Anwendung dienen:

```
<form method="post" action="<?php echo $_SERVER['PHP_SELF']; ?>"
      onsubmit="return !(speichern());">
  <p>
    <input type="text" size="40" name="textzeile" id="textzeile">
    <input type="submit" value="Speichern">
  </p>
  <p>
    <input type="button" value="Alte Zeilen ausblenden"
           onclick="ausblenden();">
  </p>
</form>
```

Beim herkömmlichen Absenden dieses Formulars wird der in dem Feld namens „textzeile" eingegebene Wert mit einer POST-Anfrage an den Server übermittelt und dort durch das gleiche Skript verarbeitet, das auch dieses Dokument erzeugt hat. Durch den Event-Handler des Formulars wird aber zunächst eine JavaScript-Funktion **speichern** aufgerufen, die wir später betrachten. Deren Aufgabe besteht darin, die Eingabe mittels AJAX auf dem Server zu speichern. Nur, wenn diese Funktion durch den Rückgabewert false anzeigt, dass dies nicht möglich war, liefert die return-Anweisung im Event-Handler true zurück und das Formular wird auf herkömmliche Weise übertragen. So kann die Anwendung – mit Abstrichen beim Komfort – auch in nicht AJAX-fähigen Browsern benutzt werden.

Wenn die dargestellte Liste der eingegebenen Textzeilen (siehe nächster Dokumentabschnitt) zu lang wird, soll es dem Benutzer möglich sein, die Darstellung auf wenige letzte Zeilen zu verkürzen. Dazu dient der zweite Button, der eine dafür zuständige Funktion **ausblenden** aufruft.

Die Darstellung der auf dem Server gespeicherten Textzeilen erfolgt im Dokument in einer zweispaltigen Tabelle. Dabei steht jeweils in der linken Spalte die Zeilennummer und in der rechten Spalte die eigentliche Textzeile. Beim Erzeugen des Dokuments wird mittels PHP der Tabelleninhalt erstellt. Wie Sie später sehen werden, liegen alle gespeicherten Textzeilen in dem PHP-Skript in einem Array in der Variable *$lines* vor. Für jedes Element dieses Arrays wird also eine Tabellenzeile erzeugt. Daneben besitzt das tbody-Element der Tabelle eine ID, so dass es mit JavaScript leicht möglich ist, auf den Tabelleninhalt zuzugreifen und ihn zu verändern:

```
<table>
  <thead>
    <tr>
      <th>Nummer</th>
      <th>Text</th>
    </tr>
  </thead>
  <tbody name="ausgabe" id="ausgabe"><?php
    for ($i = 0; $i < count($lines); $i++) {
      echo "\n<tr><th>" . ($i + 1) . "</th><td>"
          . htmlentities($lines[$i]) . "</td></tr>";
    }
  ?>
  </tbody>
</table>
```

Schließlich enthält das Dokument noch einen Text mit der Anzahl der insgesamt gespeicherten Zeilen. Beim Erzeugen des Dokuments wird mittels PHP die aktuelle Anzahl (also die Anzahl der Elemente im Array *$lines*) eingesetzt. Damit der Wert später mit JavaScript gezielt aktualisiert werden kann, wird die Zahl in ein Element vom Typ span eingeschlossen, das über eine ID gefunden werden kann:

```
<p>
  Anzahl der Textzeilen:
  <span name="anzahl" id="anzahl"><?php
      echo count($lines); ?></span>
</p>
```

Wir wenden uns nun zunächst dem serverseitigen Skript für die Verarbeitung von Anfragen zu, bevor wir die angesprochenen JavaScript-Funktionen näher betrachten. Vorab müssen wir über die clientseitige Funktion **speichern** an dieser Stelle nur wissen, wie sie Daten an den Server übermittelt. Falls XMLHttpRequest zur

Verfügung steht, erzeugt sie eine POST-Anfrage, in der zwei CGI-Parameter übermittelt werden:

- ein Parameter textzeile, dessen Wert der Inhalt der Eingabezeile ist;

- ein Parameter last, dessen Wert die Zeilennummer der letzten bisher im Dokument ausgegebenen Zeile ist.

Steht XMLHttpRequest dagegen nicht zur Verfügung, findet – wie bereits erwähnt – eine herkömmliche Formularübermittlung statt. In diesem Fall gibt es den CGI-Parameter last also nicht.

Am Anfang der Datei, also vor Beginn des eigentlichen HTML-Dokuments, steht ein Block mit PHP-Anweisungen. Darin werden zunächst zwei Funktionen für die Verwaltung einer Textdatei definiert: Eine Funktion **textlog_append**, die einen als Argument übergebenen Text als neue Zeile am Ende der Textdatei anhängt, und eine Funktion **textlog_getlines**, die den gesamten Inhalt der Textdatei ausliest und ein Array mit den einzelnen Textzeilen zurückliefert. (In einer realen Web-Anwendung würde man hier wahrscheinlich eine Datenbank verwenden – hier kommt es uns nur auf eine Implementierung an, mit der die AJAX-Anteile getestet werden können, daher ist diese auch nur in Anhang D: „Sarissa-Beispiel" (Seite 195) aufgelistet.)

Danach beginnt die eigentliche Verarbeitung von Formulareingaben. Zunächst stellt das PHP-Skript fest, ob es einen CGI-Parameter textzeile gibt (andernfalls findet nur ein einfacher Dokumentabruf statt) und dieser Parameter einen nicht leeren Wert hat. Nur in diesem Fall wird der übermittelte Wert als neue Zeile an die Textdatei angehängt. Ein Test-Mechanismus, den wir gleich noch brauchen: Enthält der Parameter eine Zahl, so wird die Programmausführung vor dem Speichern noch um die entsprechende Anzahl von Sekunden verzögert (mit einer Begrenzung auf maximal 20 Sekunden):

```
if (isset($_POST["textzeile"]) && !empty($_POST["textzeile"])) {
  if (is_numeric($_POST["textzeile"])) {
    sleep(min($_POST["textzeile"], 20));
  }
  textlog_append($_POST["textzeile"]);
}
$lines = textlog_getlines();
```

Am Ende dieses Skript-Abschnitts, also nach einer eventuellen Erweiterung der Textdatei, wird der komplette Inhalt der Textdatei eingelesen und in der Variable

$lines abgelegt. Damit steht in *$lines* nun ein Array zur Verfügung, dessen Elemente den Zeilen in der Textdatei entsprechen.

Darauf folgt nun der Teil des serverseitigen Skripts, der bei einer AJAX-Anfrage gezielt die neuen Textzeilen an den Client übermittelt. Dieser Teil muss also nur ausgeführt werden, wenn der CGI-Parameter last vorhanden ist. Da wir die XML-Funktionalität von Sarissa demonstrieren wollen, wird in diesem Fall die Anfrage bearbeitet, indem ein XML-Dokument mit den angeforderten Textzeilen erstellt wird. Die Antwort soll aus einem Element vom Typ new-lines bestehen, das für jede Zeile ein Element vom Typ line enthält. Die Zeilennummern (gezählt vom Anfang der Datei, nicht vom Beginn der Ausgabe) sollen dabei als Attribute angegeben werden.

Vor dem Beginn der eigentlichen Ausgabe muss zunächst dafür gesorgt werden, dass im HTTP-Header der Typ (text/xml) der Antwort korrekt angegeben wird. Danach kann das gewünschte XML-Dokument einfach ausgegeben werden. Damit nicht unnötig viel übertragen wird, werden line-Elemente nur für Zeilen erzeugt, die dem Client noch nicht bekannt sind. Die Schleife beschränkt sich also auf die Ausgabe der Zeilen, deren Nummer größer als die vom Client im Parameter last angegebene Zeilennummer ist. Die Schleife startet mit dem Wert von last, da die Array-Indizes mit 0 beginnen:

```
if (isset($_POST["last"])) {
  header("Content-Type: text/xml");
  $start_index = is_numeric($_POST["last"]) ?
      max($_POST["last"], 0) : 0;

  echo "<new-lines>\n";
  for ($i = $start_index; $i < count($lines); $i++) {
    echo "<line number='" . ($i + 1) . "'>"
      . htmlentities($lines[$i]) . "</line>\n";
  }
  echo "</new-lines>\n";
  exit(0);
}
```

Die etwas umständliche Anweisung mit der Zuweisung an *$start_index* schützt das Skript davor, dass ein Client mit der Übermittlung unzulässiger Werte Unheil anrichten kann: Falls der Wert des Parameters last keine Zahl oder kleiner als 0 ist, wird als Startwert 0 angenommen, so dass in diesem Fall alle Zeilen ausgegeben werden. Ohne diesen Schutz könnte ein böswilliger Client beispielsweise durch Angabe des Werts -1000000 veranlassen, dass das Skript mehr als eine Million Schleifendurchläufe macht – der Server würde sowohl durch die Prozessorauslastung als auch die folgende Übertragung einer extrem langen (und unsinnigen) Ausgabe erheblich belasten. Ein paar solcher fingierten Anfragen gleichzeitig könnten einen Webserver praktisch lahmlegen. (Tatsächlich müsste man sich bei einer realen Anwendung auch Gedanken darüber machen, was nach einer großen Zahl von Texteingaben passiert – sehr viele Einträge in der Textdatei hätten ohne weitere Maßnahmen ähnliche Auswirkungen.)

Zur Verdeutlichung betrachten wir nun eine mögliche Ausgabe dieses Skripts. Nehmen wir beispielsweise an, dass die Textdatei drei Zeilen mit den Inhalten „Anfang", „mittendrin" und „Ende" enthält und der Parameter last den Wert 1 hat. In diesem Fall wird in der HTTP-Antwort das folgende XML-Dokument an den Client übermittelt:

```
<new-lines>
<line number='2'>mittendrin</line>
<line number='3'>Ende</line>
</new-lines>
```

Die Zeile Nummer 1 mit dem Inhalt „Anfang" ist in der Ausgabe nicht enthalten, da durch den Parameter nur Zeilen mit einer Nummer größer als 1 angefordert wurden. Durch den Aufruf von **exit** nach der Ausgabe wird die Bearbeitung der HTTP-Anfrage sofort abgeschlossen. Das auf den PHP-Block folgende HTML-Dokument wird in diesem Fall also nicht mehr zum Client übertragen.

War der Parameter last nicht gesetzt, so ist an dieser Stelle noch keinerlei Ausgabe durch das PHP-Skript erfolgt. Statt dessen wird dann das in der Datei enthaltene HTML-Dokument an den Client übermittelt. Nachdem wir wissen, welche Parameter das serverseitige Skript bei AJAX-Anfragen erwartet und welche Ausgaben es liefert, können wir uns nun auch die fehlenden JavaScript-Elemente im Kopf dieses HTML-Dokuments ansehen. Dort müssen zunächst die verwendeten Teile der Sarissa-Bibliothek eingebunden werden:

```
<script type="text/javascript"
        src="sarissa/sarissa.js"></script>
<script type="text/javascript"
        src="sarissa/sarissa_ieemu_xpath.js"></script>
<script type="text/javascript"
        src="sarissa/sarissa_dhtml.js"></script>
```

Darauf folgt ein script-Element mit dem eigenen JavaScript-Code. Darin wird zu Beginn eine Variable *linecount* mit der Anzahl der anfangs vorhandenen Textzeilen initialisiert. (Die Anzahl wird mit PHP in den JavaScript-Code eingefügt.) Außerdem wird das Laden zweier Stylesheet-Dokumente veranlasst, die später für die Durchführung von XSL-Transformationen benötigt werden:

```
<script type="text/javascript">
    var linecount=<?php echo count($lines); ?>;
    // XSLT zum Erzeugen neuer Tabellenzeilen
    var xslAppend = Sarissa.getDomDocument();
    xslAppend.async = false;
    xslAppend.load("messageboard-xslt-append.xml");
    // XSLT zum Löschen alter Zeilen aus der Tabelle
    var xslShorten = Sarissa.getDomDocument();
    xslShorten.async = false;
    xslShorten.load("messageboard-xslt-shorten.xml");
```

Auf diese Vorbereitungen folgen die Definitionen der bereits erwähnten Funktionen **speichern** und **ausblenden**.

Die Funktion **speichern** soll dafür sorgen, dass ein eingegebener Text zur Speicherung an den Server übermittelt und der Ausgabebereich des Dokuments auf den aktuellen Stand gebracht wird. Zunächst prüft die Funktion, ob XMLHttpRequest zur Verfügung steht. Ist das nicht der Fall, so beendet sich die Funktion sofort mit dem Rückgabewert false – wie Sie bereits gesehen haben, wird dann das Formular vom Browser auf die herkömmliche Weise übermittelt. (In unserem Beispielprogramm wird in diesem Fall zuvor noch mittels **alert** ein entsprechender Hinweis angezeigt. Das ist hier zur besseren Nachvollziehbarkeit beim Testen gedacht – eine praktisch eingesetzte Anwendung sollte bei Bedarf natürlich möglichst stillschweigend auf ein anderes Verfahren ausweichen.) Steht XMLHttpRequest zur Verfügung, so wird eine Instanz dieses Objekts erzeugt und für eine asynchrone POST-Anfrage an den Server vorbereitet:

```
function speichern() {
  if (!Sarissa.IS_ENABLED_XMLHTTP) {
    alert("XMLHttpRequest not available - using form.");
    return false;
  }
  // Vorbereiten eines asynchronen POST-Requests
  var xmlhttp = new XMLHttpRequest();
  xmlhttp.open("POST",
               "<?php echo $_SERVER['PHP_SELF']; ?>", true);
```

(Da wir uns ja in einem PHP-Skript befinden, können wir den URI der Anfrage problemlos aus den PHP-Servervariablen bestimmen und in den JavaScript-Code einsetzen, bevor er zum Client gesendet wird.)

Der nächste Schritt besteht in der Definition eines Event-Handlers zur Verarbeitung von Server-Antworten. Diese Funktion soll nur dann etwas tun, wenn eine Anfrage vollständig bearbeitet wurde (Status 4). Die Hauptaufgabe des Event-Handlers besteht dann darin, vom Server gelieferte neue Textzeilen in den Anzeigebereich des Dokuments zu integrieren. Zum Zugriff auf das vom Server gelieferte XML-Objekt könnten wir die Eigenschaft responseXML des XMLHttpRequest-Objektes benutzen; da wir aber Sarissa demonstrieren wollen, verwenden wir die Funktion parseFromString einer Instanz des Objekts DOMParser dazu, die als Zeichenkette vorliegende Antwort des Servers (also die vom PHP-Skript ausgegebene XML-Struktur) zu parsen und in ein DOM-Objekt umzuwandeln. Dann wird eine Instanz von XSLTProcessor, ausgestattet mit einem der eingangs geladenen Stylesheets, eingesetzt, um das vom Server gelieferte XML-Dokument in ein HTML-Fragment zu transformieren. Dazu benötigt der Stylesheet als Parameter auch die Nummer der letzten bisher dargestellten Zeile (linecount). Das Ergebnis ist ein Dokumentknoten, der neue Tabellenzeilen enthält. Diese können nun mittels Sarissa.moveChildNodes in den Rumpf der Ausgabetabelle verschoben werden und ergänzen so die Anzeige im Dokument. Der Wert true als drittes Argument sorgt dafür, dass der bisherige Tabelleninhalt dabei nicht verloren geht, sondern die neuen Zeilen hinten angehängt werden:

```
xmlhttp.onreadystatechange = function() {
  if (xmlhttp.readyState == 4) {
    var dp = new DOMParser();
    var dom = dp.parseFromString(xmlhttp.responseText,
                                 "text/xml");
    var xsltprocAppend = new XSLTProcessor();
    xsltprocAppend.importStylesheet(xslAppend);
    xsltprocAppend.setParameter("", "linecount",
                                linecount);
    var html = xsltprocAppend.transformToDocument(dom);
    Sarissa.moveChildNodes(html,
          document.getElementById("ausgabe"), true);
```

Der bei dieser Aktion verwendete Stylesheet muss aus der Antwort des Servers alle Zeilen mit Nummern größer als linecount auswählen und dafür jeweils eine Zeile einer HTML-Tabelle erzeugen. Dabei wird auch die Zeilennummer nicht mehr als Attribut repräsentiert, sondern in einer eigenen Spalte ausgegeben:

Beispiel 5.2: `messageboard-xslt-append.xml`

```xml
<?xml version="1.0" encoding="UTF-8" ?>
<xsl:stylesheet version="1.0"
                xmlns:xsl="http://www.w3.org/1999/XSL/Transform">
  <xsl:param name="linecount"/>
  <xsl:output method="html"
              doctype-public="-//W3C//DTD HTML 4.01//EN"/>
  <xsl:template match="new-lines/line">
    <xsl:if test="@number>$linecount">
      <tr>
        <th><xsl:value-of select="@number"/></th>
        <td><xsl:value-of select="text()"/></td>
      </tr>
    </xsl:if>
  </xsl:template>
</xsl:stylesheet>
```

Vielleicht fragen Sie sich nun, warum an dieser Stelle noch einmal eine Auswahl anhand der Zeilennummer stattfindet – immerhin sollte doch schon das PHP-Skript nur neue Zeilen (größer als der CGI-Parameter `last`) liefern. Der Haken dabei ist, dass die Anfragen an den Server asynchron ausgeführt werden, sich also zeitlich überschneiden können. Nehmen wir an, dass das Dokument bisher alle Zeilen bis zur Nummer 3 enthält, und betrachten folgenden Ablauf:

1. Der Benutzer gibt eine Textzeile ein und sendet sie an den Server. Der CGI-Parameter `last` hat den Wert 3.

2. Bevor die Antwort auf die erste Frage da ist, sendet der Benutzer eine weitere Eingabe an den Server – der an den Server übermittelte Parameter `last` hat immer noch den Wert 3.

3. Der Server hat die erste Anfrage bearbeitet, die vierte Textzeile gespeichert und alle Zeilen mit einer Nummer größer als drei zurückgeliefert. Die eine neue Textzeile wird an die Tabelle angehängt.

4. Der Server hat die zweite Anfrage bearbeitet und liefert in seiner Antwort wieder alle Zeilen mit einer Nummer größer als drei, nun also beide neu eingegebenen Zeilen.

Würde der Event-Handler beim Client also in jedem Fall alle vom Server gelieferten Zeilen an die Tabelle anhängen, würde in diesem Fall die erste der beiden neuen Eingaben doppelt angehängt. (Die in unserer Beispielanwendung mögliche Verzögerung der serverseitigen Bearbeitung mit **sleep** soll den Test solcher Situationen ermöglichen.) Behalten Sie solche Möglichkeiten beim Erstellen Ihrer Skripte immer im Auge. In anderen Zusammenhängen könnten sich ähnliche Probleme daraus ergeben, dass natürlich nicht nur von einem Client mehrere gleichzeitige Anfragen kommen können, sondern auch mehrere verschiedene Clients gleichzeitig aktiv sein können.

Wie Sie sich erinnern, wird im Dokument auch die Zahl der insgesamt eingegebenen Textzeilen angezeigt. Die Aktualisierung dieser Anzeige und natürlich auch der Variable *linecount* ist die zweite Aufgabe der Event-Handler-Funktion. Wir verwenden hier die Funktion **selectNodes** mit einer XPath-Anfrage, um aus der Server-Antwort noch einmal ein Array mit den Elementen für alle neuen Zeilen (Attribut number größer als Wert von *linecount*) zu erhalten. Die Länge dieses Arrays ist die Anzahl der neu dargestellten Zeilen und kann zur bisherigen Zeilenzahl addiert werden. Das Ergebnis wird im Dokument angezeigt:

```
var newLines =
  dom.selectNodes("/new-lines/line[@number>" +
                        linecount + "]");
linecount += newLines.length;
document.getElementById("anzahl").innerHTML = linecount;
```

Damit ist die Definition des Event-Handlers abgeschlossen. Als letzter Schritt in der Funktion **speichern** verbleibt nun nur noch das Absenden der POST-Anfrage an den Server unter Verwendung der vorbereiteten XMLHttpRequest-Instanz. Wie bereits erwähnt, werden dabei die Texteingabe im Formular und die alte Zahl der dargestellten Zeilen als Parameter übermittelt:

```
var postdata = "textzeile="
        + escape(document.getElementById("textzeile").value)
        + "&last=" + linecount;
xmlhttp.setRequestHeader("Content-Type",
                        "application/x-www-form-urlencoded");
xmlhttp.send(postdata);
```

Die jetzt noch fehlende JavaScript-Funktion **ausblenden** setzt im Wesentlichen Mittel ein, die wir nun bereits kennen. Ziel ist es, alle Zeilen bis auf die letzten drei aus der Tabellendarstellung zu entfernen, oder anders ausgedrückt: Alle Zeilen, deren Nummer größer oder gleich *linecount* - 2 ist, sollen übrig bleiben. (Enthält die Tabelle weniger als vier Zeilen, bleiben alle stehen.) Dies wäre relativ einfach mit DOM-Funktionen zu bewerkstelligen; zur Demonstration von Sarissa wird aber eine XSLTProcessor-Instanz mit dem zweiten der zuvor geladenen Stylesheets benutzt, wobei die kleinste übrigzulassende Zeilennummer als Parameter dient. Das Ergebnis der auf den bisherigen Tabelleninhalt angewendeten XSL-Transformation ist ein neuer Tabellenrumpf, der nur noch die gewünschten Zeilen enthält. Diese werden schließlich in die bestehende Tabelle verschoben, wobei false als drittes Argument für **Sarissa.moveChildNodes** diesmal angibt, dass deren alter Inhalt durch den neuen ersetzt werden soll:

```
function ausblenden() {
  var tableBody = document.getElementById("ausgabe");
  var xsltprocShorten = new XSLTProcessor();
  xsltprocShorten.importStylesheet(xslShorten);
  xsltprocShorten.setParameter("", "minimum", linecount - 2);
  var tmp = xsltprocShorten.transformToDocument(tableBody);
  Sarissa.moveChildNodes(tmp.firstChild, tableBody, false);
}
```

Anders als bei dem vorigen Stylesheet müssen für diese Transformation die einzelnen Tabelleneinträge selbst nicht verändert werden. Alle Tabellenzeilen (Elementtyp tr), die ein bestimmtes Kriterium (die ausreichend hohe Zeilennummer) erfüllen, können also einfach kopiert werden. Die Zeilennummer ist diesmal kein Attribut, sondern ist in jeder Zeile als Inhalt eines Elements vom Typ th zu finden. Für Zeilen, die das Kriterium nicht erfüllen, erzeugt der folgende Stylesheet keine Ausgabe, so dass sie entfallen:

Beispiel 5.3: `messageboard-xslt-shorten.xml`

```
<?xml version="1.0" encoding="UTF-8" ?>
<xsl:stylesheet version="1.0"
                xmlns:xsl="http://www.w3.org/1999/XSL/Transform">
  <xsl:param name="minimum"/>
  <xsl:output method="html"
              doctype-public="-//W3C//DTD HTML 4.01//EN"/>
  <xsl:template match="tr">
    <xsl:if test="th/node()>=$minimum">
      <xsl:copy-of select="."/>
    </xsl:if>
  </xsl:template>
</xsl:stylesheet>
```

Die zusammenhängende Datei `messageboard.php` finden Sie in Anhang D: „Sarissa-Beispiel" (Seite 195). Beachten Sie bitte die in dem Kommentar am Dateianfang genannten Voraussetzungen, wenn Sie diese Beispielanwendung selbst auf einem Webserver installieren und ausprobieren möchten. In der gegenwärtigen Form und mit der Version 0.9.6.1 von Sarissa funktioniert das Skript nur in Gecko-basierten Browsern wie Firefox vollständig, weder in Safari/KHTML-basierten Browsern noch in Internet Explorer. Eine Lösung für die noch störenden Probleme mit dem `XSLTProcessor`-Objekt würde weitergehende Techniken erfordern, die in Sarissa noch nicht vorgesehen sind und deren Integration in die eigentliche Anwendung den Rahmen dieses Buches sprengen würden. Auf einen Mechanismus zum Löschen von früheren Eingaben aus der Textdatei auf dem Server wurde in dieser Anwendung verzichtet. Daher muss der Dateiinhalt beim Testen hin und wieder manuell gekürzt werden, wenn die anfängliche Tabellenausgabe beim Laden der Seite nicht zu lang werden soll. Um für einen praktischen Einsatz tauglich zu sein, müsste das Skript also noch ergänzt werden – im einfachsten Fall um eine Begrenzung der Ausgabe auf die jeweils jüngsten Einträge.

5.3 Prototype: Eine AJAX-Bibliothek in JavaScript

Die JavaScript-Bibliothek *Prototype* <http://prototype.conio.net> wurde mit dem Ziel entwickelt, die Entwicklung dynamischer Webanwendungen zu unterstützen. Sie wird oft im Zusammenhang mit der interessanten Webentwicklungsumgebung *Ruby on Rails* verwendet, ist aber nicht von ihr abhängig. Die Bibliothek Prototype bietet Mechanismen zur objektorientierten Programmierung mit JavaScript sowie einige Funktionen, die von diesen Mechanismen Gebrauch machen. Mit diesen Funktionen können DOM-Manipulationen, AJAX-Zugriffe sowie die dazugehörigen Effekte sehr übersichtlich programmiert werden.

„Prototype is embarrassingly lacking in documentation", räumt die `README`-Datei zur Prototype-Distribution ein. Das vorliegende Buch kann diesen Mangel nicht ganz ausgleichen, soll aber eine Einstiegshilfe bieten. Die Beschreibung bezieht sich dabei auf die Version 1.3.1; Details mögen sich bei dieser einer schnellen Weiterentwicklung unterworfenen Bibliothek bereits geändert haben. Derzeit (Stand: August 2005) unterstützt Prototype die Browser Internet Explorer ab Version 6.0, Mozilla ab Version 1.7 und Firefox ab Version 1.0 sowie den Browser Safari ab Version 1.2.

Zur Verwendung in eigenen Anwendungen muss lediglich die JavaScript-Bibliothek prototype.js eingebunden werden:

```
<script type="text/javascript" src="prototype.js"></script>
```

Prototype wird übrigens inzwischen auch als Basis für weitere Entwicklungen genutzt. Thomas Fuchs bietet unter <http://script.aculo.us> eine Bibliothek mit Zusatzfunktionen an, die unter anderem eine an *Google Suggest* erinnernde automatische Ergänzung von Eingaben und eine vollständige Drag-und-Drop-Lösung für das Umsortieren von Listen liefert. Zur Verwendung mit Version 1.3.1 von Prototype sollte die Bibliothek Scriptaculous in der Version 1.1 verwendet werden; neuere Varianten erfordern bereits die noch in der Entwicklung befindliche Version 1.4 des Prototype-Frameworks. Die schnelle Entwicklung in diesem Bereich verdeutlicht bereits die große Dynamik, die auf dem Weg zum Web 2.0 eingetreten ist. Die hier vorgestellten Versionen der JavaScript-Bibliotheken werden bereits kurze Zeit nach Erscheinen des Buchs durch neuere ersetzt sein. Für eigene Anwendungen sollte daher jeweils auf die aufeinander abgestimmten aktuellen Versionen der Bibliotheken zurückgegriffen werden. Die hier vorgestellten Beispiele wurden für Scriptaculous in der Version 1.5_pre3 und Prototype in der Version 1.4.0_pre2 entwickelt. Mit den zuvor genannten älteren Versionen der beiden Bibliotheken sind die Beispiele ebenfalls funktionsfähig.

5.3.1 Grundideen von Prototype

Bei Prototype handelt es sich um eine vergleichsweise komplexe JavaScript-Bibliothek mit einer klaren Struktur. Ein Großteil der Funktionalität ist in Objekte gekapselt, die nicht nur zur Gruppierung zusammengehöriger Zustandsvariablen und Funktionen dienen, sondern auch ein flexibles Namensraumkonzept bieten. Zahlreiche Hilfsobjekte unterstützen die dynamische Erweiterung bestehender Objekte um neue Funktionen und Zustandsvariablen. Einen Eindruck dieses Programmierstils vermittelt ein Ausschnitt aus der Bibliothek, Beispiel 5.4: „Der objektorientierte Stil von Prototype" (Seite 137), in dem ein neues Objekt *Ajax* mit einer Funktion **getTransport** erzeugt wird. Dieses Objekt wird anschließend als Basis für spezialisierte Objekte benutzt, die auf die Eigenschaften dieses Objekts zurückgreifen.

Beispiel 5.4: Der objektorientierte Stil von Prototype

```
var Ajax = {
  getTransport: function() {
    return Try.these(
      function() {return new ActiveXObject('Msxml2.XMLHTTP')},
      function() {return new ActiveXObject('Microsoft.XMLHTTP')},
      function() {return new XMLHttpRequest()}
    ) || false;
  }
}
Ajax.Updater = Class.create();
Ajax.Updater.prototype.extend(Ajax.Request.prototype).extend({
  initialize: function(container, url, options) {
    ...
    this.transport = Ajax.getTransport();
    ...
  },
  updateContent: function() {
    ...
  }
}
```

Die Funktion **Ajax.getTransport** verwendet eine Funktion **Try.these**, die die übergebenen Funktionsobjekte nacheinander in einem try/catch-Block aufruft. Sobald einer dieser Aufrufe erfolgreich ist und keine Exception ausgelöst wird, kehrt **Try.these** zurück mit dem Ergebnis des Funktionsaufrufs. **Ajax.getTransport** erzeugt also je nach Browserplattform ein neues Objekt mit dem API von XMLHttpRequest oder liefert false, wenn weder ein entsprechendes ActiveX-Objekt noch ein Objekt vom Typ XMLHttpRequest angelegt werden konnte.

Das zweite hier gezeigte Objekt *Ajax.Updater* dient als Basisobjekt für die asynchrone Kommunikation mit einem Webserver. Im ersten Schritt wird **Class.create** aufgerufen, um das Objekt als Prototype-Klasse zu initialisieren. Der darauf folgende Funktionsaufruf von **extend** dient zur Erweiterung des Prototyps zum einen um die Funktionalität von *Ajax.Request* und zum anderen um die angegebenen Komponenten **initialize** und **updateContent**. *Ajax.Updater.initialize* zeigt, wie die Eigenschaft *transport* des Objekts mit einem neuen XMLHttpRequest-Objekt initialisiert wird. Dieses wird bei einem Aufruf von **updateContent** zur Kommunikation mit dem Server verwendet.

Viele Prototype-Funktionen kann man sinnvoll sowohl mit einem Element-Bezeichner als auch mit dem JavaScript-Objekt für das Element selbst aufrufen. Die Funktionen sind im Allgemeinen so geschrieben, dass beide Varianten akzeptiert werden. Dafür definiert Prototype eine Hilfsfunktion mit dem kurzen Namen **$**, deren Definition in Beispiel 5.5: „Die Bequemlichkeitsfunktion $" (Seite 138) wiedergegeben ist.

Beispiel 5.5: Die Bequemlichkeitsfunktion $

```
function $() {
  var elements = new Array();
  for (var i = 0; i < arguments.length; i++) {
    var element = arguments[i];
    if (typeof element == 'string')
      element = document.getElementById(element);
    if (arguments.length == 1)
      return element;
    elements.push(element);
  }
  return elements;
}
```

Die Hilfsfunktion **$** übersetzt also eine Zeichenkette in das entsprechende über `document.getElementById` adressierte Element. Wird **$** mit mehr als einem Argument aufgerufen, wird diese Substitution für alle Argumente durchgeführt und ein Array mit den Ergebnissen zurückgeliefert. Diese Funktion ist nicht nur für die Autoren von Prototype sehr nützlich, sondern kann auch zur Übersichtlichkeit der Prototype benutzenden Skripte beitragen. (Das Dollarzeichen ist zwar im ECMA-Script-Standard als Bestandteil für Bezeichner in automatisch generierten JavaScript-Programmen reserviert, allerdings wird dabei kaum ein einzelnes Dollarzeichen auftreten. Die Häufigkeit der Verwendung von `document.getElementById` in Java-Script-Programmen rechtfertigt wohl diesen kleinen Verstoß gegen die Empfehlungen des Standards.) Mehr über die Hilfsfunktionen von Prototype in Abschnitt 5.3.4 „Nützliche Hilfsfunktionen" (Seite 143).

Anhand dieser kurzen Einführung ist schon zu erkennen, dass der Name der Bibliothek Prototype mit Bedacht gewählt wurde – der Einsatz von Objekten, Prototypen und höheren Funktionen veranschaulicht sehr gut die Mächtigkeit der Programmiersprache JavaScript und gibt eine Anleitung für die Entwicklung strukturierter Anwendungen. Um Prototype für eigene Zwecke zu nutzen, reichen aber schon Grundkenntnisse in der objektbasierten Programmierung mit JavaScript aus. Zu beachten ist vor allem die feine Unterscheidung zwischen Prototypen und Objektinstanzen, die bereits in Abschnitt 3.2 „Objektbasierte Programmierung" (Seite 59) erläutert wurde. Der folgende Abschnitt erläutert, wie AJAX-spezifische Objekte aus den Bibliotheken Prototype und Scriptaculous in eigenen Event-Handlern genutzt werden können.

5.3.2 Ein einfaches Ajax-Beispiel

Im ersten Schritt soll hier ein Eintrag aus unserem Autowerkstatt-Menü mit einem *Ajax.Updater* versehen werden, der die Aktualisierung eines Seitenbereichs übernimmt, ohne die gesamte Seite neu übertragen zu müssen. Der zu aktualisierende Inhalt befindet sich in einem div-Element mit dem eindeutigen Bezeichner „main". Auf Betätigen des Links soll nun der neue Inhalt für dieses Element angefordert werden. Beispiel 5.6: „Anfordern eines Updates für ein div-Element in Prototype" (Seite 139) skizziert, wie dies mit einem *Ajax.Updater*-Objekt realisiert werden könnte.

Beispiel 5.6: Anfordern eines Updates für ein div-Element in Prototype

```
<a href="..."
   onclick="new Ajax.Updater('main', '/scripts/getPage',
      {method: 'get'}); return false;"
>...</a>
```

Der URI /scripts/getPage ist ein relativer URI zur aktuellen Seite, der von **Ajax.Updater** mit der GET-Methode von HTTP angefragt wird. In den geschweiften Klammern hinter dem URI können Optionen angegeben werden (die Option *method* ist auf 'post' voreingestellt; hier soll aber nur eine GET-Anfrage ohne weitere Effekte erfolgen, siehe Abschnitt „Weitere Methoden in HTTP", Seite 99). Das Ergebnis dieser Anfrage ersetzt den bisherigen Inhalt des div-Elements mit dem Bezeichner „main". Damit der Browser nach dem Ausführen dieses Event-Handlers nicht zu der im Attribut href angegebenen Webseite wechselt, wird schließlich das Ergebnis false zurückgeliefert, wodurch das Default-Verhalten des Browsers für das click-Ereignis unterdrückt wird. Dies ermöglicht die Angabe eines sinnvollen Ziels für den Link im Attribut href für den Fall, dass der verwendete Browser kein JavaScript unterstützt. Beispiel 5.7: „Unterstützung für Browser ohne JavaScript" (Seite 139) verdeutlicht, wie dies für unseren Menüeintrag „Bremsenprüfung" gelöst werden kann.

Beispiel 5.7: Unterstützung für Browser ohne JavaScript

```
<a href="/scripts/getPage?name=bremsen"
   onclick="new Ajax.Updater('main',
      this.href.replace(/\?.*/,''),
      { method: 'get',
        parameters: this.href.replace(/.*\?/, 'id=main&amp;')
      }); return false;"
>Bremsenprüfung</a>
```

In dieser Variante des Event-Handlers wird ein serverseitiges Skript /scripts/ getPage mit einem Parameter *name* aufgerufen, der einen Bezeichner für die gewünschte Seite aufnimmt. Beim Anklicken ohne AJAX-Unterstützung würde dieser URI an den Server gesendet, der daraufhin das entsprechende Skript ausführt. Die Aufgabe des Skripts besteht darin, die komplette Seite „bremsen" einschließlich Menüstrukturen, Kopfzeile usw. zu erzeugen und in der Antwort zurückzuliefern.

Ein AJAX-Request in diesem Beispiel ruft ebenfalls das Skript /scripts/getPage mit dem Parameter name=bremsen auf. Zusätzlich wird ein Parameter mit einem eindeutigen Bezeichner für den gewünschten Dokumentausschnitt hinzugefügt. Anhand dieses Parameters erkennt das aufgerufene Skript, dass es sich um einen AJAX-Request handelt, für den nicht die gesamte Seite „bremsen" zurückgeliefert werden muss, sondern nur der Inhalt des Elements mit dem Bezeichner „main". Im Erfolgsfall wird der gesamte Inhalt der Serverantwort an der richtigen Stelle im aktuellen Dokument eingefügt.

Neben der Anfrage-Methode und zugehörigen Parametern können im dritten Argument des Konstruktors von *Ajax.Updater* weitere Optionen angegeben werden, mit der die Verarbeitung des Ergebnisses beeinflusst werden kann. Die wichtigsten Optionen werden in der folgenden Übersicht zusammengefasst:

evalScripts	Die boolesche Variable *evalScripts* gibt an, ob Java-Script-Code aus script-Elementen in der Antwort des Servers evaluiert werden soll. Aus Sicherheitsgründen ist diese Option per Voreinstellung deaktiviert.
insertion	Nimmt ein sogenanntes Insertion-Objekt auf, mit dem der Inhalt aus der Antwort des Servers in das Dokument eingefügt werden kann. Ist diese Option nicht definiert, so ersetzt *Ajax.Updater* den Inhalt des im ersten Argument des Konstruktors angegebenen Elements. Insertion-Objekte erlauben eine feinere Steuerung des Einfügeprozesses, etwa das Hinzufügen von Knoten vor oder nach einem gegebenen Elementknoten.
onComplete	Ein Funktionsobjekt, das nach erfolgreicher Beendigung der HTTP-Transaktion aufgerufen wird. Beim Funktionsaufruf wird das verwendete XMLHttpRequest-Objekt als Parameter übergeben, so dass die Funktion Zugriff auf alle Bestandteile der Antwortnachricht erhält.

requestHeaders	Ein Array mit zusätzlichen Headerfeldern für die abzusetzende HTTP-Anfrage. Name und Wert eines jeden Headerfelds werden dabei in dem Array jeweils abwechselnd hintereinander gespeichert, d. h. der Index $2n$ beinhaltet jeweils den Namen und $2n+1$ den Wert eines Headers.

Darüber hinaus erlaubt das erste Argument von *Ajax.Updater*, die Container-Elemente für erfolgreiche und fehlgeschlagene Anfragen zu unterscheiden. So kann beispielsweise ein Element für Statusmeldungen angelegt werden, damit der Seitenaufbau durch eine fehlgeschlagene Operation nicht gestört wird. Im Beispiel 5.8: „Ausgabe von Antworttexten in unterschiedlichen Containern" (Seite 141) sehen Sie die zusätzlichen Optionen von *Ajax.Updater* im Zusammenspiel.

Beispiel 5.8: Ausgabe von Antworttexten in unterschiedlichen Containern

```
<a href="/scripts/getPage?name=bremsen"
   onclick="new Ajax.Updater(
           { success : 'main', failure: 'log' },
           this.href.replace(/\?.*/,''),
           { method: 'get',
             parameters: this.href.replace(/.*\?/,
                                          'id=main&amp;'),
             evalScripts: true,
             insertion: Insertion.After,
             onComplete: function() { alert('done'); },
             requestHeaders: [ 'X-Application',
                               'AJAXWerkstatt' ]
           });
           return false;"
>Bremsenprüfung</a>
```

5.3.3 Automatisch wiederholte Ausführung

Als Client/Server-Protokoll schreibt HTTP vor, dass Aktionen immer vom Webbrowser ausgehen, wodurch keine *Push-Dienste* möglich sind. Die nebenläufige Aktualisierung von Dokumentbereichen, wie wir sie in Backpack kennengelernt haben, erfordert daher regelmäßige Statusabfragen durch den Browser. Diese wiederholten Tätigkeiten unterstützt Prototype mit den beiden Objekttypen *PeriodicalExecuter* und *Ajax.PeriodicalUpdater*. Ein *PeriodicalExecuter* dient zur Ausführung einer vorgegebenen Funktion in beliebigen Zeitabständen. Damit ließe sich zum Beispiel das Wechseln von Anzeigen in regelmäßigen Abständen realisieren, wie Beispiel 5.9: „Verwendung eines PeriodicalExecuter-Objekts" (Seite 142) verdeutlicht.

Beispiel 5.9: Verwendung eines PeriodicalExecuter-Objekts

```
new PeriodicalExecuter(
  function() {
    $('advertisement').src = imgstore[n++ % imgstore.length];
  }, 5);
```

In diesem Beispiel wird eine neue Instanz des Objekttyps *PeriodicalExecuter* erzeugt. Das erste Argument des Konstruktors ist ein Funktionsobjekt, das jeweils nach Ablauf einer bestimmten Zeitspanne aufgerufen werden soll. Das zweite Argument gibt die Wiederholungsfrequenz in Sekunden an. Die angegebene Callback-Funktion dient zum Weiterschalten der angezeigten Grafiken. Hier wird einfach das Attribut `src` eines `img`-Elements mit der ID `advertisement` aktualisiert, was ein Nachladen der entsprechenden Ressource bewirkt.

Mit dem Objekt *PeriodicalExecuter* könnten nun auch nebenläufige Aktualisierungen von Dokumentbereichen angestoßen werden. Dazu müsste lediglich die Callback-Funktion so verändert werden, dass ein *Ajax.Updater*-Objekt mit geeigneten Parametern erzeugt wird. Die Prototype-Bibliothek geht hier sogar noch einen Schritt weiter und bietet eine Spezialisierung des *Ajax.Updater*-Objekts für wiederkehrende AJAX-Anfragen an.

Der Konstruktor *Ajax.PeriodicalUpdater* gleicht dem Konstruktor *Ajax.Updater*, wodurch die beiden Objekte leicht gegeneinander ausgetauscht werden können. Mit der Funktion **stop** kann der Aktualisierungsprozess explizit beendet und mit **start** wieder aufgenommen werden. Um den Server nicht mit unnötigen Anfragen zu bombardieren, auch wenn die Antwort sich gar nicht ändert, kann mit der zusätzlichen Option *decay* für diesen Fall der Zeitraum zwischen zwei Anfragen automatisch erhöht werden. Ein *decay*-Wert von 1.5 würde beispielsweise bedeuten, dass sich das Intervall nach jeder Anfrage, die kein neues Ergebnis gebracht hat, veranderthalbfacht.

Darüber hinaus sind noch weitere Optionen für *Ajax.PeriodicalUpdater* definiert, die im Folgenden kurz vorgestellt werden sollen:

frequency   Gibt das Intervall in Sekunden zwischen zwei periodischen AJAX-Anfragen an. Voreingestellt ist das Intervall auf zwei Sekunden.

decay	Ein numerischer Wert, der wie oben erläutert zur Verringerung der Aktualisierungsfrequenz dient. Die Voreinstellung für diese Option ist 1, d. h. das Intervall wird nicht verändert.
onComplete	Enthält eine Funktion, die nach dem Ende der wiederholten Aktualisierungsanfragen aufgerufen wird. Die einzige Möglichkeit, dies zu erreichen, ist ein Aufruf der Funktion **stop**.
url	Der URI für die nächstfolgende Aktualisierung.

Als Beispiel für den Einsatz von *Ajax.PeriodicalUpdater* soll unsere fiktive Autowerkstatt mit einem Kursticker ausgerüstet werden, der den aktuellen Aktienkurs des Unternehmens anzeigt.

Beispiel 5.10: Automatisch wiederholte AJAX-Anfragen
mit *Ajax.PeriodicalUpdater*

```
new Ajax.PeriodicalUpdater('q', '/scripts/getQuote',
                       { method: 'get', frequency: 300 });
```

Der einzige Unterschied zu den eingangs dieses Abschnitts gezeigten Beispielen ist neben dem abweichenden Namen für den Konstruktor die Angabe der Option *frequency*, mit der die Wiederholrate auf fünfminütlich herabgesetzt wird.

5.3.4 Nützliche Hilfsfunktionen

Neben den Objekten mit AJAX-spezifischen Aufgaben umfasst die Prototype-Bibliothek eine Menge weiterer Objekte und Hilfsfunktionen, die das DOM-Scripting und die Erzeugung visueller Effekte erleichtern. Mit den Funktionen **Try.these** zur robusten Programmierung und **$** zur Auswahl von Elementknoten aus dem Dokumentbaum wurden in Abschnitt 5.3.1 „Grundideen von Prototype" (Seite 136) schon einige dieser nützlichen Helfer vorgestellt. Zum Abschluss unserer kurzen Einführung in Prototype sollen hier einige weitere Funktionen dieser Art herausgestellt werden. Schließlich werden wir noch einen Blick auf die Effekt-Bibliothek Scriptaculous werfen, die den Grundgedanken von Prototype eindrucksvoll fortsetzt.

Ein Großteil der etwa 1000 Zeilen Programmcode von Prototype widmet sich der browserübergreifenden Verfügbarkeit von Funktionen wie **Array.push** und

Function.apply. Darüber hinaus werden nützliche Erweiterungen des Objekts String zur Manipulation von Zeichenketten mit Markup vorgenommen, beispielsweise **String.stripTags** zum Entfernen von Tags aus der Zeichenkette. Zur Vereinheitlichung von Event-Handlern wird außerdem ein globales Objekt *Event* definiert, das bei Bedarf die Event-Schnittstelle des Internet Explorer verwendet. In diesem Objekt werden die verfügbaren Informationen über ein aufgetretenes Ereignis zusammengefasst, unter anderem das Element, in dem das Ereignis ausgelöst wurde.

Unterstützung für einfache visuelle Effekte

Ein weiteres interessantes Objekt ist *Element*, das mehrere Funktionen zur Manipulation von Elementknoten bereitstellt. Der erste Parameter ist jeweils der eindeutige Bezeichner des gewünschten Elements bzw. das dieses Element im DOM repräsentierende JavaScript-Objekt (vgl. Funktion **$**), weitere Parameter sind funktionsspezifisch. Folgende Funktionen werden von *Element* bereitgestellt:

toggle	Ändert den Wert der Stileigenschaft *display* eines Elementknotens so, dass ein sichtbares Element ausgeblendet wird und ein ausgeblendetes Element sichtbar wird. Die Funktion kann mit beliebig vielen Argumenten aufgerufen werden, die jeweils den eindeutigen Bezeichner des gewünschten Elements bzw. das JavaScript-Objekt dazu enthalten.
hide	Entfernt ein Element aus dem Layoutstrom, indem die Stileigenschaft *display* auf den Wert „none" gesetzt wird. Auch hier können der Funktion beliebig viele Argumente übergeben werden.
show	Macht ein Element sichtbar, indem die Stileigenschaft *display* gelöscht wird. Beliebig viele Argumente.
remove	Entfernt ein angegebenes Element zusammen mit seinen Nachfahren aus dem Dokumentbaum.
hasClassName	Überprüft das angegebene Element auf die Zugehörigkeit zu einer bestimmten Klasse. Dazu wird das zweite Argument der Funktion als Klassenname aufgefasst, der in dem Attribut class des betreffenden Elements gesucht wird. Diese Funktion entspricht dem CSS-Operator „~=" in Kombination mit dem Selektor zur Auswahl von Elementknoten anhand ihres eindeutigen Bezeichners.

addClassName	Fügt dem Attribut class des betreffenden Elements den angegebenen Bezeichner hinzu, sofern dieser noch nicht enthalten war.
removeClassName	Entfernt den angegebenen Klassenbezeichner aus dem Attribut class des betreffenden Elements.

In Kombination mit CSS ermöglichen diese Funktionen bereits sehr ansprechende visuelle Effekte auf der Basis einer dynamischen Modifikation des Attributs class. Die so erzielten Effekte beschränken sich allerdings auf abrupte Änderungen des Stils – sanfte Übergänge und ruckfreie Bewegungen lassen sich so nicht realisieren, da solche Effekte eine stetige Änderung von Darstellungseigenschaften wie der Durchsichtigkeit oder den Koordinaten des Objekts auf dem Ausgabegerät erfordern.

Komplexe visuelle Effekte mit Scriptaculous

Aufbauend auf der Grundfunktionalität von Prototype lassen sich mit Scriptaculous sehr ansprechende Benutzungsschnittstellen für AJAX-basierte Anwendungen entwickeln, in denen die Ergebnisse nebenläufiger Aktualisierungen so präsentiert werden, dass sie zwar wahrgenommen werden, aber nicht von der eigentlichen Tätigkeit ablenken. Mit TiddlyWiki haben Sie bereits in Abschnitt 1.4 „Gestaltung von Benutzungsschnittstellen" (Seite 21) ein Beispiel für eine gelungene Benutzungsschnittstelle kennengelernt, die ebenfalls diesen Ansatz verfolgt. In diesem Abschnitt bringen wir Ihnen nun einige Sprachmittel näher, mit denen sich derartige Effekte auf einfache Weise in eigene Anwendungen integrieren lassen. Zur Verwendung dieses Teils der Bibliothek fügen Sie dem Kopf Ihrer HTML-Dokumente die folgende Zeile hinzu:

```
<script type="text/javascript" src="scriptaculous.js"></script>
```

(Scriptaculous 1.1 erforderte noch die Einbindung der Datei effects.js an Stelle von scriptaculous.js.)

Nach dem Einbinden dieser Bibliothek stehen mehrere Spezialisierungen des Objekts *Effect* zur Verfügung, von denen wir im Folgenden einige näher betrachten wollen. Das erste Argument der hier aufgeführten Konstruktoren ist jeweils der eindeutige Bezeichner für den Elementknoten, auf den der Effekt angewendet werden soll. Beispiel 5.11: „Verwendung von Effekt-Objekten" (Seite 146) verdeutlicht die Verwendung einiger Effekte, die mit dem Operator **new** angelegt werden müssen.

Beispiel 5.11: Verwendung von Effekt-Objekten

```
new Effect.Highlight('log');
new Effect.Opacity('main');
new Effect.MoveBy('ad', 20, 10);
new Effect.Scale('log', 120);
new Effect.ScrollTo('log');
```

Die Effekte in diesem Beispiel verwenden die Funktionalität des generischen Objekts *Effect.Base*, das sich auch für eigene Effekte einsetzen lässt. Diese sechs Objekte stellen zusammen mit einem Spezialobjekt *Effect.Parallel* zur Parallelisierung von Effekten sozusagen die Grundbausteine dar, aus denen alle anderen Effekte zusammengesetzt werden. Die oben angeführten Effekte haben folgende Bedeutung:

Effect.Highlight	Bewirkt die optische Hervorhebung des angegebenen Elements durch eine Farbänderung des Hintergrunds.
Effect.Opacity	Kurzzeitiges Ausblenden des Elements, wodurch überlagerte Objekte sichtbar werden.
Effect.MoveBy	Bewegen des Elements um die angegebenen Beträge entlang der beiden Bildachsen.
Effect.Scale	Skalieren der Größe des Elements um den angegebenen Wert in Prozent.
Effect.ScrollTo	Scrollen des Dokumentinhalts, bis sich das angegebene Element im sichtbaren Bereich befindet.

Die gezeigten Objekte verfügen über eine Reihe an Optionen, mit denen sich das Aussehen und der Ablauf des jeweiligen Effekts sehr genau kontrollieren lässt. Eine wichtige Komponente dabei ist die Option *afterFinish*, deren Inhalt ein Funktionsobjekt ist, das nach Abschluss des Effekts ausgewertet wird. Das gerade abgeschlossene Effekt-Objekt wird dieser Funktion als Argument übergeben, so dass unter anderem der Zugriff auf den manipulierten Elementknoten möglich ist. So könnte ein sanftes Ausblenden mit anschließendem Entfernen des Elements realisiert werden, indem *Effect.Opacity* mit der Funktion **Element.hide** verknüpft wird, die das Element durch Setzen der Stileigenschaft *display* auf den Wert none aus dem Layoutstrom entfernt.

Damit diese zusammengesetzten Effekte nicht immer wieder neu entwickelt werden müssen, beinhaltet effects.js einige Funktionen, die diese Aufgabe übernehmen. Diese Funktionen unterscheiden sich von den zuvor gezeigten Objekten darin, dass sie nicht mit new instantiiert werden. Die folgende Übersicht gibt nur einen kleinen

Ausschnitt dieser Funktionen wieder; unter <http://script.aculo.us> finden Sie eine ausführliche Darstellung inklusive Testseiten, auf denen diese Effekte in Aktion betrachtet werden können.

`Effect.Fade`	Blendet das angegebene Element langsam aus und entfernt es anschließend aus dem Layoutstrom.
`Effect.Appear`	Blendet das angegebene Element langsam ein.
`Effect.BlindUp`	Ausblenden des Elements nach oben.
`Effect.BlindDown`	Einblenden des Elements nach unten.
`Effect.SwitchOff`	Abschalten des angegebenen Elements
`Effect.DropOut`	Hinausbewegen nach unten.
`Effect.Shake`	Schütteln des angegebenen Elements.
`Effect.Squish`	Ausblenden durch langsames Verkleinern des Elements.

In eigenen Anwendungen können diese Funktionen wie auch die zuvor gezeigten Effekt-Objekte beliebig kombiniert werden. Für unsere Beispielwerkstatt könnte die Funktion **onComplete** des *Ajax.Updater* beispielsweise um eine Effekt-Kette ergänzt werden, um die Verfügbarkeit der neuen Daten zu visualisieren. Beispiel 5.12: „Verknüpfung von Effekten mit AJAX-spezifischen Funktionen" (Seite 147) übertreibt dies etwas, indem sowohl ein Objekt *Effect.Appear* als auch die Funktion **Effect.Shake** verwendet wird.

Beispiel 5.12: Verknüpfung von Effekten mit AJAX-spezifischen Funktionen

```
/* ...Ajax.Updater... */
onComplete: function(xhr) {
            Effect.Appear($('main').lastChild,
                { afterFinish : function(effect) {
                            Effect.Shake(effect.element);
                }})}
```

Zusätzlich zu den visuellen Effekten beinhaltet die Bibliothek Scriptaculous noch einige ausgereifte Objekte zur Realisierung der automatischen Vervollständigung von Texten in Eingabefeldern auf der Basis von Server-Informationen, für Drag and Drop und für das Umordnen von Folgen von Elementen per Drag and Drop, die an dieser Stelle jedoch nicht weiter vertieft werden können.

5.4 Weitere AJAX-Frameworks

Im Rahmen dieses Buches können wir keinen erschöpfenden Überblick über AJAX-Frameworks geben – schon deswegen nicht, weil nahezu jeden Tag ein neues erscheint. Sajax, Sarissa und Prototype sind allerdings drei Beispiele für Bibliotheken, die jeweils einen spezifischen Problembereich zu lösen versuchen: Server-Integration, Umgang mit XML-Dokumenten, Infrastruktur für die JavaScript-Programmierung.

Für den prospektiven Entwickler von AJAX-Anwendungen ist die bestehende (und weiter wachsende) Vielfalt an diesen Frameworks verwirrend. Ist bereits die Entscheidung für ein Entwicklungsframework gefallen, dann gibt es allerdings oft eine naheliegende Wahl: So wird im Zusammenhang mit *Ruby on Rails* wohl die Wahl auf Prototype fallen. Soll die Entwicklung in Java stattfinden, bietet sich z.B. *DWR* <http://getahead.ltd.uk/dwr/index> an; für .NET entwickelt Microsoft offenbar gerade ein Toolkit namens *Atlas*, scheint für den Dienst Hotmail aber auch ein Toolkit namens *FireAnt* zu haben.

Langfristig wird sich wegen des hohen Entwicklungs- und Testaufwands die Landschaft an Frameworks konsolidieren. Um Bestand zu haben, müssen die Autoren von AJAX-Toolkits nicht nur JavaScript-Bibliotheken entwickeln, sondern dabei auch Integrationsprobleme lösen von der Auswahl geeigneter Untermengen der immer weiter wachsenden Bibliotheken bis zu Fragen des Software-Erstellungsprozesses. In der AJAX-Gemeinde Wellen geschlagen haben hier die Ankündigungen rund um das Toolkit *Dojo*, das mittlerweile Version 0.1 erreicht hat <http://dojotoolkit.org/>. Eine (leider etwas lückenhafte) Übersicht über Toolkit-Entwicklungen findet sich in <http://www.ajaxpatterns.org/Ajax_Frameworks>.

5.5 Übungen

Übung 1

Das folgende HTML-Dokument enthält ein Spielfeld (in Form einer Tabelle) mit insgesamt 16 Feldern. Jedes der Felder (also jede Tabellenzelle) hat einen eindeutigen Bezeichner. Der vorgegebene JavaScript-Code verteilt Teile eines Bildes zufällig auf diese Felder, wobei ein Feld frei bleibt. Der Bezeichner des frei gebliebenen Feldes wird in der Variable *leer* gespeichert.

```html
<!DOCTYPE html PUBLIC "-//W3C//DTD HTML 4.01//EN">
<html>
  <head>
    <title>Schiebespiel</title>
    <meta http-equiv="Content-Type"
          content="text/html; charset=iso-8859-1">
    <script type="text/javascript"
            src="sarissa/sarissa.js"></script>
    <script type="text/javascript">
      var leer; // ID des leeren Feldes

      /* Die Funktion start() initialisiert das Spielfeld durch
       * zufaelliges Verteilen der 15 Objekte auf die Felder.
       */
      function start() {
        // Liste aller Feldnamen erstellen:
        var felder = new Array();
        for (var i = 0; i <= 15; i++) {
          felder[i] = "feld" + i;
        }
        // Die Zahlen von 1 bis 15 werden zufaellig auf 15 der 16
        // Felder verteilt, belegte Felder werden aus der Liste
        // geloescht:
        for (var i = 1; i <= 15; i++) {
          var position = Math.floor(Math.random() *
                                    felder.length);
          document.getElementById(felder[position]).innerHTML
                  = i;
          felder.splice(position, 1);
        }
        // Die letzte verbliebene ID bezeichnet das leer
        // gebliebene Feld:
        leer = felder[0];
        document.getElementById(leer).innerHTML = "";
      }
      /* Die Funktion schieben() verschiebt den Inhalt des Feldes
       * mit der angegebenen ID in das leere Feld.
       */
      function schieben(feld) {
        /*
         * Diese Funktion muss von Ihnen implementiert werden!
         */
      }
```

```
    </script>
    <style type="text/css">
      table {
        empty-cells: show;
        border-collapse: collapse;
      }
      td {
        border: 1px solid black;
        text-align: center;
        vertical-align: middle;
        width: 3em;
        height: 3em;
      }
    </style>
</head>
<body onload="start()")>
    <h1>Schiebespiel</h1>
    <table>
      <tbody>
        <tr>
          <td id="feld0" onclick="schieben('feld0')"></td>
          <td id="feld1" onclick="schieben('feld1')"></td>
          <td id="feld2" onclick="schieben('feld2')"></td>
          <td id="feld3" onclick="schieben('feld3')"></td>
        </tr>
        <tr>
          <td id="feld4" onclick="schieben('feld4')"></td>
          <td id="feld5" onclick="schieben('feld5')"></td>
          <td id="feld6" onclick="schieben('feld6')"></td>
          <td id="feld7" onclick="schieben('feld7')"></td>
        </tr>
        <tr>
          <td id="feld8" onclick="schieben('feld8')"></td>
          <td id="feld9" onclick="schieben('feld9')"></td>
          <td id="feld10" onclick="schieben('feld10')"></td>
          <td id="feld11" onclick="schieben('feld11')"></td>
        </tr>
        <tr>
          <td id="feld12" onclick="schieben('feld12')"></td>
          <td id="feld13" onclick="schieben('feld13')"></td>
          <td id="feld14" onclick="schieben('feld14')"></td>
          <td id="feld15" onclick="schieben('feld15')"></td>
        </tr>
```

```
        </tbody>
      </table>
      <p><a href="javascript:start()">Neustart</a></p>
    </body>
</html>
```

Abbildung 5.1 *Ausgangsposition*

Der Benutzer soll nun durch Anklicken eines gefüllten Feldes das darin stehende Teilbild in das jeweils gerade leere Feld verschieben können. Dazu sind bereits Event-Handler vorgegeben, die eine Funktion **speichern** mit dem Bezeichner des angeklickten Feldes als Argument aufrufen. Ihre Aufgabe ist es, den Inhalt dieser Funktion zu implementieren. Verwenden Sie dabei eine Funktion aus der Sarissa-Bibliothek dazu, den Inhalt von einem Feld in ein anderes zu verschieben. (Im Gegensatz zu dem Originalspiel werden die Teilbilder hier allerdings nicht per Drag and Drop verschoben, sondern bewegen sich beim Anklicken auf das einzige freie Feld, sofern der Spielzug erlaubt ist.)

Ziel dieses Spiels ist es, die Teilbilder in der richtigen Reihenfolge auf dem Spielfeld anzuordnen, siehe Abbildung 5.2 (Seite 152). Dabei dürfen nur Bildteile bewegt werden, die an das leere Feld angrenzen. Zu Beginn des Spiels sind die Fragmente des Bildes zufällig verteilt. Abbildung 5.1 (Seite 151) zeigt eine mögliche Ausgangsposition.

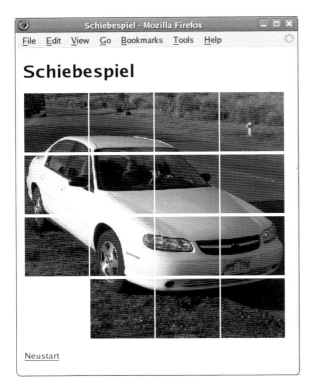

Abbildung 5.2 *Zielposition*

Einen Lösungsvorschlag finden Sie im Anhang E auf Seite 221.

Übung 2

Die Ersatzteil-Abteilung der AJAXWerkstatt möchte eine Übersicht über die verfügbaren Autoteile anbieten, die mit Prototype und Scriptaculous realisiert werden soll. Die Tabelle der Ersatzteile einer bestimmten Kategorie (etwa Autoradios) umfasst in jeder Zeile die Artikelnummer, eine Bezeichnung und den Einzelpreis.

Beim Anklicken einer Zeile werden zusätzliche Informationen eingeblendet, die mittels Ajax.Updater vom Server angefordert werden, sofern sie nicht bereits vorhanden

sind. Diese Informationen werden unterhalb der jeweiligen Zeile angezeigt, wobei folgende Zeilen entsprechend nach unten verschoben werden. Ein erneutes Anklicken der
betreffenden Zeile blendet die Zusatzbeschreibung wieder aus, Folgezeilen rutschen
entsprechend nach oben. Abbildung 5.3 (Seite 153) zeigt, wie die Oberfläche nach der
Anwahl eines Artikels aussehen könnte. (Natürlich können Sie für die Lösung der Übung
auf reale Testdaten verzichten.)

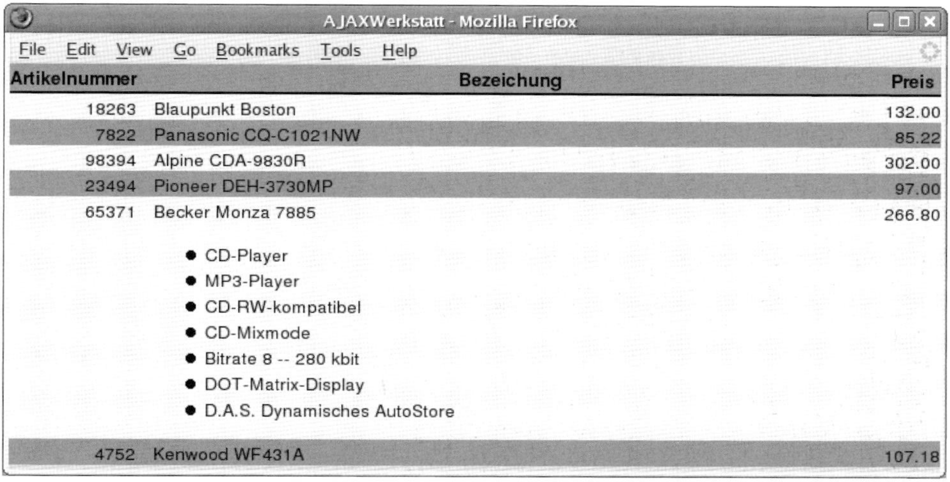

Abbildung 5.3 *Ersatzteilliste mit Zusatzinformationen über einzelne Artikel*

Die Kommunikation mit dem Server erfolgt über die HTTP-Methode GET, die einen URI-
Parameter id mit der Artikelnummer erhält. Das aufzurufende Skript liefert ein HTML-
Fragment mit einer textuellen Beschreibung des Artikels zurück, das vom
Ajax.Updater in das Ausgangsdokument eingefügt werden kann. Beispiel
5.13: „Aufbau einer Ersatzteilbeschreibung" (Seite 153) zeigt eine mögliche Antwort
des Servers.

Beispiel 5.13: Aufbau einer Ersatzteilbeschreibung

```
Autoradio
<UL>
  <LI>CD-Player</LI>
  <LI>MP3-Player</LI>
  <LI>CD-RW-kompatibel</LI>
  <LI>CD-Mixmode</LI>
  <LI>Bitrate 8 -- 280 kbit</LI>
  <LI>DOT-Matrix-Display</LI>
  <LI>D.A.S. Dynamisches AutoStore</LI>
</UL>
```

Das folgende PHP-Skript `artikel.php` kann zur Übermittlung der Tabellendaten an den Browser verwendet werden.

```php
<?php
  function response($code, $state, $body) {
    header("HTTP/1.0 $code $state");
    header("Content-Type: text/html ;charset=utf-8");
    echo $body;
  }
  function readArticle($fn) {
    if ($fh = @fopen($fn, "r")) {
      $result = fread($fh, filesize($fn));
      fclose($fh);
      return $result;
    } else {
      return false;
    }
  }
  function getDirectory($dir) {
    if (!is_dir($dir) || ($dh = opendir($dir)) === false)
      return false;

    while (($fn = readdir($dh)) !== false)
      if (! preg_match('/~$/',$fn))
        $result[] = $fn;
    return count($result) ? $result : false;
  }
  function parse($xml) {
    $patartikel =
      '/<Artikel[ \r\n\t]*\bnr[ \r\n\t]*=[ \r\n\t]*"([^"]*)"/';
    $patherst  = '/<Hersteller>([^<]*)<\/Hersteller>/';
    $patbez    = '/<Bezeichnung>([^<]*)<\/Bezeichnung>/';
    $patpreis  = '/<Preis>([^<]*)<\/Preis>/';

    if (preg_match($patartikel, $xml, $m))
      $result[0] = $m[1];
    if (preg_match($patherst, $xml, $m))
      $result[1] = $m[1];

    if (preg_match($patbez, $xml, $m))
      $result[1] .= " ".$m[1];
    if (preg_match($patpreis, $xml, $m))
      $result[2] .= $m[1];
    return $result;
  }
  function getContents($xml) {
    $patartikel =
```

```php
            '/<Artikel[ \r\n\t]*\bnr[ \r\n\t]*=[ \r\n\t]*"([^"]*)"/';
      $patb       = '/<Beschreibung>(.*)<\/Beschreibung>/s';
      if (preg_match($patartikel, $xml, $m))
        $result[0] = $m[1];

      if (preg_match($patb, $xml, $m))
        $result[1] = $m[1];
      return $result;
  }
$path = "../autoradio";
if ($_GET['id']) {
  if ( ($body = readArticle("$path/".$_GET['id'])) === false) {
    response("404", "Not found", "");
  } else {
    $c = getContents($body);
    response("200", "OK", $c[1]);
  }
} else {
  // article overview
  $dir = getDirectory("$path/");
  if ($dir) {
    header("Content-Type: text/xml ;charset=utf-8");
    echo <<<EOF
<table cellspacing="0" cellpadding="0" width="100%">
  <tr>
    <th width="1">Artikelnummer</th>
    <th width="600">Bezeichnung</th>
    <th width="1">Preis</th></tr>
EOF
      ;

    foreach($dir as $fn) {
      $data = readArticle("$path/$fn");
      if ($data && ($line = parse($data)))
        echo "<tr><td>".join("</td><td>",$line)."</td></tr>\n";
    }
    echo "</table>\n";
  }
}
?>
```

Einen Lösungsvorschlag finden Sie im Anhang E auf Seite 223.

6 Diskussion

Hochinnovative Anwendungen wie Goggle Maps und TiddlyWiki führen Entwicklern und Benutzern von webbasierten Anwendungen vor Augen, dass die Grenzen zwischen dem World Wide Web und der klassischen Desktop-Umgebung immer mehr verschwimmen. Neben den rein technischen Diskurs um Aspekte wie Sicherheit und Robustheit in diesem Umfeld hat auch eine Auseinandersetzung um die nachhaltige Nutzung neuer Technologien eingesetzt. Ein kurzer Überblick über Alternativen zu AJAX zeigt, dass sehr unterschiedliche Technologien ebenso wie AJAX die Integration von WWW und Desktop vorantreiben können. Die eigentliche Entscheidung über den erfolgreichen Einsatz neuer Entwicklungen fällt daher auch nicht mehr nur auf der technischen Ebene; vielmehr spielen soziale Faktoren wie die Unterstützung barrierefreier Anwendungen eine sehr wichtige Rolle bei der Bewertung neuer Technologien. AJAX wird sich dieser Herausforderung ebenfalls stellen müssen, daher muss schon heute bei der Entwicklung AJAX-basierter Anwendungen an die Anforderungen von morgen gedacht werden.

Nachdem in diesem Buch viele Vorteile von AJAX diskutiert wurden, ist es an der Zeit, die durchaus leistungsfähigen Alternativen zu AJAX anzusprechen. Dazu gehören unter anderem Entwicklungen wie *OpenLaszlo*, XAML und XUL, aber auch *Greasemonkey*. Die vielfältigen Ansätze zeigen, dass die Entwicklung in diesem Bereich keineswegs abgeschlossen ist. Statt dessen wird das Web der Zukunft neue Herausforderungen bereithalten, die mit den vorgestellten Technologien zu lösen sein werden. Einige dieser Herausforderungen werden wir in diesem Kapitel diskutieren, sozusagen als Ideengeber für weitere Projekte. Den Abschluss bildet eine kurzes Fazit, in dem das Für und Wider von AJAX noch einmal prägnant zusammengefasst wird.

6.1 Alternativen zu XMLHttpRequest

AJAX wird oft in einem Atemzug mit XMLHttpRequest genannt. Bereits in der Einführung zu AJAX haben wir die Vielzahl von weiteren Möglichkeiten angesprochen, aus einer Webseite heraus dynamisch Inhalte nachzuladen. In diesem Zusammenhang stellen wir Ihnen noch kurz die in der Entwicklung befindliche Load-/ Save-Spezifikation des W3C vor, die dazu entwickelt wurde, mittelfristig das Browserobjekt XMLHttpRequest zu ersetzen.

6.1.1 Iframes

Wie bereits die Betrachtung von `XMLHttpRequest` und Iframes verdeutlicht hat, bieten moderne Browser zahlreiche Möglichkeiten zum dynamischen Nachladen von Ressourcen. Im allgemeinen Fall wird das Attribut `src` eines Frame- oder Script-Elements wie beispielsweise `frame`, `iframe` oder `script` zur Laufzeit von einer JavaScript-Funktion verändert. Um einen `GET`-Request an einen Webserver abzusetzen, reicht oftmals die Manipulation des URIs in diesem Attribut aus. Ein `POST`-Request hingegen erfordert die (oft dynamische) Erzeugung eines Web-Formulars, das dann als Basis für den Request verwendet wird. Wie schon in Abschnitt 4.3 „Remote Scripting ohne XMLHttpRequest" (Seite 101) erläutert, ergibt sich hier das Problem der koordinierten Verarbeitung der Antwort des Servers. Verbreitete Lösungen setzen entweder voraus, dass der Server eine Callback-Funktion aufruft, die vom Client lokal definiert wurde, oder das dynamisch manipulierte Objekt wird in regelmäßigen Intervallen auf Änderungen untersucht. Frameworks wie JPSpan <http://jpspan.sourceforge.net> bilden diese Mechanismen wiederum auf das API von `XMLHttpRequest` ab, um eine einheitliche Schnittstelle für Entwickler von AJAX-basierten Anwendungen zu schaffen.

6.1.2 Die Load-/Save-Spezifikation im DOM, Level 3

Im Rahmen der Definition des DOM, Level 3, hat das W3C in 2004 mit der *Load and Save Specification* <http://www.w3.org/TR/DOM-Level-3-LS> eine Empfehlung veröffentlicht, die das dynamische Laden von XML-Dokumenten in einen Dokumentbaum und das dynamische Speichern von Teilbäumen als XML-Dokument beschreibt. Das DOM-Objekt `document` wird dazu um die Funktionen `load` und `write` für das Einlesen bzw. Schreiben der Dokumentteile erweitert. Beispiel 6.1: „Dynamisches Laden eines Dokuments gemäß DOM, Level 3" (Seite 157) verdeutlicht die Verwendung dieser Technik in einem modernen Browser.

Beispiel 6.1: Dynamisches Laden eines Dokuments gemäß DOM, Level 3

```
var doc = document.implementation.createDocument("",
                                "dummy", null);
doc.addEventListener("load", loadHandler, false);
doc.load("http://www.example.com/part.xml");
```

In diesem Beispiel wird ein leeres Dokument-Objekt angelegt und mit einem (hier nicht aufgeführten) Event-Handler `loadHandler` versehen, der nach dem abgeschlossenen Ladevorgang aufgerufen wird. Anschließend wird die Funktion **load** mit dem gewünschten URI als Argument aufgerufen, um das asynchrone Nachladen des angegebenen Dokuments zu beginnen. Sobald die Antwort des Servers vorliegt, ruft der Browser die Callback-Funktion **loadHandler** auf, in der weitere Verarbeitungsschritte definiert sein können.

Generell stellt der standardisierte Ansatz auf Basis des DOM nicht nur die übersichtlichste sondern auch die sauberste Möglichkeit zum Umgang mit dynamisch ausgetauschten Dokumentbestandteilen dar. Da dieser Ansatz vergleichsweise neu ist, kann für die meisten Browser allerdings keine Unterstützung dieser erweiterten Funktionalität vorausgesetzt werden. Bislang wird dieser W3C-Standard lediglich von Opera unterstützt, für Mozilla ist zumindest das asynchrone Laden von XML-Dokumenten angekündigt.

6.2 Alternativen zu AJAX

Kritiker von AJAX bemerken zu recht, dass diese Technologie weder neu ist noch besonders originell. Wie bereits Jesse James Garrett in [Garrett05] selbst einräumt, dient dieser Begriff im Wesentlichen als kurze Charakterisierung des aktuellen Stands der Technik. Obwohl dort XML-Technologien mittlerweile eine zentrale Rolle spielen, lassen sich auch weiterhin sehr ansprechende Anwendungen entwickeln, ohne dabei auf XML zurückzugreifen. In den meisten Fällen kommen dabei aber auch die Technologien zum Einsatz, die den eigentlichen Kern von AJAX ausmachen, vor allem die asynchrone Kommunikation über HTTP, clientseitige Skripte und die dynamische Manipulation von Stilangaben für Layoutobjekte. Ob die Repräsentation der Inhaltsinformation als XML-Dokument vorgenommen wird oder in einer anderen Form, ist dabei nahezu irrelevant.

Vor dem Hintergrund dieser Überlegungen stellen wir Ihnen in diesem Abschnitt einige technische Ansätze vor, die auf sehr unterschiedliche Weise versuchen, die Integration von Webbrowser und Desktop voranzutreiben. Wir beginnen mit einem Vergleich unterschiedlicher Beschreibungssprachen für Benutzungsschnittstellen als ein Aspekt, der in AJAX bislang noch nicht zufriedenstellend gelöst ist. Danach widmen wir uns noch einmal dem Einsatz von JavaScript mit dem Ziel, Webseiten besser an die eigenen Vorlieben anzupassen und mit neuer Funktionalität anzureichern.

6.2.1 XML-basierte Beschreibung von Benutzungsschnittstellen

Ein wesentlicher Aspekt von AJAX-basierten Anwendungen ist die Trennung von Navigation, Layout und Anwendungslogik, um so die Nachhaltigkeit und Wartbarkeit der zum Teil sehr umfangreichen Entwicklungsarbeit zu erhöhen. Nachdem sich durch den Einsatz von JavaScript, CSS und vor allem mit der asynchronen Kommunikation mittels XMLHttpRequest die Natur webbasierter Anwendungen grundlegend gewandelt hat, ist nunmehr ein Wildwuchs an neuartigen Benutzungsschnittstellen zu beobachten, der zu einer Verunsicherung bei den Nutzern dieser neuen Sites führen kann.

Dieser Abschnitt widmet sich einer Reihe von Beschreibungsmechanismen zur Entwicklung von Benutzungsschnittstellen, die teilweise mit sehr unterschiedlichen Technologien genau dieses Problem zu lösen versuchen. Die vorgestellten Ansätze sind alle XML-basiert und benutzen sehr ähnliche Vokabulare zur Beschreibung von Navigationsstrukturen. Darüber hinaus sind aber nur wenig Gemeinsamkeiten zu finden, da sich die jeweiligen Entwicklerteams bewusst voneinander abgrenzen wollten. Bei der Betrachtung wird aber auch deutlich, dass sich die AJAX-Philosophie der Trennung von Layout, Inhaltsinformation und Anwendungslogik in der *XML UI Language* dort besonders ausgeprägt wiederfindet, wo von Anfang an auf eine saubere Integration der Kerntechnologien XHTML und CSS in die neu entwickelte Beschreibungssprache geachtet wurde.

XML UI Language (XUL)

Im Rahmen der Entwicklung des Webbrowsers Mozilla entstand die *XML UI Language* (XUL) zur Beschreibung der Benutzungsschnittstelle des Browsers selbst. Ein wesentliches Entwicklungsmerkmal bei der Definition der Sprache war die Trennung folgender vier Aspekte:

- Navigationsstruktur,
- Aussehen von Dialogelementen,
- dynamisches Verhalten und
- Lokalisierung (Anpassung an Sprachen und Konventionen).

Durch diese Trennung wurde erstmals das Aussehen der Dialogelemente – auch innerhalb von Webseiten – von der Verarbeitungslogik und den lokal verwendeten Spracheinstellungen entkoppelt. Das „Look and Feel" einer webbasierten Anwendung kann so unabhängig vom verwendeten Window-Manager in die Systemumgebung eingepasst werden. Erweiterungsmodule brauchen sich nicht mehr um das

Diskussion

Aussehen von Dialogelementen zu kümmern, sondern müssen lediglich die Navigationsstruktur und die Anordnung der Elemente untereinander spezifizieren. XUL stellt dafür abstrakte Sprachelemente wie `button`, `text` oder `icon` zur Verfügung. Die Struktur des Menüs aus Beispiel 2.1: „HTML-Darstellung eines Menüs" (Seite 37) könnte in XUL aussehen wie in Beispiel 6.2: „Ein Beispielmenü mit XUL" (Seite 160) angedeutet.

Beispiel 6.2: Ein Beispielmenü mit XUL

```
<popup id="mainmenu">
    <menuitem label="Home"/>
    <menu label="Über uns">
      <menupopup>
        <menuitem label="Unternehmen"/>
        <menuitem label="Management"/>
        <menuitem label="Geschichte"/>
      </menupopup>
    </menu>
    <menu label="Dienstleistungen">
      <menupopup>
        <menuitem label="Autowäsche"/>
        <menuitem label="Bremsenprüfung"/>
        <menuitem label="Ölwechsel"/>
        <menuitem label="Lichttest"/>
      </menupopup>
    </menu>
    <menu label="Kontakt">
      <menupopup>
        <menuitem label="Postanschrift"/>
        <menuitem label="E-Mail-Formular"/>
        <menuitem label="Anfahrtskizze"/>
      </menupopup>
    </menu>
</popup>
```

Die Darstellung der so beschriebenen Dialogelemente erfolgt durch die Rendering-Engine des Mozilla-Browsers. Daher kann ein XUL-Dokument auch CSS-Stilangaben und XHTML-Elemente enthalten, die dann in die interne DOM-Repräsentation für das Dokument eingefügt werden. Dies ermöglicht auch die skriptbasierte Ereignisbehandlung und Manipulation der Darstellung wie aus AJAX-Anwendungen bekannt. Die Ereignisbehandlung erfolgt dabei gemäß dem DOM-Eventmodell, d. h. es können mit der Methode **addEventListener** beliebige Event-Handler zu einem Elementknoten hinzugefügt werden.

Mit der nahtlosen Integration von XUL mit den Kerntechnologien des WWW stellt XUL eine logische Fortführung der AJAX-Philosophie auf der Clientseite dar. Bislang unterstützen allerdings nur Browser auf der Basis von Gecko diese Beschreibungssprache; sie eignet sich also nicht als Grundlage für portable Webanwendungen. Eine einheitliche Entwicklung ist in diesem Bereich in nächster Zukunft auch nicht zu erwarten, da Microsoft mit XAML bereits erste Entwürfe für eine ähnliche Sprache zur Beschreibung von Benutzungsschnittstellen veröffentlicht hat. Dennoch ist es lehrreich, sich XUL einmal aus der Nähe anzusehen und eigene Gehversuche zu unternehmen. Im ersten Schritt ist dazu ein Browser wie Mozilla oder Firefox ausreichend. Für anspruchsvolle Anwendungen bietet das unter <http://luxor-xul.sourceforge.net> frei verfügbare *Luxor XUL Toolkit* einen Webserver mit Portalfunktionen und einer Template Engine für XUL-basierte Webseiten.

XML Application Markup Language (XAML)

Als Antwort auf XUL entwickelt Microsoft eine Beschreibungssprache mit dem Namen *XML Application Markup Language* (XAML). Entsprechend der Unternehmensphilosophie bietet XAML eine sehr enge Bindung an das *.NET*-Framework, wodurch sich externe Systemkomponenten auf einfache Weise in XAML-basierte Anwendungen integrieren lassen. Die Sprache selbst greift nur spärlich auf bestehende Standards zur Beschreibung von Layout oder Navigationsstrukturen zurück, sondern definiert neue Elementtypen, die weitgehend die Sprachmittel aus HTML und SVG nachempfinden. Eine kurze Übersicht über die Gemeinsamkeiten und Unterschiede bietet Nigel McFarlane in [McFarlane04].

Im Gegensatz zu HTML und SVG verzichtet XAML gänzlich auf die Nutzung von CSS zur Definition von Stilangaben, sondern setzt wie in der Frühzeit des WWW auf eine Fülle layoutspezifischer Elementtypen. Die Grundstruktur einer XAML-Spezifikation orientiert sich daher auch eher an den grafischen Objekten einer Benutzungsschnittstelle als an deren Struktur. Das Hauptaugenmerk von XAML liegt aber eher auf der Anwendungslogik, die in C# oder Visual Basic verfasst werden muss.

Da sich die Sprache noch in einem frühen Entwicklungsstadium befindet, lassen sich nur wenige gefestigte Aussagen treffen. Zwar stehen bereits Entwicklungsumgebungen zum Testen von XAML-Anwendungen zur Verfügung, auf breiter Basis wird diese Technologie aber wohl erst mit dem angekündigten Windows-XP-Nachfolger „Vista" (Arbeitstitel „Longhorn") verfügbar sein.

OpenLaszlo

Einen ähnlichen Ansatz wie XUL und XAML verfolgt Laszlo Systems <http://www.laszlosystems.com/> mit dem System *OpenLaszlo*. Mit OpenLaszlo können interaktive Anwendungen auf der Basis von Macromedia Flash erzeugt werden, die dann über das WWW verfügbar gemacht werden. Zur Betrachtung einer Laszlo-basierten Seite kann ein normaler Webbrowser eingesetzt werden, sofern dieser das proprietäre Macromedia Flash in der Version 5 oder höher unterstützt.

OpenLaszlo ist frei verfügbar und unterliegt der *Common Public License* (CPL), Version 1.0. Eine kurze Übersicht über den Umgang mit LZX ist zu finden <http://www.laszlosystems.com/lps/laszlo-in-ten-minutes/>. Nützlich ist der dort eingesetzte *LZX Explorer*, der eine interaktive Schnittstelle zum Testen vorgegebener und eigener Beispielspezifikationen bietet.

Den Kern des Systems bildet die XML-basierte Beschreibungssprache LZX, mit der das Layout einer Seite vorgegeben und das Verhalten beschrieben wird. Neben anderen XML-Technologien wie XPath und SOAP steht dabei auch JavaScript zur Definition von Objekt-Methoden und Funktionen zur Ereignisbehandlung zur Verfügung. Darüber hinaus bietet LZX eine Vielzahl an vordefinierten Elementtypen für Dialogelemente, zur grafischen Gestaltung der Anwendung und zur Einbindung fremder Medienobjekte wie Audiodateien und Videosequenzen.

Zur Illustration zeigt Beispiel 6.3: „Ein Beispielmenü mit LZX in OpenLaszlo" (Seite 162), wie das Menü aus Beispiel 2.1: „HTML-Darstellung eines Menüs" (Seite 37) in LZX aussehen könnte.

Beispiel 6.3: Ein Beispielmenü mit LZX in OpenLaszlo

```
<canvas height="230">
  <menubar width="120" >
    <menu text="Beispielmenü" width="120">
      <menuitem text="Home"/>
      <menuitem text="Über uns">
        <menu>
          <menuitem text="Unternehmen"/>
          <menuitem text="Management"/>
          <menuitem text="Geschichte"/>
        </menu>
      </menuitem>
```

```
        <menuitem text="Dienstleistungen">
          <menu>
            <menuitem text="Autowäsche"/>
            <menuitem text="Bremsenprüfung"/>
            <menuitem text="Ölwechsel"/>
            <menuitem text="Lichttest"/>
          </menu>
        </menuitem>
        <menuitem text="Kontakt">
          <menu>
            <menuitem text="Postanschrift"/>
            <menuitem text="E-Mail-Formular"/>
            <menuitem text="Anfahrtskizze"/>
          </menu>
        </menuitem>
      </menu>
    </menubar>
</canvas>
```

Auf den ersten Blick erscheint das Beispiel fast identisch mit der XUL-Variante. Der größte Unterschied besteht in der (hier nicht erkennbaren) stärkeren Gewichtung von JavaScript-Anteilen in LZX, während XUL gemäß der XML-Philosophie einen deskriptiven Ansatz verfolgt. Im Gegensatz zu XUL wird LZX auch nicht von einem Webbrowser interpretiert, sondern muss vor der Übertragung auf einen Webserver in das Flash-Format übersetzt werden.

Eine Besonderheit von LZX ist die Adaption von Konzepten objektorientierter Programmiersprachen. So können mit dem Elementtyp class neue Elementtypen mit bestimmten Eigenschaften definiert werden, die anschließend in dem Dokument zur Verfügung stehen oder von anderen Klassen geerbt werden können. Anders als eine Schemabeschreibungssprache bezieht sich die Klassendefinition aber auch auf veränderliche Größen des Elements wie die aktuelle Position oder weitere Stileigenschaften. Darüber hinaus können Objektmethoden definiert werden, deren Rumpf ein JavaScript-Fragment darstellt. Da jedes Element eine Entsprechung auf der JavaScript-Ebene hat, stehen diese Funktionen ebenfalls als Methoden des korrespondierenden Objekts in JavaScript zur Verfügung.

Im Vergleich mit AJAX bietet OpenLaszlo durch den Einsatz von Flash eine sehr interessante Alternative, da die Erzeugung von Benutzungsschnittstellen bereits in das Sprachkonzept integriert ist. Mit LZX lassen sich auf einfache Weise webbasierte Anwendungen erzeugen, in denen die Aspekte verschiebbare Fenster, „Drag and Drop", nebenläufige Aktualisierung und asynchrone Interaktion mit dem Benutzer bereits von Anfang an berücksichtigt wurden. Darüber hinaus steht die gesamte AJAX-Funktionalität in diesen Anwendungen zur Verfügung, da der JavaScript-Code clientseitig von dem Browser ausgeführt wird.

Zu den Nachteilen von OpenLaszlo gehört die Tatsache, dass Entwickler wiederum ein neues Vokabular erlernen müssen. Aufgrund zahlreicher Parallelen mit anderen Beschreibungssprachen für grafische Benutzungsschnittstellen stellt dies jedoch keine allzu große Hürde dar. Schwerwiegender ist die konzeptionelle Vermischung von Layoutspezifikation und Code zur Behandlung von Ereignissen, die durch den objektorientierten Ansatz bedingt ist. Im Gegensatz zu XUL erfolgt keine Trennung von Navigationsstruktur, Layout und Anwendungslogik, so dass LZX-Anwendungen erheblich schwerer zu warten sein dürften.

6.2.2 Greasemonkey

Während AJAX-basierte Anwendungen auf die Kooperation von Browserskript und serverseitiger Anwendung angewiesen sind, lassen sich natürlich auch zahlreiche nützliche Funktionen allein auf der Serverseite oder allein auf der Clientseite ausführen. Das klassische World Wide Web kennt vor allem serverseitige Skripte, d. h. die Steuerung der Anwendung erfolgt vom entfernten Ende der Kommunikationsbeziehung. Lokale nutzerspezifische Skripte erlauben es in manchen modernen Browsern, das übertragene Dokument unmittelbar vor und sogar während der Anzeige im Browser zu verändern und so die Kontrolle über die angezeigten Informationen zu übernehmen. Auf diese Weise können Webseiten konvertiert werden, es lassen sich gezielte Änderungen am Dokumentbaum vornehmen (etwa das Entfernen von Frames mit Anzeigen) oder es können Inhalte von anderen Sites hinzugefügt werden (Content Syndication).

Die Mozilla-Erweiterung *Greasemonkey* bietet einen sehr einfachen Mechanismus, nutzerspezifische Skripte zu Webseiten hinzuzufügen. Ein Skript muss dazu lediglich aus einer JavaScript-Funktion bestehen und mit einigen zusätzlichen Angaben versehen werden. Anschließend wird es mit der Endung `.user.js` im Dateisystem des lokalen Rechners gespeichert. Anhand von Beispiel 6.4: „Ein einfaches Greasemonkey-Skript" (Seite 165) soll im Folgenden die Verwendung von Greasemonkey-Skripten erläutert werden.

Beispiel 6.4: Ein einfaches Greasemonkey-Skript

```
// Fix Google Ads
// version 0.01
// Olaf Bergmann 2005-08-08
//
// -----------------------------------------------------------
//
// This is a Greasemonkey user script.
//
// To install, you need Greasemonkey:
//       http://greasemonkey.mozdev.org/
// Then restart Firefox and revisit this script.
// Under Tools, there will be a new menu item to
// "Install User Script".
// Accept the default configuration and install.
//
// To uninstall, go to Tools/Manage User Scripts,
// select "FixGAds", and click Uninstall.
//
// -----------------------------------------------------------
//
// ==UserScript==
// @name          FixGAds
// @namespace     http://example.com/user.js/ajax/
// @description   Remove Annoying Google Ads
// @include       http://*.google.*/*
// ==/UserScript==
(function() {
  var style = document.createElement("style");
  style.type = "text/css";
  style.innerHTML =
    'table[align="right"] {display: none ! important}';
  document.getElementsByTagName('head')[0].appendChild(style);
})();
```

Das Beispiel zeigt die Definition einer einfachen Funktion zum Unsichtbarmachen einer rechtsbündigen Tabelle in jeder Google-Seite. Die für das nutzerspezifische Skript wichtigen Informationen sind in dem Kommentar zu Beginn der Datei untergebracht. Es handelt sich dabei um die Angaben des Namens (@name), eines Namensraums für das Skript (@namespace), einer informellen Beschreibung (@description) und einer Angabe, auf welche URIs das Skript angewendet werden soll (@include).

Diskussion

Mit Hilfe dieser Angaben kann das Skript mit Greasemonkey installiert werden. Dazu ist als erstes das Greasemonkey-Plugin zu installieren, das unter <http://greasemonkey.mozdev.org/> bezogen werden kann. Anschließend wird das soeben angelegte Skript im Browser geladen. Wichtig ist dabei, dass die Datei auf .user.js endet, ansonsten wird sie nicht als Greasemonkey-Skript erkannt. Im Menüpunkt Tools wird nun der Eintrag Install User Script... ausgewählt. Es erscheint der in Abbildung 6.1 (Seite 166) gezeigte Dialog, der mit Drücken der Schaltfläche OK beendet wird.

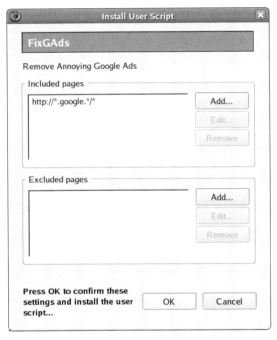

Abbildung 6.1 *Installation eines Greasemonkey-Skripts*

Anschließend ist das Skript aktiv und wird auf alle Webseiten angewendet, deren URI dem angegebenen Muster entspricht. Zur Überprüfung führen wir eine Google-Suche nach der Zeichenkette „ajax xml" durch. Abbildung 6.2 (Seite 167) zeigt das Ergebnis vor der Installation des Greasemonkey-Skripts. Auf der rechten Seite befindet sich eine Spalte mit unerwünschten Anzeigen. Wie in Abbildung 6.3 (Seite 167) zu sehen, wird diese Spalte von dem neu installierten Skript vor der Darstellung der Seite entfernt.

Abbildung 6.2 *Suchergebnis vor Installation des Greasemonkey-Skripts*

Abbildung 6.3 *Suchergebnis nach Installation des Greasemonkey-Skripts*

Das hier gezeigte sehr einfache Skript soll nur einen ersten Eindruck der Vielfältigkeit von Greasemonkey erwecken. Deutlich komplexere Skripte mit ernsthaftem Nutzen sind beispielsweise in dem Wiki <http://dunck.us/collab/GreaseMonkeyUserScripts> zu finden. Eine detaillierte Einführung in Greasemonkey findet sich in [Pilgrim05].

6.3 Neue Herausforderungen

Jenseits der eher technischen Auseinandersetzung darüber, was AJAX nun genau ist und wie sich eine AJAX-basierte Anwendung von einer sauber entworfenen klassischen Anwendung mit Remote Scripting unterscheidet, ist es sinnvoll, auch in diesem Zusammenhang auf die mittlerweile recht fruchtbare Diskussion über die Auswirkungen neuer Technologien auf die Gesellschaft einzugehen. Mit der rasanten Zunahme privater und öffentlicher Internetzugänge in der zweiten Hälfte der neunziger Jahre hat die Technologie-Folgenabschätzung auch das World Wide Web erreicht. Thematisiert wurde dabei vor allem der „Digital Divide" – die Kluft zwischen denjenigen, die über einen Zugang zum globalen Informationssystem verfügen, und denjenigen, denen dies aus technischen, finanziellen, politischen oder persönlichen Gründen versagt bleibt.

Entzündet hat sich der Diskurs an der Bezeichnung „Web 2.0", die den gegenwärtig beobachteten Wandlungsprozess vom klassischen WWW hin zu einem interaktiven, mit dem Desktop integrierten Informationssystem charakterisieren soll. Kritiker weisen gern auf die ebenfalls beträchtlichen Fortschritte der letzten Jahre hin, die mit der Einführung von XML und Anwendungen wie Googles hochwertiger Suchmaschine einhergingen [O'Reilly 05]. Demnach wäre der aktuell wahrgenommene Paradigmenwechsel nur ein kleiner Schritt in einer zusammenhängenden Kette einer stetigen Weiterentwicklung des World Wide Web. Unabhängig von der fachlichen Diskussion um die Korrektheit des verwendeten Begriffs hat sich die Bezeichnung „Web 2.0" für die neue Klasse von webbasierten Anwendungen jedoch schon in vielen Köpfen festgesetzt und wird daher auch weiterhin Bestand haben.

Neu ist allerdings die stärkere Berücksichtigung der gesellschaftlichen Auswirkungen, die die betrachteten Technologien mit sich bringen. So bietet AJAX viele Chancen zur Verbesserung bestehender Anwendungen und Anreize zur Kreation neuer Interaktionsmuster, die auf dem Weg zu einem interaktiveren, mehr auf die Kommunikation zwischen Menschen und in Gruppen hin orientierten Web wesentliche Beiträge leisten dürften. Gleichzeitig stellt AJAX Entwickler aber auch vor neue Herausforderungen, die bei aller Begeisterung über die gewonnene Freiheit berücksichtigt werden müssen. Häufige Kritikpunkte an AJAX sind neben den noch unklaren Auswirkungen auf die Entwicklungsaufwände zum einen die höhere Server-Last, die von den zahlreichen Mikro-Transaktionen hervorgerufen wird, und latente Sicherheitsprobleme durch die verstärkte Nutzung von JavaScript und gegebenenfalls ActiveX.

Zum anderen sind aber auch die Benutzungsschnittstellen einem Wandel unterworfen, der enorme Auswirkungen auf die Barrierefreiheit von Webseiten haben kann. So wurde TiddlyWiki in diesem Buch mehrfach als Beispiel für eine gelungene visuelle Benutzungsschnittstelle hervorgehoben. Da diese Effekte vorwiegend auf der Manipulation des DOM-Baums basieren, lässt sich die damit transportierte Information nicht besonders gut auf einem linearen Ausgabegerät wie z. B. einem Screenreader oder einer Braillezeile wiedergeben. Es ist daher sinnvoller, das neue Web weniger über die technischen Errungenschaften zu definieren, sondern mehr über den bewussten Einsatz der jeweils vorhandenen Möglichkeiten, um einen möglichst breiten Nutzerkreis erreichen zu können.

6.3.1 Barrierefreiheit und Robustheit von Anwendungen

Eine Auswirkung von AJAX wird eine Verschiebung der Marktanteile von proprietären Technologien wie Flash zugunsten standardbasierter Technologien sein. Funktionsbibliotheken wie *Prototype* oder *Sarissa* werden schnell in bestehende Entwicklungsumgebungen und Content-Management-Systeme integriert werden, so dass auch gelegentliche Nutzer für ihre Webseiten auf AJAX-basierte Effekte zurückgreifen können.

Allerdings bieten diese Werkzeuge nur eine begrenzte Unterstützung für den Entwicklungsprozess. Die Umsetzung von Nebenläufigkeit, Nutzerinteraktion und Barrierefreiheit bleibt weiterhin die Aufgabe des Entwicklers und wird teilweise durch den Einsatz von AJAX sogar noch komplizierter. So können gerade durch die Verwendung von Funktionsbibliotheken unsauber aufgebaute Webseiten entstehen, die die Zugänglichkeit nicht nur für Personen mit eingeschränkten Sehfähigkeiten oder kognitiven Beeinträchtigungen mindern, sondern auch für mobile Endgeräte wie Smartphones oder Palmtop Computer. Eine Braillezeile beispielsweise, wie sie Abbildung 6.4 (Seite 170) zeigt, erlaubt nur eine eindimensionale Darstellung des textuellen Inhalts einer Webseite. Jedes Zeichen wird dabei als erhabenes Muster dargestellt, das ein Zeichen in der nach Louis Braille benannten Kodierung repräsentiert und das mit den Fingerkuppen ertastet werden kann. Zusätzliche Knöpfe ermöglichen die Navigation auf der Seite und das Anwählen von Steuerungselementen. Ein barrierefreies Layout erfordert somit nicht nur eine konsistente logische Auszeichnung der Seite, sondern auch die Unterstützung von Tastaturkommandos, die die Interaktion mit der Maus ersetzen.

© 2005 Ralf Roletschek, http://www.roletschek.de

Abbildung 6.4 *Braillezeile*

Für AJAX-basierte Anwendungen besonders wichtig ist die Gestaltung des Verhaltens von Objekten auf einer Webseite. Die dynamischen Änderungen – vom Aufklappen einer Liste bis zu Fading-Effekten oder Drag and Drop – dürfen keine Informationen transportieren, die für das Verständnis des eigentlichen Inhalts der Seite benötigt werden. Dies vereinfacht gleichzeitig die Unterstützung von Browsern ohne AJAX-Funktionalität, da der Rückfall auf traditionelle Techniken ohne Informationsverlust automatisch gewährleistet ist.

Noch nicht zufriedenstellend gelöst ist die Integration von nebenläufigen HTTP-Transaktionen einer Webseite mit den Steuerelementen des Browsers. Einer der Hauptkritikpunkte in diesem Zusammenhang ist die unvorhergesehene Reaktion des Zurück-Knopfs, der nicht etwa die letzte Änderung auf der Webseite rückgängig macht, sondern zu der vorher besuchten Seite springt. Gerade für Anwendungen, in denen Daten persistent auf dem Server gespeichert werden sollen (z. B. Editoren in webbasierten Content-Management-Systemen), ergeben sich daraus weitreichende Konsequenzen, wenn eingegebene Daten automatisch an den Server übertragen werden: Ein Benutzer könnte annehmen, dass das Navigieren auf eine andere Seite die letzten Änderungen rückgängig macht. Dies ist aber nur dann der Fall, wenn der HTTP-Request zum Speichern der Daten noch nicht abgesetzt wurde. Andernfalls sind die Änderungen bereits am Server angekommen und gespeichert worden. Um Änderungen explizit zurückzunehmen, müsste eine AJAX-basierte Anwendung also einen Undo-Knopf vorsehen, wo traditionelle Anwendungen einen Save- oder Submit-Knopf hatten. Lösungen für diese Probleme werden die Erwartungen der Benutzer an die Funktionalität dieser Nutzungsschnittstellen-Bestandteile ausdrücklich steuern müssen.

6.3.2 Wie bewertet man den Erfolg AJAX-basierter Sites?

Mit dem Einsatz von AJAX-Technologien ergeben sich nicht nur weitreichende Folgen für das Anwendungsdesign, sondern auch die Evaluation des Effekts einer Site ist betroffen: Die deutlich höhere Zahl an HTTP-Transaktionen während des asynchronen Seitenaufbaus oder bei der nebenläufigen Aktualisierung führen zu einer Verfälschung der klassischen Nutzungsstatistik in Server-Logs – das Zählen von Seitenzugriffen („page views") anhand angefragter URIs liefert für AJAX-basierte Anwendungen keine repräsentativen Werte mehr.

Glücklicherweise bietet AJAX aber gleichzeitig auch die notwendigen Mechanismen, um erheblich genauere Profile über die Nutzer einer Site anzufertigen. Während klassische Anwendungen im WWW vor allem das Navigationsverhalten innerhalb einer Session auswerten konnten, erlaubt die asynchrone Kommunikation in AJAX-basierten Sites eine stetige Überwachung der Nutzeraktionen im Hintergrund. Der rege Datenaustausch zwischen Browser und Server hilft also, die erhobenen Daten über Verweildauer, Navigation innerhalb einer Seite oder gar Fehleingaben aufzuzeichnen und zeitnah an den Server zu übermitteln. Die Zuordnung zu einer Session erfolgt dabei ganz von selbst, da alle Transaktionen einer AJAX-basierten Webseite automatisch einer Session zugeordnet werden.

Natürlich ist die Sammlung dieser Daten wenig sinnvoll, solange keine aussagekräftigen Metriken bestehen, mit denen sich Nutzerverhalten und Qualität der Seite in Beziehung setzen lassen. Ein wichtiges Kriterium für sehr interaktive Seiten wie

Google Maps könnte zum Beispiel die Verweildauer auf der Seite sein. Weitere Anhaltspunkte könnten aber auch die Zahl der Tastendrücke sein oder die Häufigkeit des Abrufs einer bestimmten Funktion. Der Phantasie sind hier kaum Grenzen gesetzt und es ist nur eine Frage der Zeit, bis ausgereifte Profiling-Funktionen Eingang in die bestehenden AJAX-Frameworks gefunden haben werden.

6.4 Auf dem Weg zu einer AJAX-Kultur

Die rasante Entwicklung des WWW wurde wesentlich beschleunigt durch die Möglichkeit der Web-Entwickler, über die jeweils neuesten Ideen und ihre technische Realisierung voneinander zu lernen – das Web war nicht nur Verbreitungsplattform für die jeweils zu transportierenden Inhalte, sondern auch für seine eigene technologische Weiterentwicklung (Clay Shirky beschreibt diesen und andere Erfolgsfaktoren des Web eindrucksvoll in „View Source... Lessons from the Web's massively parallel development" <http://www.shirky.com/writings/view_source.html>). 1993 wusste noch niemand, was der richtige Stil für Webanwendungen sein würde – heute gibt es in der Webentwicklergemeinde klare Vorstellungen, wie Webanwendungen auszusehen haben und wie sie funktionieren müssen, man könnte von einer *Kultur* der Webanwendungen sprechen.

AJAX wird in den nächsten Monaten und Jahren dem gleichen Prozess unterworfen sein. Aber was wird sich als *AJAX-Kultur* herausbilden? Dieser Abschnitt soll einige Prognosen wagen; Innovationen, die noch auf uns zukommen, kann er natürlich nicht vorwegnehmen.

Sicher werden wir in ein paar Jahren viele der AJAX-Funktionen als selbstverständlich hinnehmen und immer weniger darüber nachdenken, dass sie durch AJAX-Technologie möglich wurden. Trotzdem lohnt es sich, einige Muster wahrzunehmen, die sich in den folgenden drei Feldern herausbilden: Funktionalität von Webanwendungen, Benutzerführung und Implementierungsaspekte.

6.4.1 Funktionalität von Webanwendungen

Eine wichtige Innovation haben wir bereits bei TiddlyWiki gesehen: *Microcontent*, also kleine Informationsblöcke, können durch wiederholte Benutzereingaben auf einer Seite angesammelt werden. Diese Informationsblöcke können wie bei Tiddly-

Wiki nebeneinander stehen, sie können aber auch in einer hierarchischen Beziehung stehen, so dass der Benutzer sich immer tiefer in bestimmte Inhalte „hineinbohrt". Auch Links müssen nicht mehr auf eine neue Seite führen, sondern können weitere Informationsblöcke auf der aktuellen Seite unterbringen.

Interaktionsmuster wie *Drag and Drop* machen bestimmte Aufgaben (hier das Anordnen von Bestandteilen in einer linearen Ordnung) sehr viel angenehmer als dies bis jetzt im Web möglich war. Aber auch auf die Benutzungsschnittstelle selbst hat *Drag and Drop* wieder eine Auswirkung: Seiten, die man als Benutzer nach Herzenslust umarrangieren kann und die ohne weitere Maßnahmen dann auch beim nächsten Abruf so aussehen, werden ein Standardmerkmal von Portal-ähnlichen Informationssammlungen.

Auf halbem Wege zwischen Funktionalität und Benutzerführung liegen die Eingabehilfen auf der Basis von Server-Information (vgl. die Lebendige Suche von *Google Suggest*, aber auch die entsprechenden Funktionen in Scriptaculous – die Demonstration zur Eingabe von E-Mail-Adressen zeigt nachdrücklich, wie der Benutzer durch Anzeige von kleinen Fotos der möglichen Empfänger in der Sicherheit und Schnelligkeit der Auswahl unterstützt werden kann).

Immer komplexere Seiten machen den Verlust der bisherigen Arbeit, wenn einmal der Computer des Benutzers abstürzt, umso schmerzhafter. Im klassischen Web konnte man (mit Ausnahme der immer noch nicht ganz ausgestorbenen Meldung „leider mussten Ihre Ergebnisse zwischenzeitlich gelöscht werden") oft an Zwischenergebnisse wiederanknüpfen. Backup-Funktionen (wie der Draft-Folder in *Google Mail*) sind für komplexe AJAX-Anwendungen unverzichtbar. Am besten sollte der aktuelle Stand auch ohne besondere Benutzeraktion regelmäßig zum Server übertragen werden, wohlgemerkt ohne dabei die eigentliche Aktion auszulösen, die vielleicht erst am Schluss eines komplexen Formulars steht.

6.4.2 Benutzerführung

Wie bereits besprochen wird die in der Klarheit des Übergangs von einer Webseite zur nächsten liegende Information für den Benutzer, dass sein Aktionswunsch verstanden wurde und jetzt ausgeführt wird, durch allerlei visuelle Effekte auf der nun länger angezeigten Seite ersetzt werden müssen. Dazu gehören die an „Morphing" erinnernden Übergangseffekte beim Erscheinen und Verschwinden von Inhalten, das kurze Markieren (z. B. durch gelben Hintergrund) bis hin zum „Kopfschütteln", das Scriptaculous mit `Effect.Shake` anbietet und das nach Ansicht der Autoren für Fehlersituationen reserviert bleiben sollte.

Seiten werden übersichtlicher, weil nur noch die notwendigen Teile immer sichtbar sind; Knöpfe und andere Eingabeelemente erscheinen, wenn man mit der Maus in die Nähe der manipulierbaren Objekte kommt (vgl. *Backpack* oder *TiddlyWiki*). Schließlich gibt es Knöpfe, die dazu dienen, einen Seitenbestandteil „aufzuschnüren", also die Eingabeelemente zu seiner Manipulation freizulegen.

Lebendige Formulare zeigen jeweils nur die Bestandteile, die im jeweiligen Zusammenhang von Interesse sind. Kartenreiter (*Tabs*) können zur weiteren Strukturierung beitragen (aber auch Vorgehensweisen wie *Drag and Drop* erschweren).

Unter Umständen ist es sinnvoll, bestimmte Interaktionen in Popup-artige Layout-Blöcke (`position: absolute`) zu verlagern, jedenfalls, wenn sie erledigt werden müssen, um weiterarbeiten zu können (modale Dialoge) und es wenig sinnvoll ist, für sie das Seitenlayout durcheinanderzubringen.

Auch andere unverzichtbare Benutzungsschnittstellen-Elemente aus Desktop-Anwendungen, wie Fortschrittsbalken, werden Eingang in AJAX finden. Wegen der Asynchronität der Server-Interaktion können jedoch noch weitere subtile Mitteilungen erforderlich werden, z. B. Aussagen über die Frische der jeweils angezeigten Information (etwa über langsam verblassende Farbeffekte).

6.4.3 Implementierungsaspekte

Die Interaktion zwischen Server und Browser wird feingliedriger. So müssen Server und Browser sich darüber verständigen, welche Informationen aus dem Cache des Browsers verwendet werden können und wo eine erneute Anforderung vom Server erforderlich ist. Auch innerhalb einer AJAX-Anwendung kann der Aufbau eines Cache bestimmte Aktionen beschleunigen.

Die Frage, wie oft man auf eine Benutzereingabe, die vielleicht eine spezifischere Anfrage ermöglicht, mit einer erneuten Serveranfrage reagiert, ist nicht leicht zu beantworten; eine neue Anfrage bei jedem Tastendruck könnte bei einem Dienst wie *Google Suggest* zu einem Stau von Anfragen schon auf der Client-Seite führen. Besser ist es, mit einer weiteren Anfrage zu warten, bis die vorige beantwortet ist, oder zumindest die Anzahl gleichzeitiger Anfragen zu beschränken. Eine andere Möglichkeit ist es, nach einer Benutzereingabe einen Timer zu starten und kurz (z. B. 100 ms) zu warten, bevor man die Anfrage absendet, in der Hoffnung, auf der

Basis weiterer Benutzereingaben dann gleich eine spezifischere Anfrage stellen zu können. Kombinationen dieser Vorgehensweise sind natürlich ebenfalls möglich.

Umgekehrt kann es auch beim Hochladen von Benutzereingaben zum Server zu Staus kommen. Auch hier bietet es sich an, eine erneute Anfrage erst zu stellen, wenn die vorige beantwortet wurde, sowie evtl. weitere Wartezeiten im Bereich einiger hundert Millisekunden zu integrieren, um die Anfragerate beherrschbar zu halten.

Soll eine Seite stets aktuelle Information anzeigen, so können Browser die Server über regelmäßiges „Polling" nach neuer Information abfragen, so wie wir es in der Presence-Aufgabe gemacht haben. Innovative Möglichkeiten, „Push" (also das asynchrone Versenden neuer Informationen vom Server zum Client) auch ohne regelmäßige Abfrage (*Polling*) zu realisieren, werden die Interaktivität weiter verbessern. So kann eine HTTP-Verbindung einfach offen gehalten werden (Zustand 3/ „INTERACTIVE" von XMLHttpRequest); sobald es neue Informationen gibt, sendet der Server sie auf der offenen Verbindung, was zum Aufruf der *onreadystatechange*-Funktion im Browser führt. Gegenwärtige Webserver haben damit allerdings ihre Schwierigkeiten, und die Skalierung auf hunderttausende von Benutzern ist nicht einfach.

Unabhängig von der verwendeten Technologie – sei es AJAX, DHTML oder eine andere Mode-Erscheinung – werden webbasierte Anwendungen noch lange Zeit auf browserspezifische Besonderheiten Rücksicht nehmen müssen, um reibungslos auf möglichst vielen Plattformen nutzbar zu sein. Kompatibilitätstests und das sogenannte „Feature sniffing" gehören zum Alltag eines Web-Designers genauso wie für den Entwickler von clientseitigen JavaScript-Funktionen. Mit AJAX wird das Entwickeln von Web-Anwendungen also nicht besser, aber die bestehenden Gemeinsamkeiten werden systematischer genutzt und neue Anwendungsideen generiert.

Ein besonders trauriger Aspekt in diesem Zusammenhang sind die Implementierungsfehler in der Speicherverwaltung, die zu *Memory Leaks* führen. JavaScript verfügt eigentlich über eine automatische Speicherverwaltung, aber die verschiedenen Implementierungen sind in dieser Hinsicht nicht perfekt: Wiederholte Erzeugung von Objekten und Benutzung dieser Objekte in einer bestimmten Weise führt zum Anwachsen des Speicherbedarfs des Browsers (bis er irgendwann durch Speicher-Thrashing kaum noch benutzbar ist oder aus Speichermangel sogar abstürzt). Besonders Internet-Explorer ist für Probleme in diesem Bereich berüchtigt. Tools wie *Drip* <http://www.outofhanwell.com/ieleak/> versuchen, JavaScript-Praktiken zu finden, die diese *Speicherlecks* auslösen. Hoffnungsvoll stimmt, dass moderne JavaScript-Bibliotheken die Herausforderung annehmen und Implementierungstechniken entwickeln, die diese Bugs weitgehend umschiffen (vgl. „Fixing JavaScript memory leaks for good", <http://talideon.com/weblog/2005/03/js-memory-leaks.cfm>).

Wie am Ende des vorigen Kapitels erwähnt werden zukünftige AJAX-Frameworks mehr Augenmerk auf den ganzen Entwicklungsprozess legen müssen, also z.B. auch auf Simulation und automatisches Testen, Debugging, Visualisierung von Systemstrukturen, Diagnose von Client-Server-Verkehr, Aufzeichnung etc. Vielleicht kommt es in manchen Toolkits sogar zu teilautomatisierten Hilfen bei der „Ajaxifizierung" alter Anwendungen.

6.5 Fazit

In diesem Buch haben Sie AJAX (*Asynchronous JavaScript and XML*) kennengelernt, eine Technologie, mit der sich webbasierte Anwendungen interaktiver und damit flüssiger gestalten lassen als im klassischen WWW. Obwohl die technischen Grundlagen von AJAX schon seit einigen Jahren verfügbar sind, trat die Kombination von skriptbasierten DOM-Manipulationen und asynchroner Kommunikation zwischen Browser und Server erst im Jahr 2005 mit zukunftsweisenden Anwendungen wie *Google Maps* oder *Backpack* verstärkt in das öffentliche Bewusstsein.

Diese späte Euphorie über Technologien, die eigentlich schon lange bekannt sind, verdankt AJAX vor allem der fortschreitenden Konsolidierung der W3C-Standards, die sich als Vereinheitlichung der Browserplattformen äußert. Dadurch können portable Anwendungen auf der Basis zukunftsweisender Standards entwickelt werden, die die Leistungsfähigkeit klassischer Desktop-Anwendungen mit der Informationsfülle eines weltweiten Informationssystems verknüpfen. Neuartige Benutzungsschnittstellen und Interaktionsmuster sind im Entstehen und regen die Phantasie von Nutzern und Entwicklern gleichermaßen zur Erschaffung neuartiger Anwendungen an.

Damit zeigt sich, dass die Stärken von AJAX vor allem im Zusammenspiel unterschiedlicher Technologien liegen, deren Kombination neue Anwendungsmöglichkeiten erschließt. Dabei ergeben sich zwangsläufig einige Änderungen im Umgang mit webbasierten Anwendungen, an die sich sowohl Nutzer als auch Entwickler werden gewöhnen müssen – neuartige Benutzungsschnittstellen, erweiterte Formen der Interaktion, detailliertere Profilbildung. Bei genauerem Hinsehen zeigt sich allerdings auch, dass hier ein von AJAX weitgehend unabhängiger Paradigmenwechsel stattfindet: Die Basis-Technologien sind es, die heute diesen neuartigen

Umgang mit den bestehenden Systemen ermöglichen. „AJAX" stellt nur den Begriff, um die Entwicklung leichter in Worte fassen zu können.

6.6 Übungen

Übung 1

Zu den Stärken von AJAX gehört die dynamische Änderung von HTML-Formularen, um nicht benötigte Felder auszublenden oder vorgegebene Optionen an den aktuellen Datenbestand anzupassen. Um dies zu realisieren, wird im ersten Schritt das vollständige Formular übertragen und eine sinnvolle Voreinstellung angezeigt. Mit Hilfe von Event-Handlern für Formularfelder können dann davon abhängige Felder nach Bedarf ein- oder ausgeblendet werden.

Für unsere fiktive Autowerkstatt soll nun eine Gebrauchtwagenbörse realisiert werden. Das Formular dafür zeigt Abbildung 6.5 (Seite 178), eine ausführliche Beschreibung der Benutzungsschnittstelle finden Sie im Anschluss.

Überlegen Sie, welche Probleme sich durch solche Benutzungsschnittstellen ergeben können, wenn die Webseite auf Endgeräten mit sehr eingeschränkten oder gar keinen Möglichkeiten zur visuellen Ausgabe dargestellt werden soll. Welche Lösungen wären denkbar?

Das Formular ist in drei Bereiche eingeteilt. Die beiden oberen Bereiche dienen zur Angabe von Eigenschaften, die das gesuchte Fahrzeug aufweisen soll. Nicht ausgefüllte Felder stehen für beliebige Werte. Einige Felder haben Abhängigkeiten untereinander. Wird beispielsweise im Feld Leistung Untergrenze ein Wert für die gewünschte Motorleistung ausgewählt, dann wird die Auswahlliste für die Obergrenze so angepasst, dass kein niedrigerer Wert gewählt werden kann.

Die Anwendung nutzt asynchrone Kommunikation mit dem Server, um mögliche Ergebnisse direkt nach der Änderung eines Feldes mitzuteilen. So werden zu einer eingegebenen Kombination aus Marke und Modell beispielsweise nur die vorhandenen Motorleistungen angeboten. Andere Werte erscheinen nicht in der Liste der möglichen Auswahlen. Ebenso werden Ausstattungsmerkmale nur dann angeboten, wenn überhaupt Fahrzeuge mit diesen Merkmalen in der Datenbank aufgefunden werden. Felder, in denen freie Eingaben möglich sind, werden nach jeder Änderung auf Plausibilität überprüft. Im Falle eines Fehlers wird eine entsprechende Meldung im unteren Bereich ausgegeben.

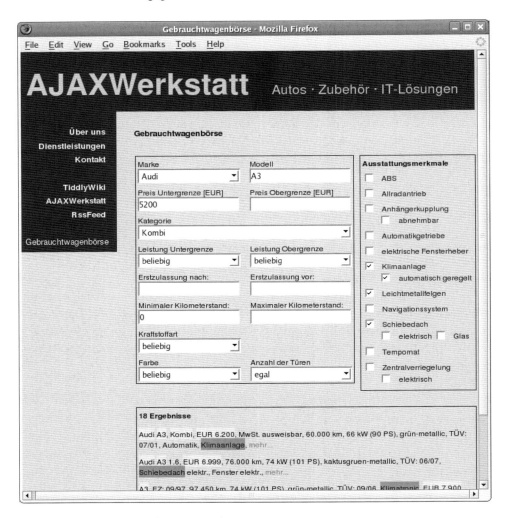

Abbildung 6.5 *Ein interaktives Formular*

Während der Eingabe werden die Resultate der Suche in dem unteren Bereich aufgeführt. Dazu überwacht ein Event-Handler die Eingabefelder und sendet nach einer kurzen Zeit der Inaktivität oder einem Wechsel des Fokus im Hintergrund eine entsprechende HTTP-Anfrage an den Server. Die gesuchten Eigenschaften sind in der Ausgabe farbig markiert, wobei für die Ausstattungsmerkmale eine andere Farbe verwendet wird als für die Basisangaben.

Einen Lösungsvorschlag finden Sie im Anhang E auf Seite 227.

Übung 2

Schreiben Sie ein JavaScript-Programm zur Protokollierung von Nutzereingaben in einem webbasierten Formular wie zum Beispiel Abbildung 6.5 (Seite 178). Einen Auszug aus dem Formular zeigt Beispiel 6.6: „Auszug aus einem webbasierten Formular" (Seite 180). Informationen über die Änderung von Formularelementen sollen in regelmäßigen Abständen überprüft und mittels XMLHttpRequest an einen Server gesendet werden. Verwenden Sie dazu das Objekt Form.Observer aus der Prototype-Bibliothek, das zur Überwachung von Änderungen in Formularelementen dient. Dem Konstruktor müssen drei Argumente übergeben werden, nämlich der Bezeichner des betreffenden Formulars, das Überwachungsintervall in Sekunden sowie eine Callback-Funktion, die immer dann aufgerufen wird, wenn ein Formularelement geändert wurde. Als Argumente werden der Callback-Funktion beim Aufruf das überwachte Element und der geänderte Wert übergeben. In diesem Fall handelt es sich dabei um eine Zeichenkette mit den relevanten Feldern des Formulars in einer für POST-Anfragen geeigneten Darstellung.

Serverseitig können Sie das in Beispiel 6.5: „Serverskript zur Speicherung von Tracking-Daten" (Seite 179) gezeigte PHP-Skript zur Verarbeitung von Session-spezifischen Daten einsetzen. Es speichert die empfangenen Daten für jede Session in einer eigenen Datei. Ein zusätzlicher Zeitstempel ermöglicht die Auswertung der Verweildauer.

Beispiel 6.5: Serverskript zur Speicherung von Tracking-Daten

```php
<?php
  header("HTTP/1.0 204 No Content");
  session_start();
  function implode_with_key($assoc, $inglue='=',$outglue='&')
  {
    $return = null;
    foreach ($assoc as $tk => $tv)
      $return .= $outglue.$tk.$inglue.$tv;
    return substr($return,1);
  }
  function writeData($fn, $data) {
    if ( ($handle = fopen($fn, 'a')) === false)
      return false;
```

179

Diskussion

```php
    $res = fwrite($handle, $data);
    fclose($handle);
    return $res;
  }
  writeData("../trackdata/".session_id(),
            time().": ".implode_with_key($_POST)."\n");
?>
```

Beispiel 6.6: Auszug aus einem webbasierten Formular

```html
<!DOCTYPE html PUBLIC "-//W3C//DTD HTML 4.01//EN">
<html>
  <head>
    <title>Gebrauchtwagenbörse</title>
    <script type="text/javascript" src="prototype.js"></script>
    <script type="text/javascript" src="track.js"></script>
  </head>
  <body>
    <!-- ... -->
    <form enctype="application/x-www-form-urlencoded"
      method="get" action="/scripts/kfzSuche" id="suche">
      <table>
        <tbody>
          <tr>
            <td valign="top">
            <table style="border: 1px solid; margin-right:0.4em;"
                width="100%">
                <tbody>
                  <tr>
                    <td>Marke<br>
                      <select id="sr_marke" name="sr_marke"
                              size="1">
                        <option value="0">alle</option>
                        <option value="1">Alfa Romeo</option>
                        <option selected="selected" value="2">
                          Audi</option>
                        <option value="3">BMW</option>
                        <!-- ... -->
                        <option value="66">VW</option>
                      </select>
                    </td>
                    <td>Modell<br>
                      <input maxlength="20" value="A3"
                          id="sr_model" name="sr_model"
```

```
                       size="13" type="text">
            </td>
          </tr>
          <!-- ... -->
        </tbody>
      </table>
    </td>
    <td valign="top">
      <table style="border: 1px solid; width:180px"
      width="100%">
        <tbody>
          <tr>
            <td style="border: none; font-weight: bold;"
            colspan="3">Ausstattungsmerkmale</td>
          </tr>
          <tr>
            <td colspan="3">
              <input value="1" name="abs"
                type="checkbox">ABS
            </td>
          </tr>
          <!-- .... -->
          <tr>
            <td align="right" valign="top">
              <input value="" name="search" src="suchen"
              type="image">
            </td>
          </tr>
        </tbody>
      </table>
    </td>
  </tr>
</tbody>
    </table>
  </form>
</body>
</html>
```

Einen Lösungsvorschlag finden Sie im Anhang E auf Seite 227.

Anhang A: Werkzeuge für die Arbeit mit SGML und XML

Ähnlich wie mit einem Compiler die Syntax von Programmcode überprüft wird, ermöglichen SGML-Parser die Prüfung von Dokumenten auf Konformität mit einer bestimmten (DTD). Folgende Übersicht zeigt eine kleine Auswahl von Werkzeugen, die zur Validierung von HTML-Dokumenten eingesetzt werden können:

xmllint

> *xmllint* ist ein generischer XML-Prozessor, mit dem sich XML-Dokumente auf Wohlgeformtheit und Übereinstimmung mit einem vorgegebenen Dokumenttyp DTD überprüfen lassen. Das Programm basiert auf der Bibliothek `libxml2` <http://xmlsoft.org> des Gnome-Projekts <http://gnome.org> und ist zu beziehen über <ftp://xmlsoft.org>. In vielen Linux-Distributionen ist diese Bibliothek wie auch *xmllint* bereits vorhanden, da sie von zahlreichen Programmen unter Linux intensiv genutzt wird.

HTML Validation Service des W3C

> Einen Online-Dienst zur Validierung von HTML-Dokumenten bietet das World Wide Web Consortium unter <http://validator.w3.org> an. In einem einfachen Web-Formular kann der URI einer öffentlich zugreifbaren Webseite angegeben werden, um das betreffende HTML-Dokument auf Korrektheit zu überprüfen. Für Dokumente, die nicht über einen Webserver bereitgestellt werden können, bietet das Fornular außerdem die Möglichkeit zum temporären Upload für die Dauer der Prüfung. So lassen sich auch lokale Dateien schnell und unkompliziert validieren.

> Die Ergebnisse der Syntaxprüfung werden mit zahlreichen Hinweisen auf den Standard zur jeweils benutzten HTML-Version ausführlich erläutert. Eine ausgefeilte Heuristik dient dazu, auch fehlerhafte Dokumenttyp-Deklarationen weitgehend auszuwerten und so eine Version des HTML-Standards für das betreffende Dokument auszuwählen, die dem Dokument am nächsten kommt. Einige Optionen können überschrieben werden, um ein bestimmtes Verhalten des Parsers zu erzwingen, etwa um gegen eine bestimmte HTML-DTD zu prüfen, auch wenn die Heuristik eine andere Version wählen würde.

Als zusätzlichen Service bietet das W3C auch einen CSS-Validator unter <http://jigsaw.w3.org/css-validator/validator-uri.html>. Damit lässt sich nicht nur die grundsätzliche syntaktische Korrektheit von Stylesheets überprüfen, sondern es werden auch hilfreiche Hinweise über den semantisch korrekten und sinnvollen Einsatz von CSS gegeben.

onsgmls

Der SGML-Parser *onsgmls* basiert auf dem Kern des älteren, nicht mehr erweiterten Allzweck-Werkzeugs *nsgmls* von James Clark. Mittlerweile hat eine internationale Entwicklergemeinde die Weiterentwicklung dieses Programms übernommen, das nun als Teil von *OpenJade* unter <http://openjade.sourceforge.net> bezogen werden kann. Die eigentliche Funktion von *onsgmls* ist die Erzeugung einer normalisierten Sicht auf ein SGML-Dokument, und daher verfügt es natürlich auch über eine leistungsfähige Validierungskomponente. Mit der Angabe einer SGML-Deklaration für XML, die der Distribution beigefügt ist, lassen sich auch fast alle XML-Dokumente reibungslos verarbeiten.

Syntaxgesteuerte Editoren

Zahlreiche syntaxgesteuerte Editoren bieten nicht nur Unterstützung bei der Erstellung von HTML-Dokumenten, sondern verfügen auch über eine Funktion zur Validierung dieser Dokumente. Ein sehr leistungsfähiger Editor dieser Art ist *GNU Emacs*, der über <http://www.gnu.org/software/emacs/emacs.html> bezogen werden kann. In den letzten Jahren sind im XML-Umfeld zahlreiche weitere Editoren mit guter Unterstützung für logisch ausgezeichnete Dokumente hinzugekommen, unter anderem *XMLSpy* der Firma Altova, erhältlich unter <http://www.altova.com>.

tidy

Annähernd korrekte HTML-Dokumente können mit dem Programm *tidy* <http://tidy.sourceforge.net> korrigiert werden. So lassen sich größere Sammlungen bestehender Dokumente automatisch in sauberes HTML wandeln – eine wertvolle Hilfe, wenn ältere Skripte in neue Anwendungen übernommen werden sollen, ohne sie komplett zu überarbeiten.

Diese Liste zeigt natürlich nur einen sehr kleinen Ausschnitt der verfügbaren Werkzeuge, die teilweise auch einen wesentlich größeren Funktionsumfang bieten. So stehen beispielsweise sowohl für SGML als auch für XML neben DTDs noch weitere Techniken zur Beschreibung des Dokumentaufbaus zur Verfügung, die wir hier aber vernachlässigen wollen, da sie von den meisten Webbrowsern nicht unterstützt werden. Eine detaillierte Einführung in diese Thematik bietet die Buchreihe zur

Extensible Markup Language (XML), erschienen bei TEIA AG – Internet Akademie und Lehrbuch Verlag, die neben dem nötigen Grundlagenwissen auch den Einsatz von XML in der Praxis erläutert.

Anhang B: Werkzeuge für die Arbeit mit JavaScript

Unabhängig von der verwendeten Programmiersprache besteht eine wesentliche Aufgabe bei der Anwendungsentwicklung aus dem Testen des geschriebenen Codes und der Fehlersuche. Während der Programmcode im Prinzip mit jedem Texteditor verfasst werden kann, werden für die weiterführenden Aufgaben speziell auf die Sprache abgestimmte Programme benötigt. In diesem Anhang geben wir Ihnen einige Anhaltspunkte zur Auswahl entsprechender Werkzeuge. Neben einem Editor für die syntaxgesteuerte Entwicklung von Programmcode betrifft dies insbesondere die Überprüfung von interpretiertem Programmcode und die Fehlersuche zur Laufzeit.

Syntaxgesteuerte Editoren

Ein wesentliches Werkzeug zur Entwicklung von JavaScript-Programmen ist ein syntaxgesteuerter Editor wie z. B. *GNU Emacs* <http://www.gnu.org/software/emacs/emacs.html>. Zur Unterstützung von JavaScript stehen zahlreiche Modi zur Verfügung, die zum größten Teil auf einem generischen Modus für verschiedene Programmiersprachen beruhen. Der JavaScript-Modus *javascript-mode* ist zu finden unter <http://cvs.xemacs.org/viewcvs.cgi/XEmacs/packages/xemacs-packages/prog-modes/javascripmode.el> und basiert auf dem Modus für C++, der in den meisten Installationen bereits enthalten ist. Um diesen Modus automatisch mit dem Laden von JavaScript-Dateien zu starten, können Sie folgende Zeilen in ihrer Emacs-Konfigurationsdatei (typischerweise im Heimatverzeichnis unter .emacs zu finden) einbinden:

```
(setq auto-mode-alist
      (cons '("\\.js$" . javascript-mode)
      auto-mode-alist))
(autoload 'javascript-mode "javascript-mode")
```

Wem Emacs zu mächtig erscheint, kann natürlich auch auf leichtgewichtigere Editoren zurückgreifen. Für Microsoft Windows bieten unter anderem die frei verfügbaren Editoren *Crimson* <http://crimsoneditor.com> und *PSPad* <http://www.pspad.com> Unterstützung für die Entwicklung von JavaScript-Code.

Statische Syntaxprüfung

Als interpretierte Sprache ist JavaScript anfällig für Fehler, die sich erst zur Laufzeit offenbaren. Das Testen von interaktiven Anwendungen auf der Basis von JavaScript ist daher sehr zeitintensiv. Um syntaktische Fehler und Konstrukte mit unerwünschten Seiteneffekten zu vermeiden, sollte daher eine statische Code-Prüfung mit dem Programm *JSLint* vorgenommen werden. Unter <http://www.jslint.com> finden Sie ein Formular, in das Sie das eigene Skript zur Überprüfung hineinkopieren können. Für komplexere Anwendungen können Sie das in JavaScript verfasste Programm *JSLint* über diese Seite auch im Quellcode beziehen und gezielt aus dem eigenen Code heraus aufrufen.

Fehlersuche zur Laufzeit

Programmieren ist ein iterativer Prozess, der selten fehlerfrei abläuft. Leider unterstützen nur wenige Browser die systematische Suche nach Fehlern im JavaScript-Code. Am besten eignen sich hier Mozilla und Firefox, die zumindest eine sogenannte JavaScript-Konsole anbieten, in der Fehlermeldungen angezeigt werden und einfache JavaScript-Ausdrücke zur Laufzeit ausgewertet werden können. Es bietet sich daher an, neue Programmmodule erst in einem dieser Browser zu testen, um Fehler in der Anwendungslogik weitgehend ausschließen zu können. Jedes Modul sollte dann auf anderen Browsern, insbesondere im Internet Explorer, getestet werden. Der Einsatz von portablen Funktionsbibliotheken hilft den Portierungsaufwand zu minimieren.

In vielen Fällen sind die aufgetretenen Fehler nicht auf den ersten Blick nachvollziehbar. Programmentwickler sind daher auf systematisches Testen und Analyse durch Auskommentieren von Programmteilen angewiesen. Einige Tips hierzu liefert Jan Winkler in [Winkler 05]. Eine wichtige Hilfe bietet auch die *JavaScript Shell*, zu finden unter <http://www.squarefree.com/shell/>. Besonders nützlich ist die *Bookmarklet*-Version für Firefox, die den direkten Zugriff auf die JavaScript-Variablen einer Seite ermöglicht: Man installiert den auf der Seite angegebenen Link als Bookmark; sobald man auf einer zu untersuchenden Seite genauer hinsehen möchte, ruft man diesen Bookmark auf und erhält ein weiteres Fenster, in dem JavaScript-Anweisungen als Kommandos eingegeben werden können, siehe Abbildung B.1 (Seite 187).

Abbildung B.1 *Verwendung der JavaScript Shell als Bookmarklet in Firefox*

Eine gute Ergänzung dazu bildet der Quellcode-Viewer *View formatted source* von Felix Ritter, mit dem sich der gesamte Dokumentbaum zur Laufzeit anzeigen lässt. Anders als mit der JavaScript-Konsole können so auch dynamische Änderungen des DOM nachvollzogen werden. Abbildung B.2 (Seite 187) zeigt, wie die in der JavaScript-Shell manuell hinzugefügten Stileigenschaften in den DOM übernommen wurden. Der Quellcode-Viewer ist als Firefox-Erweiterung unter <https://addons.mozilla.org/extensions/> verfügbar.

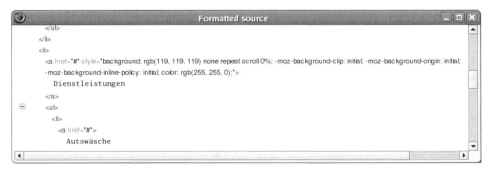

Abbildung B.2 *Ein Quellcode-Viewer in Firefox*

Für eine einfache Analyse des Programmablaufs reichen oft schon ein paar einfache Debugausgaben in den entscheidenden Funktionen. Die Bibliothek lib_debug.js, zu finden unter <http://www.woollymittens.nl/content/details.asp?id=20040407133610>

bietet dazu eine Funktion **debugHtml**, die das übergebene Argument in ein separates Ausgabefenster schreibt. Geöffnet wird das Fenster mit einem Aufruf der Funktion **debug**, Löschen ist mittels **debugClear** möglich.

Kompression von JavaScript

Umfangreichere JavaScript-Bibliotheken erreichen schnell die Größe von einigen zigtausend Byte. Da die Interaktionsmechanismen der Seiten erst funktionieren, wenn diese Bibliotheken komplett heruntergeladen sind, ergibt sich vor allem beim ersten Zugriff eine nicht unerhebliche Wartezeit (später sind die Skript-Dateien im Allgemeinen im Browser-Cache). Da JavaScript-Programme der Lesbarkeit halber viel Leerraum enthalten, kann man einiges an Größe sparen, wenn man diesen vorher eliminiert. Zwei leistungsfähige Code-Quetscher, die diese Aufgabe übernehmen, sind zu finden unter <http://www.brainjar.com/js/crunch/> und <http://www.bazon.net/mishoo/articles.epl?art_id=209>. Bei der Verwendung dieser Werkzeuge ist zu berücksichtigen, dass bestimmte Eigenschaften des JavaScript-Codes vorausgesetzt werden – die gequetschte Version sollte daher ebenso ausführlich getestet werden wie die Entwicklungsversion.

Darüber hinaus kann man mit Kompressionstechniken ähnlich denen, die Kompressionsprogramme wie WinZip anwenden, die Redundanzen (immer wieder verwendete Bezeichner etc.) mindern – den Dekompressor baut der Kompressor als JavaScript-Code zum Mitliefern gleich ein. Unter <http://dean.edwards.name/packer/> steht ein Online-Dienst zur Verfügung, der aus einem JavaScript-Programm im Klartext eine komprimierte Fassung erzeugt.

Anhang C: Dokumentformat für Webseiten

Die Entscheidung, in welchem Dokumentformat Webseiten verfasst werden, wird von vielen Faktoren beeinflusst. Neben persönlichen Präferenzen sind einige Überlegungen technischer Natur notwendig, um diese Frage beantworten zu können. Da Webseiten üblicherweise von einem entfernten Server bereitgestellt und mittels HTTP übertragen werden, spielt die Server-Konfiguration hier eine wesentliche Rolle. Insbesondere ist der Medientyp für das Dokument interessant, da er die weiteren Verarbeitungsschritte bestimmt, bevor das Dokument auf einem Ausgabegerät dargestellt wird.

C.1 Medientypen

Für HTML und XHTML, die beiden primären Dokumentbeschreibungssprachen im World Wide Web, stehen folgende Medientypen zur Auswahl:

* `text/html`

* `text/xml`

* `application/xml`

* `application/xhtml+xml`

text/html

Der Typ `text/html` wurde 1995 zur Kennzeichnung von HTML-Dokumenten für die Übertragung mittels HTTP oder vergleichbarer Protokolle eingeführt. Obwohl [RFC2854] die Eignung dieses Typs für XHTML und HTML dokumentiert, eignet sich `text/html` wenig für XHTML-Dokumente, da manche Browser diese nicht eindeutig erkennen können und sie daher als Tag Soup interpretieren, wenn sie mit einer XML-Deklaration beginnen.

Ebenso schwierig ist die automatische Herleitung der verwendeten Zeichenkodierung für das Dokument, da HTTP und MIME in dieser Beziehung unterschiedliche Vorgaben geben. Gemäß der HTTP-Spezifikation müsste eine Ressource mit einem Medientyp aus der Gruppe `text` die Kodierung ISO 8859-1 einsetzen, während der Vorgabewert für den Parameter `charset` des HTTP-Headers Content-

Type mit US-ASCII angegeben wird. Handelt es sich bei der beschriebenen Ressource gar um ein XML-Dokument, dann müsste beim Fehlen der XML-Deklaration UTF-8 oder UTF-16 als Zeichenkodierung angenommen werden.

Darüber hinaus werden Dokumente mit dem Typ text/html als HTML-Dokumente aufgefasst, so dass Funktionen, die auf dem Dokumentbaum operieren, beispielsweise nicht auf XML-Namensräume zurückgreifen können. DOM-spezifische Operationen liefern zudem alle Elementnamen in Großbuchstaben zurück.

text/xml

Für den Transport von XML-Dokumenten werden in RFC 3023 [RFC3023] fünf Medientypen definiert, von denen in der Praxis vor allem text/xml und application/xml eingesetzt werden. Für die automatische Darstellung oder Weiterverarbeitung von XML-Dokumenten ist der Medientyp text/xml nicht gut geeignet, da zum einen die Zeichenkodierung während der Übertragung geändert werden kann und zum anderen ein Zurückfallen auf die Verarbeitung von text/plain vorgeschrieben ist, falls der XML-Medientyp nicht unterstützt wird. Beide Faktoren können dazu führen, dass ein XHTML-Dokument gar nicht oder zumindest nicht korrekt dargestellt werden kann.

application/xml

Für XHTML-Dokumente ein wenig besser geeignet als text/xml ist der ebenfalls in RFC 3023 definierte Medientyp application/xml, der die unveränderte Übertragung von XML-Daten sicherstellt. Dadurch lassen sich eventuelle Probleme mit einer Umkodierung des Dokuments umgehen. Darüber hinaus impliziert die Verwendung dieses Typs weitere Verarbeitungsschritte, bevor die übertragene Ressource einem Benutzer präsentiert wird.

Mit der Verarbeitung einer Ressource als XML-Dokument stehen Funktionen des HTML-DOM nicht zur Verfügung. Insbesondere betrifft dies die Funktion **document.write** und die (nicht vom W3C standardisierte, aber weit verbreitete) Eigenschaft **innerHTML**, die in Anwendungen durch entsprechende DOM-Funktionen ersetzt werden müssen. Da die genannten Funktionen allerdings keine unmittelbare Entsprechung im DOM haben, werden die Anwendungen dadurch deutlich länger und unübersichtlicher.

application/xhtml+xml

Speziell für XHTML-Dokumente wurde in RFC 3236 [RFC3236] der Medientyp application/xhtml+xml eingeführt. Ressourcen mit diesem Medientyp werden als wohlgeformte XML-Dokumente angesehen, und daher können neben den Sprachmitteln von XHTML weitere XML-Anwendungen wie *MathML* oder *SVG* in dem Dokument verwendet werden. Die Abgrenzung der Vokabulare erfolgt über XML-Namespaces, deren Verwendung für XHTML-Dokumente obligatorisch ist.

Zeichenkodierung

Unabhängig von dem gewählten Medientyp sollte in jedem Fall die verwendete Zeichenkodierung im Parameter `charset` angegeben werden. Um Missverständnisse zu vermeiden ist die Verwendung von UTF-8 (wahlweise UTF-16) ratsam. Die Kodierung muss von jedem XML-konformen Parser unterstützt werden und kann zudem automatisch erkannt werden, falls das betreffende Dokument über keine XML-Deklaration verfügt.

C.2 HTML oder XHTML?

Aus dem oben Gesagten folgt, dass XHTML-Dokumente immer mit dem Medientyp `application/xhtml+xml` versehen werden sollten, damit sie vom Browser auch wirklich als XHTML angesehen werden. Die Typangabe `text/html` ist nicht nur falsch, sondern führt auch dazu, dass die anzeigenden Browser den Dokumentinhalt als Tag Soup behandeln, und viele DOM-Funktionen nicht verfügbar sind.

Aus praktischen Erwägungen ist die Verwendung von XHTML im heutigen WWW allerdings nicht anzuraten, da viele Browser noch keine vollständige Unterstützung für XML-basierte Webseiten bieten – dies hat Masayasu Ishikawa in einer systematischen Untersuchung ermittelt, deren aktualisierte Ergebnisse unter <http://www.w3.org/People/mimasa/test/xhtml/media-types/results> einzusehen sind. Demnach kann Internet Explorer zumindest bis zur Version 6.0 XHTML-Dokumente nur als unstrukturierte Tag Soup interpretieren und bietet somit keinerlei XML-spezifische Funktionalität wie die Auswertung unterschiedlicher Namensräume.

Gecko-basierte Browser wie Mozilla und Firefox können zwar XHTML-Dokumente korrekt verarbeiten und anzeigen, aber eine inkrementelle Darstellung einer Seite ist bislang noch nicht möglich. Ein Betrachter muss nach der Eingabe oder dem Anwählen eines URIs also warten, bis die komplette Webseite mit allen eingebetteten Ressourcen geladen ist, bevor diese auf dem Ausgabegerät angezeigt wird. Die Vorteile des asynchronen Seitenaufbaus durch AJAX-Technologien werden damit zu einem guten Teil wieder zunichte gemacht.

Unglücklicherweise erweist sich auch Content Negotiation in HTTP – die dynamische Aushandlung des Dokumentformats – als unzuverlässig: Die HTTP-Spezifikation sieht vor, dass ein Client die akzeptierten Dokumentformate im Header-Feld `Accept` einer HTTP-Anfrage aufführt. In dem Header kann eine geordnete Liste von Medientypen angegeben werden. Jeder Eintrag stellt einen konkreten Typ dar (z. B. „`application/xhtml+xml`") oder eine Typfamilie mit beliebigen Subtypen (z. B. „`text/*`"). Sollen alle Medientypen erlaubt werden, so kann dies mit der Zeichenkette „`*/*`" angezeigt werden, die alle Typfamilien und deren Subtypen symbolisiert. Das Gewicht jedes Eintrags kann als Dezimalwert zwischen 0 und 1 im Parameter „`q`" angegeben werden.

Erhält ein Webserver eine HTTP-Anfrage mit einem ausgefüllten `Accept`-Header, so wird vor der Erzeugung einer positiven Antwort die angegebene Liste mit den vom Server unterstützten Medienformaten abgeglichen. Gibt es keine Übereinstimmung, dann wird eine entsprechende Fehlermeldung erzeugt und als Antwort an den Client gesendet. Konnten hingegen Übereinstimmungen gefunden werden, so wählt der Server aus dieser Liste den vom Client am höchsten gewichteten Medientyp als Dokumentformat für die Antwort. Auf diese Weise können Präferenzen des anfragenden Clients erfüllt werden, ohne zusätzliche Nachrichten austauschen zu müssen.

Prinzipiell kann dieser Aushandlungsmechanismus herangezogen werden, um zu entscheiden, ob ein HTML-Dokument oder ein XHTML-Dokument als Antwort auf eine Anfrage geliefert werden soll. Leider sind die Angaben im `Accept`-Header einer Anfrage oft zu unspezifisch, um die Entscheidung auf dieser Basis treffen zu können. So sendet Internet Explorer beispielsweise den Wert „`*/*`" als Liste unterstützter Medien, was auch den Medientyp `application/xhtml+xml` einschließt, obwohl dieser nicht unterstützt wird. Opera hingegen präferiert in jedem Fall den Typ `text/html`, d. h. ein korrekter Content Negotiator würde immer ein HTML-Dokument als Ergebnis liefern, nie XHTML.

Wie die Ausführungen zu Medientypen und Dokumentformaten in diesem Abschnitt zeigen, ist die Unterstützung von XHTML in den am meisten genutzten Browsern noch sehr uneinheitlich. Webbasierte Anwendungen, die ja von Natur aus auf eine breite Basis zielen, sollten daher weiter auf HTML als etablierte Technologie setzen.

C.3 Schützen von Skripten und Stilangaben

Ein weiteres Problem bei der Vermischung von HTML und XHTML besteht in der unterschiedlichen Handhabung der Elementtypen `script` und `style`. Beide Elementtypen sind in HTML seit Version 3.2 [HTML 3.2] mit dem Content Model CDATA definiert, d. h. im Inhalt dieser Elemente wird SGML-Markup nicht als solches erkannt. Die einzige Ausnahme ist die Zeichenfolge „</“, die unabhängig von den nachfolgenden Zeichen als Ende des Inhalts des betreffenden Elements interpretiert wird.

In XML steht das Content Model CDATA nicht zur Verfügung, und so wurde PCDATA als Inhalt von `script` und `style` gewählt. Als Folge dessen müssen Zeichenfolgen, die als Markup interpretiert werden könnten, in den betreffenden Elementen eines XHTML-Dokuments entsprechend geschützt werden. Für kleine Skripte kann dies durch die Verwendung von Zeichenreferenzen wie „<“ erreicht werden. Übersichtlicher und flexibler ist jedoch die Verwendung eines CDATA-Bereichs, der mit der Zeichenkette „<![CDATA[“ begonnen und mit „]]>“ abgeschlossen wird. Beispiel C.1: „Schützen von JavaScript-Code in XHTML-Dokumenten“ (Seite 193) verdeutlicht, wie JavaScript-Code auf diese Weise in ein XML-Dokument eingebettet wird.

Beispiel C.1: Schützen von JavaScript-Code in XHTML-Dokumenten

```
<script type="text/javascript"><![CDATA[
    var f = function() { if (a&b<c) do_something(); }
]]></script>
```

Ein Problem ergibt sich nun, wenn das betreffende Dokument vom Browser nicht als XHTML-Dokument angesehen wird, sondern als HTML-Dokument oder als Tag Soup, wie es bei der Auslieferung mit dem Medientyp `text/html` geschieht. Als HTML-Dokument würde der gesamte Inhalt des `script`-Elements an den JavaScript-Interpreter übergeben, einschließlich der Zeichenketten „<![CDATA[“ und mit „]]>“. Damit daraus ein syntaktisch korrektes JavaScript-Dokument wird, müssen diese Sequenzen also in einen Kommentar eingeschlossen werden wie Beispiel C.2: „Schützen von JavaScript-Code für unterschiedliche Browser“ (Seite 193) demonstriert.

Beispiel C.2: Schützen von JavaScript-Code für unterschiedliche Browser

```
<script type="text/javascript">/* <![CDATA[ */
    var f = function() { do_something(); }
/* ]]> */</script>
```

In diesem Beispiel werden die Zeichenketten zur Kennzeichnung des CDATA-Bereichs in JavaScript-Kommentare eingebettet, so dass sowohl ein HTML-Parser als auch ein XHTML-Parser syntaktisch korrekten JavaScript-Code erzeugt. Die HTML-Variante enthielte am Anfang und am Ende der Code-Sequenz Kommentare mit den nicht benötigten Markup-Begrenzern. In der XHTML-Variante hingegen würden diese Begrenzer bereits vom XML-Parser interpretiert, so dass sie im JavaScript-Code nicht mehr auftreten – die Kommentare zu Beginn und am Ende der Code-Sequenz wären leer.

Analog zu der Lösung für `script`-Elemente können Stilangaben in Elementen des Typs `style` mit Hilfe von CSS-Kommentaren geschützt werden. Beispiel C.3: „Schützen von CSS-Stilangaben für unterschiedliche Browser" (Seite 194) zeigt das Vorgehen in diesem Fall.

Beispiel C.3: Schützen von CSS-Stilangaben für unterschiedliche Browser

```
<style type="text/css" media="screen">/* <![CDATA[ */
    body { background: white; }
/* ]]> */</style>
```

Anhang D: Sarissa-Beispiel

Beispiel D.1: `messageboard.php`

```php
<?php
/***************************************************************
 *
 * AJAX-Beispiel mit Sarissa
 *
 * Benötigt werden:
 * - die Datei messageboard-xslt-append.xml
 * - die Datei messageboard-xslt-shorten.xml
 * - das Verzeichnis sarissa mit den Sarissa-Dateien
 *   (Version 0.9.6.1)
 * - eine für den Webserver schreibbare Datei messageboard.txt
 *
 ***************************************************************/
/***************************************************************
 * Verwaltung der Textdatei
 ***************************************************************/
// Name der Datei, in der die eingegebenen Textzeilen gespeichert
// werden (muss für den Webserver schreibbar sein):
$textlog_file = "messageboard.txt";
// Die Funktion textlog_append() hängt eine neue Zeile an die
// Textdatei an:
function textlog_append($textzeile) {
  global $textlog_file;
  if ($fh = fopen($textlog_file, "a")) {
    fwrite($fh, $textzeile . "\n");
    fclose($fh);
  }
}
// Die Funktion textlog_getlines() liefert ein Array mit allen
// in der Datei gespeicherten Textzeilen:
function textlog_getlines() {
  global $textlog_file;
  $lines = array();
  if ($fh = fopen($textlog_file, "r")) {
    while (!feof($fh)) {
      $line = fgets($fh, 65536);
      if (!empty($line)) {
```

```php
      $lines[] = $line;
    }
  }
  fclose($fh);
  }
  return $lines;
}
/*************************************************************
 * Verarbeitung der Request-Daten
 *************************************************************/
// Eine im Request übermittelte (nicht leere) Textzeile wird an
// die Textdatei angehängt. Zu Demonstrationszwecken wird bei
// Übermittlung eines numerisches Werts der Vorgang um die
// entsprechende Anzahl von Sekunden (aber maximal 20)
// verzögert:
if (isset($_POST["textzeile"]) && !empty($_POST["textzeile"])) {
  if (is_numeric($_POST["textzeile"])) {
    sleep(min($_POST["textzeile"], 20));
  }
  textlog_append($_POST["textzeile"]);
}
// Zum Erzeugen der Ausgabe wird ein Array mit allen Textzeilen
// aus der Datei benötigt:
$lines = textlog_getlines();
// Das Skript im Dokument setzt bei Anfragen per XMLHttpRequest
// den POST-Parameter "last". Ist er vorhanden, soll also nur
// eine Liste der neuen Textzeilen in einer XML-Struktur
// zurückgeliefert werden:
if (isset($_POST["last"])) {
  // Bei der Antwort handelt es sich um XML:
  header("Content-Type: text/xml");
  // Es sollen nur die dem Client-Skript noch nicht bekannten
  // Zeilen übermittelt werden. Da das Zeilen-Array beginnend
  // mit 0 indiziert wird und der Parameter "last" die Nummer
  // der letzten bekannten Zeile in einer mit 1 beginnenden
  // Zählung enthält, kann dieser Parameter als Startindex
  // verwendet werden. Eine zusätzliche Prüfung stellt sicher,
  // dass bei Übermittlung eines ungültigen Parameters im
  // Zweifelsfall beim Index 0 begonnen wird:
  $start_index = is_numeric($_POST["last"]) ?
      max($_POST["last"], 0) : 0;
  // Das Ergebnis ist ein XML-Element namens "new-lines", das
  // für jede neue Zeile ein Element vom Typ "line" enthält. Der
```

```php
    // Inhalt eines "line"-Elements ist der Zeilentext, sein
    // Attribut "number" gibt die Nummer der Zeile an (Zählung
    // beginnt mit 1):
    echo "<new-lines>\n";
    for ($i = $start_index; $i < count($lines); $i++) {
      echo "<line number='" . ($i + 1) . "'>"
        . htmlentities($lines[$i]) . "</line>\n";
    }
    echo "</new-lines>\n";
    // An dieser Stelle wird die Bearbeitung beendet, denn per
    // XMLHttpRequest wurde nur nach den neuen Zeilen und nicht
    // nach dem vollständigen Dokument gefragt:
    exit(0);
}
/****************************************************************
 * Ausgabe des Basisdokuments
 ****************************************************************/
// Falls das Skript die Anfrage nicht im vorigen Abschnitt
// abschließend bearbeitet hat, folgt hier das komplette
// Dokument. Dies ist der Fall bei einer GET-Anfrage (initiales
// Laden des Dokuments) oder einer POST-Anfrage ohne den
// Parameter "letzte" (wenn ein nicht AJAX-fähiger Browser in
// herkömmlicher Weise das Eingabeformular übermittelt hat).
?>
<!DOCTYPE html PUBLIC "-//W3C//DTD HTML 4.01//EN">
<html>
  <head>
    <title>Message Board</title>
    <meta http-equiv="Content-Type"
          content="text/html; charset=iso-8859-1">
    <!-- Einbinden der benötigten Sarissa-Komponenten: -->
    <script type="text/javascript"
            src="sarissa/sarissa.js"></script>
    <script type="text/javascript"
            src="sarissa/sarissa_ieemu_xpath.js"></script>
    <script type="text/javascript"
            src="sarissa/sarissa_dhtml.js"></script>
    <!-- Eigener JavaScript-Code: -->
    <script type="text/javascript">
      // Die Variable linecount wird mit der Zahl der Textzeilen
      // initialisiert:
      var linecount=<?php echo count($lines); ?>;
      /* Zu Beginn werden einmalig zwei Stylesheets vom Server
```

```
 * geladen, die später beliebig oft für
 * XSL-Transformationen verwendet werden können. Dazu
 * werden mit diesen Stylesheets später Instanzen des
 * Objekts XSLTProcessor erzeugt.
 */
// XSLT zum Erzeugen neuer Tabellenzeilen
var xslAppend = Sarissa.getDomDocument();
xslAppend.async = false;
xslAppend.load("messageboard-xslt-append.xml");
// XSLT zum Löschen alter Zeilen aus der Tabelle
var xslShorten = Sarissa.getDomDocument();
xslShorten.async = false;
xslShorten.load("messageboard-xslt-shorten.xml");
/* Die Funktion speichern() wird beim Absenden des
 * Eingabeformulars aufgerufen und soll die nötigen
 * Schritte möglichst mit einem asynchronen Request
 * erledigen.
 */
function speichern() {
  // Test, ob XMLHttpRequest vom Browser unterstützt
  // wird. Anderenfalls ermöglicht der Rückgabewert eine
  // herkömmliche Übermittlung des Eingabeformulars:
  if (!Sarissa.IS_ENABLED_XMLHTTP) {
    // Zu Demonstrationszwecken wird hier zusätzlich ein
    // Hinweis auf fehlende AJAX-Fähigkeit ausgegeben
    // (sollte in einer realen Anwendung in der Regel
    // nicht gemacht werden, wenn es auch ohne geht).
    alert("XMLHttpRequest not available - using form.");
    return false;
  }
  // Vorbereiten eines asynchronen POST-Requests
  var xmlhttp = new XMLHttpRequest();
  xmlhttp.open("POST",
               "<?php echo $_SERVER['PHP_SELF']; ?>",
               true);
  // Definition der Callback-Funktion, die nach
  // vollständiger Bearbeitung des Requests durch den
  // Server (readyState 4) die Antwort auswertet:
  xmlhttp.onreadystatechange = function() {
    if (xmlhttp.readyState == 4) {
      // Die Antwort des Servers wird als XML-Dokument
      // parsiert. Das Ergebnis ist eine DOM-Struktur:
      var dp = new DOMParser();
```

```javascript
    var dom = dp.parseFromString(xmlhttp.responseText,
                                 "text/xml");
    // Eine XSL-Transformation selektiert alle neuen
    // Textzeilen (Zeilennummer größer als bisher
    // dargestellte Zeilenzahl) und erzeugt daraus
    // Tabellenzeilen.
    var xsltprocAppend = new XSLTProcessor();
    xsltprocAppend.importStylesheet(xslAppend);
    xsltprocAppend.setParameter("", "linecount",
                                linecount);
    var html = xsltprocAppend.transformToDocument(dom);
    // Neue Tabellenzeilen an den alten Tabelleninhalt
    // anhängen:
    Sarissa.moveChildNodes(html,
             document.getElementById("ausgabe"), true);
    // Zum Zählen werden mittels eines XPath-Ausdrucks
    // noch einmal alle neu hinzugekommenen Zeilen
    // ausgewählt und in einem Array gespeichert:
    var newLines =
      dom.selectNodes("/new-lines/line[@number>" +
                      linecount + "]");
    // Die alte Zahl plus die Zahl der hinzugekommenen
    // Zeilen ergibt die neue Gesamtzahl der
    // dargestellten Zeilen, die gespeichert und im
    // Dokument angezeigt wird:
    linecount += newLines.length;
    document.getElementById("anzahl").innerHTML =
                                      linecount;
  }
} // Ende der Callback-Funktion
// Der Wert des Texteingabefeldes und die Zahl der bisher
// dargestellten Zeilen werden im Request an den Server
// übermittelt:
var postdata = "textzeile="
    + escape(document.getElementById("textzeile").value)
    + "&last=" + linecount;
xmlhttp.setRequestHeader("Content-Type",
                   "application/x-www-form-urlencoded");
xmlhttp.send(postdata);
// Rückgabewert true: XMLHttpRequest ist verfügbar, eine
// herkömmliche Formularübermittlung soll nicht
// stattfinden.
return true;
```

```
    }
    /* Die Funktion ausblenden() entfernt ältere Zeilen aus der
     * dargestellten Tabelle. Nur die letzten drei Textzeilen
     * bleiben stehen.
     */
    function ausblenden() {
      // Der bisherige Tabelleninhalt dient als
      // Ausgangsmaterial:
      var tableBody = document.getElementById("ausgabe");
      // Mit einer XSL-Transformation wird ein neuer
      // Tabellenrumpf erzeugt, der nur noch Zeilen enthält,
      // deren Nummer maximal zwei unter der höchsten
      // dargestellten Zeilennummer liegt (also die letzten
      // drei Zeilen):
      var xsltprocShorten = new XSLTProcessor();
      xsltprocShorten.importStylesheet(xslShorten);
      xsltprocShorten.setParameter("", "minimum",
                                   linecount - 2);
      var tmp = xsltprocShorten.transformToDocument(tableBody);
      // Der neue Inhalt ersetzt den Inhalt der Tabelle im
      // Dokument:
      Sarissa.moveChildNodes(tmp.firstChild, tableBody, false);
    }
  </script>
  <style type="text/css">
    table { border: 1px solid black;
            border-collapse: collapse; }
    td, th { border: 1px solid black; padding: 3px; }
  </style>
</head>
<body>
  <h1>
    Message-Board
  </h1>
  <!-- Beim Absenden des folgenden Formulars wird die       -->
  <!-- Funktion speichern() aufgerufen. Ist sie nicht       -->
  <!-- erfolgreich (weil der Browser XMLHttpRequest nicht -->
  <!-- unterstützt), so wird das Formular herkömmlich       -->
  <!-- übermittelt.                                          -->
  <form method="post"
    action="<?php echo $_SERVER['PHP_SELF']; ?>"
    onsubmit="return !(speichern());">
    <p>
```

```
      Hier können Sie neue Textzeilen eingeben, die auf dem
      Server gespeichert und unten in der Tabelle angezeigt
      werden. Wurden zwischenzeitlich von anderen Benutzern
      Einträge vorgenommen, so werden diese dabei ebenfalls
      ausgegeben. Wenn Ihr Browser AJAX unterstützt, muss das
      Dokument dazu nicht erneut geladen werden.  Eine leere
      Eingabe führt nur zur Aktualisierung der Tabelle (falls
      es neue Einträge gibt), fügt aber selbst keine Zeile
      hinzu.
      <br>
      Wenn Sie eine Zahl eingeben, wird die Bearbeitung durch
      den Server um die entsprechende Anzahl von Sekunden
      (maximal 20) verzögert. So können Sie die asynchrone
      Bearbeitung von Anfragen beobachten, indem Sie erst eine
      größere Zahl und danach eine kleinere eingeben.
      <br>
      <input type="text" size="40"
             name="textzeile" id="textzeile">
      <input type="submit" value="Speichern">
    </p>
    <p>
      Mit dem folgenden Button können Sie die Tabelle auf die
      letzten drei Einträge reduzieren. Alle Textzeilen
      bleiben aber auf dem Server gespeichert und stehen nach
      einem erneuten Laden des Dokuments wieder zur Verfügung.
      <br>
      <input type="button" value="Alte Zeilen ausblenden"
             onclick="ausblenden();">
    </p>
  </form>
  <h2>
    Die bisherigen Eingaben:
  </h2>
  <table>
    <thead>
      <tr>
        <th>Nummer</th>
        <th>Text</th>
      </tr>
    </thead>
    <!-- Der Rumpf dieser Tabelle enthält die           -->
    <!-- angezeigten Textzeilen:                         -->
    <tbody name="ausgabe" id="ausgabe"><?php
```

```php
      // Beim Erzeugen des Dokuments werden serverseitig alle
      // bisher vorhandenen Textzeilen per PHP in die Tabelle
      // eingesetzt:
      for ($i = 0; $i < count($lines); $i++) {
        echo "\n<tr><th>" . ($i + 1) . "</th><td>" .
            htmlentities($lines[$i]) . "</td></tr>";
      }
      ?>
      </tbody>
    </table>
    <p>
      Anzahl der Textzeilen:
      <span name="anzahl" id="anzahl"><?php
              echo count($lines); ?></span>
    </p>
    <hr>
    <!-- An dem folgenden Absatz kann der Benutzer         -->
    <!-- erkennen, dass das Dokument nicht bei jeder Aktion -->
    <!-- neu geladen wird.                                  -->
    <p>
      Dieses Dokument wurde um <?php
        echo strftime("%H:%M:%S");
      ?> Uhr erzeugt und enthielt dabei <?php
        echo count($lines);
      ?> eingegebene Textzeilen.
    </p>
  </body>
</html>
```

Anhang E: Musterlösungen zu den Übungen

E.1 Kapitel 1

Lösungsvorschlag für Übung 1, Seite 28.

Die folgende Aufstellung zeigt die Inhalte der wichtigsten Tiddler der AJAXWerkstatt. Den Wiki-Konventionen entsprechend werden Querverweise zwischen Tiddlern in doppelte eckige Klammern eingeschlossen. Zur Gruppierung wurden mehrere Tiddler mit Tags versehen.

Tiddler: SiteUrl

```
http://www.example.com/AutoWerkstatt
```

Tiddler: SiteTitle

```
AJAXWerkstatt
```

Tiddler: SiteSubtitle

```
eine TiddlyWiki-Beispielsite
```

Tiddler: DefaultTiddlers

```
[[Über uns]] [[11 August 2005]] [[AJAX]] TiddlyWiki
```

Tiddler: MainMenu

```
[[Über uns]]
[[Dienstleistungen]]
[[Kontakt]]
TiddlyWiki
AJAXWerkstatt
RssFeed
<<newTiddler>>
<<newJournal "DD MMM YYYY">>
```

Tiddler: StyleSheet

```
html, body { background-color: lightgray; }
#titleLine {
    background-color: navy;
    color: #bcd;
    padding: 1em 1em 1em 1em;
}
#titleLine A { background-color: navy; color: #bcd; }
```

```
#mainMenu {
    background-color: navy;
    color: lightgreen;
    padding-right: 1em;
  }
#mainMenu .tiddlyLink {
  color: yellow;
}
#mainMenu .tiddlyLink:hover {
  background-color: #996633;
  color: #ffffff;
}
#mainMenu .button {
  color: yellow;
}
#mainMenu .button:hover {
    color: #ccff66;
    background-color: #993300;
}
#siteTitle {
    font-family: "Times New Roman", Times, serif;
    font-size: 4em; font-weight: bold;
    padding-top: 10px; }
#siteSubtitle {
    font-family: "Times New Roman", Times, serif;
    font-size: 1.8em;
  }
/*
    weitere Stileigenschaften für #sidebarOptions und #sidebarTabs
*/
```

Tiddler: GermanConfig, wird mit einem zusätzlichen Tag „systemConfig" versehen.

```
config.options.txtUserName = "DeinName";
config.shadowTiddlers.SideBarOptions =
"<<search>><<closeAll>><<permaview>><<saveChanges>>..."
...
```

Tiddler: Über uns

```
Wir sind eine fiktive, aber ambitionierte
Autowerkstatt, die moderne WebTechnologien einsetzt, um auch in
der virtuellen Welt stets präsent zu sein. [[AJAX]] und
TiddlyWiki haben die Erstellung unserer WebSeiten erheblich
```

vereinfacht, so dass wir uns auf unser Kerngeschäft, das
Reparieren virtueller KFZ, konzentrieren können.

Tiddler: WebSeiten, wird mit einem zusätzlichen Tag „Erklärung" versehen.

HTML-Dokumente, die Bestandteil eines HTTP-basierten globalen
Informationssystems sind, bekannt unter dem Namen
WorldWideWeb.

Tiddler: Dienstleistungen

Zu unseren vielfältigen Dienstleistungen zählen:
[[Autowäsche]],
[[Bremsenprüfung]],
[[Ölwechsel]] und
[[Lichttest]].
Aber damit noch nicht genug! Sprechen Sie uns an, wir gehen
gern auf Ihre individuellen Wünsche ein.

Tiddler: 11 August 2005, mit Tag „News"

Unsere neuen und radikal überarbeiteten Webseiten wurden
freigeschaltet. Sie basieren ab jetzt auf TiddlyWiki und setzen
modernste AJAX-Technologie für eine bessere Interaktion mit
unseren Kunden ein.

Lösungsvorschlag für Übung 2, Seite 29.

Die Hauptfunktionalität des Tiddler-Servers wäre es, eine Anfrage mit dem neuen
Inhalt eines Tiddlers aus dem JavaScript-Code des neuen TiddlyWiki entgegenzu-
nehmen und den Inhalt unter dem dabei angegebenen Tiddler-Namen abzuspei-
chern, z. B. in einer Datenbank. Sicher müsste man in diesem Zusammenhang über
Anmeldung/Authentisierung nachdenken, sowie darüber, wie verschiedene Instanzen des TiddlyWiki voneinander zu unterscheiden sind.

Das TiddlyWiki muss natürlich beim Start mit den ganzen bereits vorhandenen
Tiddlern gefüllt werden. Dazu könnte der Server eine Funktion zur Verfügung stellen, um herauszufinden, welche Tiddler bei ihm gespeichert sind (Liste der Namen),
sowie die Abfrage einzelner Tiddler (unter Angabe des gewünschten Namens) anbieten. Dies würde ein schnelles Laden des TiddlyWiki ermöglichen, erfordert dann
aber eine Serveranfrage für jeden neu geöffneten Tiddler. Alternativ könnte der Server ein vollständiges TiddlyWiki-Dokument aus allen für dieses TiddlyWiki in der
Datenbank vorhanden Daten zusammenbauen, also die Daten in passender Form in
eine Schablone für das HTML-Dokument einfügen.

Schließlich dürfte eine Funktion zum Löschen eines Tiddlers nicht fehlen; Funktionen wie Umbenennen kann man leicht über eine Kombination von Löschen und Hinzufügen realisieren.

Interessant wird diese Aufgabe, wenn man die Möglichkeit berücksichtigt, dass vielleicht mehrere Benutzer gleichzeitig dasselbe TiddlyWiki benutzen. Updates für Tiddler, die von anderen Benutzern bearbeitet worden sind, müssten dann über die AJAX-Schnittstelle geeignet angezeigt werden, ein nicht ganz triviales Problem. Die nebenläufige Änderung eines Tiddlers durch mehrere Personen muss irgendwie behandelt werden, z. B. durch zeitweises Blockieren eines Tiddlers für das Editieren oder einfach durch eine nachträgliche Benachrichtigung, dass ein Konflikt entstanden ist (z. B. unter Aufbewahrung beider veränderten Texte).

E.2 Kapitel 2

Lösungsvorschlag für Übung 1, Seite 51.

Für dieses einfache Beispiel wird der Event-Handler für das click-Ereignis dem Elementtyp div zugeordnet. Die Funktion zur Ereignisbehandlung überprüft, ob das Feld *className* des Elementobjekts den Wert „on" aufweist. Ist dies der Fall, so wird *className* auf den Wert „off" gesetzt, sonst auf „on".

Schließlich wird die Spezifikation mittels **Behaviour.register** registriert.

```
<!DOCTYPE html PUBLIC "-//W3C//DTD HTML 4.01//EN"
  "http://www.w3.org/TR/html4/strict.dtd">
<html>
<head>
<title>Links</title>
<script type="text/javascript" src="behaviour.js"> </script>
<script type="text/javascript">
/* Event-Handler für onclick */
Behaviour.register({
 'div' : function(element) {
        element.onclick = function() {
            this.className =
                this.className == 'on' ? 'off' : 'on';
        }
      }
});
</script>
```

```
<style type="text/css">
div {
  padding: 0.4em 2em 0.4em 2em; width: 2em;
  text-align: center;
}
/* Regeln für class="on" und class="off" */
.on  { background-color: gray; color: yellow; }
.off { background-color: inherit; color: inherit; }
</style>
</head>
<body>
<div>eins</div>
<div>zwei</div>
<div>drei</div>
<div>vier</div>
</body>
</html>
```

Lösungsvorschlag für Übung 2, Seite 52.

Da ausgeblendete Tiddler in TiddlyWiki als Bestandteil des Dokuments gespeichert werden, müssen sie mit Hilfe der CSS-Eigenschaft display:none unsichtbar gemacht werden. Das betreffende Objekt einschließlich aller Nachkommen wird dadurch aus dem Layoutstrom entfernt, so dass kein Leerraum zwischen dem vorhergehenden Layoutobjekt und den Folgeobjekten entsteht. Beim Ausblenden eines Beitrags rutschen die folgenden Einträge somit nach oben.

Anders verhält es sich bei den dynamisch eingeblendeten Schaltflächen, mit denen sich weitere Operationen auf einem Tiddler ausführen lassen. Damit das Ein- und Ausblenden dieser Schaltflächen keine Auswirkungen auf die benachbarten Objekte hat, wird hier die CSS-Eigenschaft visibility:hidden verwendet, mit der das betreffende Objekt zwar unsichtbar wird, aber weiterhin im Layoutstrom verbleibt.

Technisch lassen sich diese Effekte sehr einfach realisieren. Im Event-Handler für das Überfahren eines Tiddlers mit dem Mauszeiger wird das jeweilige div-Element mit den Schaltflächen für den Tiddler ermittelt und die Eigenschaft visibility von hidden auf den Wert visible gesetzt. Der Tiddler wird daraufhin automatisch eingeblendet.

Die Schaltfläche für das Schließen eines Tiddlers verfügt über einen Event-Handler, der das Stilattribut display des div-Elements verändert, das den Tiddler umgibt. Soll der Tiddler später wieder eingeblendet werden, so muss das Attribut lediglich auf den Wert block gesetzt werden.

(TiddlyWiki selbst verwendet ein etwas komplexeres Modell zur Speicherung von Tiddlern: Wiki-Quelltexte für alle Tiddler, sichtbar oder unsichtbar, sind Bestandteil eines div-Elements mit dem Bezeichner storeArea. Wird ein Tiddler sichtbar gemacht, wird dieser Quelltext entsprechend den Wiki-Konventionen interpretiert und der resultierende HTML-Teilbaum in ein div-Element mit dem Bezeichner displayArea eingesetzt; zum Unsichtbarmachen wird dieser generierte Text wieder aus der displayArea entfernt. Die storeArea selbst wird nur verändert, wenn der Tiddler tatsächlich editiert wurde.)

E.3 Kapitel 3

Lösungsvorschlag für Übung 1, Seite 74.

Die vervollständigte Datei dnd.js:

```
var DragArea = {
  dobj: null,
  cnt: 0,
  createObject: function(id,desc) {
    var obj = document.createElement("div");
    obj.id = id;
    obj.style.left = (this.cnt++)*120 + "px";
    obj.style.top  = "10px";
    obj.style.width  = "100px";
    obj.style.height = "100px";
    obj.style.zIndex = "100";
    obj.className  = "object";
    obj.style.position  = "absolute";
    obj.appendChild(document.createTextNode(desc));
    obj.dobj = new DragObject(obj);
    obj.dobj.addHandler("mousedown", DragArea.down);
    return obj;
  },
  down: function(event) {
    var element = Compat.getTarget(event);
    if (!element || !element.dobj)
      return true;
    DragArea.dobj = element.dobj;
    element.xoffset = xpos(event);
    element.yoffset = ypos(event);
```

```
      element.z = element.style.zIndex;
      element.style.zIndex = 999;
      element.dobj.addHandler("mousemove", DragArea.move);
      element.dobj.addHandler("mouseup", DragArea.up);
    },
  move: function(event) {
    if (!DragArea.dobj)
      return true;
    var element = DragArea.dobj.element;
    var ex       = xpos(event);
    var ey       = ypos(event);
    var x = parseInt(element.style.left,10);
    var y = parseInt(element.style.top,10);
    var nx, ny;
    nx = x + (ex - element.xoffset);
    ny = y + (ey - element.yoffset);
    element.style.left = (nx > 0 ? nx : 0) + "px";
    element.style.top = (ny > 0 ? ny : 0) + "px";
    element.style.position = "absolute";
    element.xoffset = ex;
    element.yoffset = ey;
    Compat.stopPropagation(event);
  },
  up: function(event) {
    if (!DragArea.dobj)
      return true;
    var element = DragArea.dobj.element;
    element.style.zIndex = element.z;
    element.dobj.clearHandlers();
    DragArea.dobj = null;
    Compat.stopPropagation(event);
  },
  init: function() {}
}
var DragObject = function(element) {
  this.element = element;
  this.handlers = new Array();
  this.addHandler = function(event,cb) {
    Compat.addEventHandler(this.element,event,cb);
    this.handlers[event] = cb;
  }
  this.removeHandler = function(event) {
    if (this.handlers[event]) {
```

```
        Compat.removeEventHandler(this.element, event,
                                  this.handlers[event]);
        this.handlers.splice(event,1);
      }
    }
    this.clearHandlers = function() {
      this.removeHandler("mousemove");
      this.removeHandler("mouseup");
    }
  }
}
DragArea.init = function() {
  var waren = document.getElementById("waren");
  waren.appendChild(
      DragArea.createObject("a", "Bremsbeläge (2 Stk.)"));
  waren.appendChild(
      DragArea.createObject("b", "Ölfilter"));
  waren.appendChild(
      DragArea.createObject("c", "Wischerblätter (2 Stk.)"));
  Compat.addEventHandler(document.body,
                         "mousemove", DragArea.move);
  Compat.addEventHandler(document.body,
                         "mouseup", DragArea.up);
}
Compat.addEventHandler(window, "load", DragArea.init);
```

Lösungsvorschlag für Übung 2, Seite 80.

In der hier vorgestellten Lösung wird die Tabelle nach dem Laden des HTML-Dokuments mit den benötigten Klassenattributen versehen. Um das Zählen der Tabellenspalten zu vereinfachen, werden im ersten Schritt die Textknoten aus den Elementen des Typs tr entfernt. Die anschließend aufgerufene Funktion **paintRows** versieht die Zeilen mit den Angaben even und odd, die Tabellenzellen mit den geforderten Klassen artnr, bezeichnung, anzahl, einzelpreis und preis. Zum Schluss erfolgt die Berechnung der Preise und der Gesamtsumme.

```
<!DOCTYPE html PUBLIC "-//W3C//DTD HTML 4.01//EN">
<html>
  <head>
    <title>Bestellung</title>
    <meta http-equiv="Content-Type"
          content="text/html ;charset=utf-8">
    <style type="text/css">
      html, body {
        background-color: #eee;
      }
      .odd  { background-color: #00abab; }
      .even { background-color: #ccffee; }
      th, td { border: none; }
      th {
        border-bottom: solid 2px;
      }
      .artnr, .anzahl, .einzelpreis, .preis {
        text-align: right;
      }
      .bezeichnung {
        text-align: left;
        padding-left: 1em;
      }
      .sort { color: white; }
      .summe td { font-weight: bold; border-top: solid 2px; }
    </style>
    <script type="text/javascript">
      var tdclass = ['artnr', 'bezeichnung', 'anzahl',
                     'einzelpreis', 'preis' ];
      function is(node,name) {
        return node.nodeType == 1 &&
            node.tagName.toLowerCase() == name.toLowerCase();
      }
      function paintRows(rows) {
        for (var n=0; n<rows.length; n++) {
            rows[n].className += " "+(n%2 ? "even" : "odd");
          for (var k in rows[n].childNodes) {
            var td = rows[n].childNodes[k];
            if (is(td,"td"))
              td.className += " "+tdclass[k];
          }
        }
      }
```

```
window.onload = function() {
  var rows = document.getElementsByTagName("tr");
  /* Entfernen von Textknoten in Tabellenzeilen, um das
     Zaehlen zu vereinfachen */
  for (var s in rows) {
    var t=0;
    while(rows[s].hasChildNodes &&
          rows[s].hasChildNodes() &&
          t < rows[s].childNodes.length) {
      if (rows[s].childNodes[t].nodeType != 1)
        rows[s].removeChild(rows[s].childNodes[t]);
      else
        t++;
    }
  }
  paintRows(rows);
  var sum = 0;
  for (var n=1; n<rows.length-1; n++) {
    /* alten Inhalt entfernen */
    while(rows[n].childNodes[4].hasChildNodes())
      rows[n].childNodes[4].
          removeChild(rows[n].childNodes[4].firstChild);
    /* neuen Inhalt hinzufuegen */
    var anz   = parseFloat(rows[n].childNodes[2].
                           firstChild.nodeValue);
    var preis = parseFloat(rows[n].childNodes[3].
                           firstChild.nodeValue);
    var tsum = anz * preis;
    sum += tsum;
    var t = document.createTextNode(tsum.toFixed(2));
    rows[n].childNodes[4].appendChild(t);
  }
  var s = rows[rows.length-1].childNodes[4];
  while(s.hasChildNodes())
    s.removeChild(s.firstChild);
      s.appendChild(document.
                    createTextNode(sum.toFixed(2)));
}
  </script>
</head>
<body>
  <table width="100%" cellspacing="0">
    <tr>
```

```html
    <th width="2">Artikelnummer</th>
    <th width="500">Bezeichnung</th>
    <th width="1">Anzahl</th>
    <th width="20">Einzelpreis</th>
    <th width="20">Preis</th>
</tr>
<tr>
    <td>92473</td>
    <td>Ölfilter</td>
    <td>2</td>
    <td>7.32</td>
    <td> </td>
</tr>
<tr>
    <td>89712</td>
    <td>Keilriemen</td>
    <td>1</td>
    <td>17.64</td>
    <td> </td>
</tr>
<tr>
    <td>5623</td>
    <td>Druckregler BX 16, ohne Servo</td>
    <td>1</td>
    <td>186.76</td>
    <td> </td>
</tr>
<tr>
    <td>12368</td>
    <td>Bremsklotz, asbestfrei</td>
    <td>4</td>
    <td>6.22</td>
    <td> </td>
</tr>
<tr>
    <td>14389</td>
    <td>Bremsscheibensatz</td>
    <td>1</td>
    <td>46.93</td>
    <td> </td>
</tr>
<tr>
    <td>39493</td>
```

```
        <td>Ventildeckeldichtung</td>
        <td>5</td>
        <td>2.18</td>
        <td> </td>
      </tr>
      <tr class="summe">
        <td> </td>
        <td>Summe</td>
        <td> </td>
        <td> </td>
        <td> </td>
      </tr>
    </table>
  </body>
</html>
```

E.4 Kapitel 4

Lösungsvorschlag für Übung 1, Seite 105.

Die Anwendung zur Anzeige von HTTP-Antworten auf GET-Anfragen verwendet ein einfaches HTML-Formular mit einer Eingabezeile und einer Schaltfläche zum Absenden von Requests. Der Event-Handler für das Anklicken der Schaltfläche legt ein neues Objekt GET an, das in diesem Beispiel die Verwaltung des Transaktionszustands und die Ausgabe des Ergebnisses übernimmt. Nach dem Absetzen eines asynchronen Requests unter Verwendung eines XMLHttpRequest-Objekts werden Zustandsänderungen in der registrierten Callback-Funktion **GET.cb** behandelt.

Sobald der Zustand COMPLETED (4) erreicht wird, liest die Anwendung den Inhalt der Statuszeile, der Header und den Rumpf der Antwort aus dem XMLHttpRequest-Objekt aus und fügt sie in ein HTML-Element des Typs pre ein, das dem Ausgabebereich des Dokuments hinzugefügt wird.

```
<!DOCTYPE html PUBLIC "-//W3C//DTD HTML 4.01//EN">
<html>
  <head>
    <title>HTTP-Inspektor</title>
    <script type="text/javascript">
      var states = ['UNINITIALIZED', 'LOADING', 'LOADED',
                    'INTERACTIVE', 'COMPLETED' ];
```

```
/* Ausgabe der angebenenen Zeichenkette im
 * Element container.
 */
function log(container, text) {
  var d = document.getElementById(container);
  if (!d) return;
  if (typeof text  != 'object') {
    var div = document.createElement("div");
    div.className = "logentry";
    div.innerHTML = text;
    d.appendChild(div);
  } else
    d.appendChild(text);
}
/* Erzeugen des Request-Objekts
 */
function createXMLHttpRequest() {
var req = null;

  try {
    req = new ActiveXObject("MSXML2.XMLHTTP");
  }
  catch (err_MSXML2) {
    try {
      req = new ActiveXObject("Microsoft.XMLHTTP");
    }
    catch (err_Microsoft) {
      if (typeof XMLHttpRequest != "undefined")
        req = new XMLHttpRequest;
    }
  }
  return req;
}

/* Hilfsfunktion zum Ändern des Scopes einer
 * Funktion.
 */
Function.prototype.bind = function(object) {
  var __method = this;
  return function() {
    return __method.apply(object, arguments);
  }
}
```

```
/* Löschen des angegebenen Containers. */
function clear(container) {
  var c = document.getElementById(container);
  if (c)
    c.innerHTML = "";
}
/* Dieses Objekt umfasst die gesamte Funktionalität
 * der Anwendung. Die Callback-Funktion für das
 * Request-Objekt erzeugt die gewünschte Ausgabe.
 * Dazu werden zwei Container-Elemente mit
 * eindeutigen Bezeichnern 'status' und 'log'
 * verwendet. Die Ausgabe wird in ein pre-Element
 * eingeschlossen, damit das Whitespace erhalten
 * bleibt.
 */
function GET(uri) {
  this.req = createXMLHttpRequest();

  this.cb = (function() {
    var req = this.req;
    log('status',states[req.readyState]+"<br>");
    if (req.readyState == 4) {
      var d = document.createElement("pre");
      var text = req.status+" "+req.statusText+"\n";
      text += req.getAllResponseHeaders();
      text += "\n"+req.responseText;
      d.appendChild(document.createTextNode(text));
      log('log',d);
    }
  }).bind(this);
  clear('log');
  clear('status');
  this.req.onreadystatechange = this.cb;
  this.req.open('GET', uri, true);
  this.req.send(null);
}
    </script>
  </head>
  <body>
    <form name="show">
      <p>URI
        <input type="text" name="uri" size="20"></input><br>
        <input type="button" value="Send"
```

```
        onclick="new GET(document.show.uri.value);"></input>
      </p>
    </form>
    <hr>
    <div id="status"></div>
    <hr>
    <div id="log"></div>
  </body>
</html>
```

Lösungsvorschlag für Übung 2, Seite 105.

Den Kern der Presence-Anwendung bildet die Funktion **showStates**, die regelmäßig den Inhalt aller gespeicherten Cookies für diese Anwendung auf dem Bildschirm ausgibt. Im ersten Schritt wird dazu die in *document.cookie* gespeicherte Liste mit **split** aufgetrennt und die erhaltenen Werte als Paare aus Benutzername und Statusbeschreibung aufgefasst. Das erste Wort der Statusbeschreibung wird als Wert für das Klassenattribut des umgebenden Elements – hier li – verwendet. Schließlich werden die so erzeugten Beschreibungen in den Ausgabebereich eingefügt.

Das Aktualisieren der Zustandsbeschreibungen erfolgt alle zehn Sekunden über das Verändern des Attributs src in einem img-Element. Das zu Beginn geladene (leere) Bild wird nie angezeigt, da es mit der Stileigenschaft display:none versehen wurde.

Um Zustandsinformationen zu Nutzern mit der Funktion **reload** abrufen zu können, müssen die Nutzernamen der Liste der Cookies hinzugefügt werden. Daher setzt die Funktion **subscribe** bei jedem Aufruf einen neuen Cookie, dessen Name dem eingegebenen Benutzernamen entspricht. Der folgende Aufruf von **showStates** sorgt dafür, dass die neue Subscription sofort sichtbar wird, auch wenn noch keine aktuellen Daten über diesen Nutzer vorliegen.

Zum wiederholten Aufruf der Funktionen **reload** und **showStates** kommt in diesem Beispiel die Funktion **window.setInterval** zum Einsatz. (Hier hat das Skript übrigens mit einer interessanten Eigenschaft von Safari 2.0.1 zu kämpfen: Nach einer 204-Antwort bleiben diese Timer unerklärlicherweise einfach stehen.)

```
<!DOCTYPE html PUBLIC "-//W3C//DTD HTML 4.01//EN">
<html>
  <head>
    <title>Presence Client</title>
    <script type="text/javascript">
      function subscribe() {
```

```javascript
      document.cookie = document.subscription.user.value + "=";
      showStates();
    }
    var old;
    function showStates() {
      if (old == document.cookie)
        return;
      old = document.cookie;
      var items = ""
      var cookies = document.cookie.split("; ");
      for (var i in cookies) {
        var c = cookies[i].split("=");
        if (c.length < 2)
          continue;
        var user = unescape(c[0].replace(/\+/g, " "));
        var state = unescape(c[1].replace(/\+/g, " "));
        if (user == "\$Comment")
          continue;

        var s = state.match(/^(away|busy|available)\b/);
        if (s)
          items += "<li class='" + s[0] + "'>";
        else
          items += "<li>";
        items += unescape(user) + ": ";
        if (state == "") {
          items += "???";
        } else {
          items += state;
        }
        items += "</li>";
      }
      document.getElementById("liste").innerHTML = items;
    }
    function reload() {
      var r = document.getElementById('reload');
      r.src = "presenceserver.php";
    }
    window.onload = function() {
      window.setInterval(showStates, 1000);
      window.setInterval(reload, 10000);
      reload();
    }
```

```
    </script>
    <style type="text/css">
      #liste { list-style-type: none; }
      li {
        border-left: 10px solid lightgrey; padding-left: 1ex;
      }
      li.available { border-left: 10px solid green; }
      li.busy       { border-left: 10px solid yellow; }
      li.away       { border-left: 10px solid red; }

      #setstate {
        padding-top: 0;
        left: 60%; width: 40%; height: 100%;
        padding-left: 2em;
        position: absolute;
        background-color: #aaa;
      }
      #showstate {
        left: 0; width: 60%; height: 100%;
        padding-top: 0;
        position: absolute;
        background-color: #bcd;
      }

      html, body { background-color: #bcd; }
      h1 { padding: 0; margin: 0; border: 0; }
      h2 { font-size: medium; }
      #reload { display: none; }
    </style>
  </head>
<body>
  <h1>Presence Client</h1>
  <div id="setstate">
  <h2>Status setzen</h2>
  <form action="presenceserver.php" method="POST">
    <table>
      <tbody>
        <tr>
          <td>Benutzername:</td>
          <td><input type="text" size="8" name="user"></td>
        </tr>
        <tr>
          <td>Neuer Zustand:</td>
```

```html
          <td>
            <input type="radio" name="state"
                value="available">verfügbar</input><br>
            <input type="radio" name="state"
                   value="busy">beschäftigt</input><br>
            <input type="radio" name="state"
                     value="away">abwesend</input><br>
          </td>
        </tr>
        <tr>
          <td colspan="2">
            <input type="submit" name="set"
                value="Status setzen">
          </td>
        </tr>
      </tbody>
    </table>
  </form>
  <h2>Status anzeigen</h2>
  <form name="subscription">
    <p>Benutzername:
        <input type="text" name="user" size="8"></input><br>
        <input type="button" value="Subscribe"
            onclick="subscribe()"></input>
    </p>
  </form>
  </div>
  <div id="showstate">
  <ul id="liste">
  </ul>
  </div>
  <img id="reload" src="p.tif">
  </body>
</html>
```

E.5 Kapitel 5

Lösungsvorschlag für Übung 1, Seite 148.

Die Funktion **schieben** der Anwendung realisiert das Verschieben eines Bildteils innerhalb der Tabelle. Da jede Tabellenzelle mit einem eindeutigen Bezeichner versehen wurde, müssen hier nur die zugehörigen HTML-Elemente mit **document.getElementById** ermittelt werden. Ein Aufruf von **Sarissa.moveChildNodes** übernimmt die gewünschte Änderung am DOM. Damit nicht beliebige Bildteile auf die leere Fläche verschoben werden können, erfolgt zuvor eine Abfrage, die die Operation nur dann zulässt, wenn das angeklickte Feld und das leere Feld benachbart sind (Hilfsfunktion **adjacent**).

```
<!DOCTYPE html PUBLIC "-//W3C//DTD HTML 4.01//EN">
<html>
  <head>
    <title>Schiebespiel</title>
    <meta http-equiv="Content-Type"
        content="text/html; charset=iso-8859-1">
    <script type="text/javascript"
          src="sarissa/sarissa.js"></script>
    <script type="text/javascript">
      var leer; // ID des leeren Feldes
      /* Die Funktion start() initialisiert das Spielfeld durch
       * zufaelliges Verteilen der 15 Objekte auf die Felder.
       */
      function start() {
        // Liste aller Feldnamen erstellen:
        var felder = new Array();
        for (var i = 0; i <= 15; i++) {
          felder[i] = "feld" + i;
        }
        for (var i = 0; i <= 14; i++) {
          var position = Math.floor(Math.random() *
                                  felder.length);
          document.getElementById(felder[position]).
              innerHTML = '<img src="auto/auto-'+i
                        +'.jpg" alt="'+i+'">';
          felder.splice(position, 1);
        }
        // Die letzte verbliebene ID bezeichnet das leer
        // gebliebene Feld:
        leer = felder[0];
```

```
      document.getElementById(leer).innerHTML = "";
    }
    /* Felder sind benachbart, wenn sie genau einen Schritt
     * oder genau vier Schritte voneinander entfernt sind.
     */
    function adjacent(f,g) {
      var n = parseInt(f.substr(4));
      var m = parseInt(g.substr(4));
      var diff = Math.abs(m-n);
      return diff == 1 || diff == 4;
    }
    /* Die Funktion schieben() verschiebt den Inhalt des
     * Feldes mit der angegebenen ID in das leere Feld.
     */
    function schieben(feld) {
      // nur schieben, wenn Felder benachbart sind
      if (adjacent(feld,leer)) {
        // Inhalt des angeklickten Feldes in das leere Feld
        // verschieben:
        var quelle = document.getElementById(feld);
        var ziel   = document.getElementById(leer);
        Sarissa.moveChildNodes(quelle, ziel, false);
        // das angeklickte Feld ist jetzt das leere Feld:
        leer = feld;
      }
    }
  </script>
  <style type="text/css">
    img { width: 100px; }
    table {
      empty-cells: show;
      border-collapse: collapse;
    }
    td {
      border: none;
      text-align: center;
      vertical-align: middle;
      width: 2em;
      height: 2em;
    }
  </style>
</head>
<body onload="start()">
```

```
<h1>Schiebespiel</h1>
<table cellspacing="0">
  <tbody>
    <tr>
      <td id="feld0" onclick="schieben('feld0')"></td>
      <td id="feld1" onclick="schieben('feld1')"></td>
      <td id="feld2" onclick="schieben('feld2')"></td>
      <td id="feld3" onclick="schieben('feld3')"></td>
    </tr>
    <tr>
      <td id="feld4" onclick="schieben('feld4')"></td>
      <td id="feld5" onclick="schieben('feld5')"></td>
      <td id="feld6" onclick="schieben('feld6')"></td>
      <td id="feld7" onclick="schieben('feld7')"></td>
    </tr>
    <tr>
      <td id="feld8" onclick="schieben('feld8')"></td>
      <td id="feld9" onclick="schieben('feld9')"></td>
      <td id="feld10" onclick="schieben('feld10')"></td>
      <td id="feld11" onclick="schieben('feld11')"></td>
    </tr>
    <tr>
      <td id="feld12" onclick="schieben('feld12')"></td>
      <td id="feld13" onclick="schieben('feld13')"></td>
      <td id="feld14" onclick="schieben('feld14')"></td>
      <td id="feld15" onclick="schieben('feld15')"></td>
    </tr>
  </tbody>
</table>
<p><a href="javascript:start()">Neustart</a></p>
</body>
</html>
```

Lösungsvorschlag für Übung 2, Seite 152.

Die Lösung verwendet auf der Clientseite die beiden Dateien teile.html und teile.js. Das HTML-Dokument umfasst die Stilangaben für die Tabelle sowie einen Platzhalter für die mittels Ajax.Updater nachzuladenden Daten. Das Nachladen erfolgt im load-Handler für das Dokument, der mit Event.observe initialisiert wird. Der verwendete Ajax.Updater fügt die geladenen Daten automatisch in den Container mit dem eindeutigen Bezeichner „teile" ein und führt anschließend die Funktion **processTable** aus. Diese dient zum Setzen der Stilangaben wie bereits für Übung 2 auf Seite 80 in Abschnitt 3.6 „Übungen" (Seite 74) gesehen.

Zusätzlich wird jeder Zelle ein Event-Handler **toggleDescription** hinzugefügt, der die Anzeige der zusätzlichen Informationen übernimmt. Dazu prüft die Funktion, ob bereits ein `div`-Element mit einem aus der eindeutigen Artikelnummer generierten Bezeichner vorhanden ist. Wenn ja, dann wird lediglich die Stileigenschaft `display` verändert, um zwischen sichtbar und unsichtbar umzuschalten. Diese Aufgabe übernimmt die Funktion `Element.toggle` aus der Prototype-Bibliothek.

Müssen die Zusatzinformationen zu einem Artikel mittels XMLHttpRequest nachgeladen werden, so kommt wiederum ein `Ajax.Updater` zum Einsatz. In der Funktion **addDescription** wird dieser so initialisiert, dass das Ergebnis in die Tabellenzelle eingefügt wird. Der dafür bereitgestellte Container wird vorerst mit der Stileigenschaft `display:none` ausgeblendet. Mit der Option `onComplete` wird eine anonyme Funktion registriert, die nach dem Einfügen der angeforderten Daten mittels **Element.toggle** für die Anzeige des Container-Elements sorgt.

Die Datei `teile.html`:

```
<!DOCTYPE html PUBLIC "-//W3C//DTD HTML 4.01//EN">
<html>
<head>
<title>AJAXWerkstatt</title>
<style type="text/css">
  .odd  { background-color: #00abab; }
  .even { background-color: #ccffee; }
  th, td { border: none; }
  th {
    border-bottom: solid 2px;
  }
  .artnr, .preis {
    text-align: right;
  }
  .bezeichnung {
    text-align: left;
    padding-left: 1em;
  }

</style>
<script type="text/javascript"
      src="prototype/prototype.js"></script>
<script type="text/javascript" src="teile.js"></script>
</head>
```

```
<body>
  <div id="teile"></div>
</body>
</html>

teile.js:

var tdclass = ['artnr', 'bezeichnung', 'preis' ];
function is(node,name) {
  return node.nodeType == 1
    && node.tagName.toLowerCase() == name.toLowerCase();
}
function addDescription(td) {
  var cols = td.parentNode.getElementsByTagName("td");
  var div = document.createElement("div");
  var artnr = cols[0].firstChild.nodeValue;
  div.id = "desc_"+artnr;
  Element.hide(div);

  cols[1].appendChild(div);

  new Ajax.Updater(div.id, "scripts/artikel.php",
      { method: 'get', parameters: 'id='+artnr ,
        onComplete: function() { Element.toggle($(div.id)); } }
      );
}
function getAncestor(node,gi) {
  while (node && (node = node.parentNode))
    if (node.tagName == gi)
      break;
  return node;
}
function getDescription(target) {
  var tr = getAncestor(target,"TR");
  var td = tr.getElementsByTagName("TD");
  var nr = td[0].firstChild.nodeValue;

  return $("desc_"+nr);
}
function toggleDescription(event) {
  var target = Event.element(event);
  var desc = getDescription(target);
  if (desc) {
    Element.toggle(desc);
```

```
    } else {
      addDescription(target);
    }
}
function paintRows(rows) {
  for (var n=0; n<rows.length; n++) {
    Element.addClassName(rows[n], n%2 ? "even" : "odd");
    if (n != 0) { // Kopfzeilen haben keine Beschreibungen
        Event.observe(rows[n], 'click', toggleDescription);
    }
    var children = rows[n].childNodes;
    for (var k=0; k<children.length; k++) {
      var td = children[k];
      if (is(td,"td")) {
        Element.addClassName(td, tdclass[k]);
        td.setAttribute("valign","top");
      }
    }
  }
}
function processTable() {
  var t = $("teile");
  var table = t.getElementsByTagName("table")[0];
  var rows = table.getElementsByTagName("tr");

  for (var s in rows) {
    var t=0;
    while(rows[s].hasChildNodes && rows[s].hasChildNodes()
        && t < rows[s].childNodes.length) {
      if (rows[s].childNodes[t].nodeType != 1)
        rows[s].removeChild(rows[s].childNodes[t]);
      else
        t++;
    }
  }
  paintRows(rows);
}
Event.observe(window, 'load', function() {
  new Ajax.Updater('teile', "scripts/artikel.php",
                   { method: 'get', onComplete: processTable });
  return false;
});
```

E.6 Kapitel 6

Lösungsvorschlag für Übung 1, Seite 177.

Der Aufbau des gezeigten Formulars stützt sich sehr stark auf die visuelle Anordnung der Dialogelemente. Die Anordnung ist auf große Bildschirme ausgerichtet, wie sie vor allem bei Desktop-PCs und Notebook-Computern üblich sind. Für Handheld-Computer, Smartphones oder auch Screenreader ist dieser Aufbau ungeeignet. Eine klarere serielle Struktur ist in diesem Fall die bessere Lösung.

Der eingeschränkte Ausgabebereich führt außerdem dazu, dass die an unterschiedlichen Stellen vorgenommenen Änderungen am Dokumentbaum während der Nutzereingaben nicht sofort ersichtlich sind. Spezialgeräte wie Screenreader und Braillezeilen können diese Änderungen am Dokumentbaum im Allgemeinen überhaupt nicht angemessen nachvollziehen. Dies ist vor allem für die Fehlermeldungen in dem unteren Ausgabebereich problematisch, da so ein Springen zwischen den Dialogelementen erforderlich wird.

Ein erster Schritt auf dem Weg zu einem barrierefreien Formular könnte daher eine textuelle Beschreibung des Aufbaus und der Wirkungsweise der Schnittstelle sein, um Benutzer von der skriptbasierten dynamischen Aktualisierung in Kenntnis zu setzen. So können vor allem Nutzer von akustischen oder taktilen Ausgabegeräten besser auf Veränderungen der Seite achten bzw. eine erneute Ausgabe veranlassen.

Lösungsvorschlag für Übung 2, Seite 179.

Zur Untersuchung von Formularfeldern auf Änderungen bietet die Bibliothek Prototype das Objekt `Form.Observer`. Bei der Initialisierung wird dem Konstruktor unter anderem eine Callback-Funktion **track** übergeben, die aufgerufen wird, wenn sich eine Komponente des Formulars geändert hat. **track** sendet mittels `Ajax.Request` den aktuellen Inhalt des Formulars als Rumpf einer POST-Anfrage an den Server.

Damit der Beginn der Sitzung korrekt dokumentiert wird, ruft die Anwendung unmittelbar nach der Erzeugung des Obervers erstmals die Funktion **track** auf. Als Argumente werden das Formular-Element `form` und die aktuellen Werte der Dialogelemente übergeben. Letzteres wird mit einem Aufruf der Funktion `Form.serialize` erreicht.

Die Datei track.js:

```
function track(element, value) {
  new Ajax.Request('scripts/track.php', { postBody: value });
}
Event.observe(window, 'load',
    function() { new Form.Observer('suche', 5, track);
              track($('suche'), Form.serialize('suche'));
          });
```

Anhang F: Literaturangaben

In diesem Anhang finden Sie ausführliche Angaben zu der Literatur, die bei der Erstellung dieses Buchs verwendet wurde. Neben Grundlagenwerken über Web-Technologien befinden sich darunter auch sehr dynamische Quellen wie beispielsweise Weblogs, deren Inhalte sich mit der Zeit ändern können. Die Korrektheit der angegebenen URIs wurde zuletzt am 2. September 2005 überprüft.

[AJAX Summit 05] L. Becker, *Ajax Summit Redux* <http://monstro.com/2005/05/ajax-summit-redux.php>, Mai 2005.

[Cookies] Netscape: *Persistent Client State – HTTP Cookies* <http://www.netscape.com/newsref/std/cookie_spec.html>, 1999.

[CSS2] World Wide Web Consortium: Bert Bos, Håkon Wium Lie, Chris Lilley, Ian Jacobs, *Cascading Style Sheets, level 2* <http://www.w3.org/TR/CSS2>, 1998. W3C Recommendation.

[DHTML] S. Langridge, *DHTML Utopia: Modern Web Design Using JavaScript & DOM*, Mai 2005.

[DOM Level 1] World Wide Web Consortium: Vidur Apparao, Steve Byrne, Mike Champion, Scott Isaacs, Ian Jacobs, Arnaud Le Hors, Gavin Nicol, Jonathan Robie, Robert Sutor, Chris Wilson, Lauren Wood, *Document Object Model (DOM) Level 1 Specification Version 1.0* <http://www.w3.org/TR/REC-DOM-Level-1>, 1998. W3C Recommendation.

[DOM Level 2 Core] World Wide Web Consortium: Arnaud Le Hors, Phillipe Le Hégaret, Lauren Wood, Gavin Nicol, Jonathan Robie, Mike Champion, Steve Byrne, *Document Object Model (DOM) Level 2 Core Specification Version 1.0* <http://www.w3.org/TR/DOM-Level-2-Core>, 2000. W3C Recommendation.

[DOM Level 2 Events] World Wide Web Consortium: Tom Pixley, *Document Object Model (DOM) Level 2 Events Specification Version 1.0* <http://www.w3.org/TR/DOM-Level-2-Events>, 2000. W3C Recommendation.

[DOM Level 2 HTML] World Wide Web Consortium: Johnny Stenback, Arnaud Le Hors, *Document Object Model (DOM) Level 2 HTML Specification Version 1.0* <http://www.w3.org/TR/DOM-Level-2-HTML>, 2003. W3C Recommendation.

[ECMAScript] Ecma International: *ECMAScript Language Specification* <http://www.ecma-international.org/publications/files/ecma-st/ECMA-262.pdf>, Dezember 1999. ECMA-262. 3rd edition.

[Garrett05] J. J. Garrett, *Ajax: A New Approach to Web Applications* <http://www.adaptivepath.com/publications/essays/archives/000385.php>, Februar 2005.

[Hickson] I. Hickson, *Sending XHTML as text/html Considered Harmful* <http://www.hixie.ch/advocacy/xhtml>, 2002.

[HTML] World Wide Web Consortium: D. Raggett, A. Le Hors, I. Jacobs, *HTML 4.01 Specification* <http://www.w3.org/TR/html41>, 1999. W3C Recommendation.

[HTML 3.2] World Wide Web Consortium: D. Raggett, *HTML 3.2 Specification* <http://www.w3.org/TR/REC-html32>, 1997. W3C Recommendation.

[McFarlane04] N. McFarlane, *A Standards-based Look at XAML's Features* <http://www.devx.com/webdev/Article/20834>, April 2004.

[O'Reilly 05] T. O'Reilly, *Not 2.0?* <http://radar.oreilly.com/archives/2005/08/not_20.html>, August 2005.

[Pilgrim05] M. Pilgrim, *Dive Into Greasemonkey – Teaching an Old Web New Tricks* <http://www.diveintogreasemonkey.org>, Mai 2005.

[RFC2109] D. Kristol, L. Montulli, *RFC 2109: HTTP State Management Mechanism* <http://www.ietf.org/rfc/rfc2109.txt>, The Internet Engineering Task Force, 1997. Obsoleted by RFC 2965.

[RFC2616] R. Fielding, J. Gettys, J. Mogul, H. Frystyk, L. Masinter, P. Leach, T. Berners-Lee, *RFC 2616: Hypertext Transfer Protocol – HTTP/1.1* <http://www.ietf.org/rfc/rfc2616.txt>, The Internet Engineering Task Force, 1999.

[RFC2854] D. Connolly, L. Masinter, *RFC 2854: The 'text/html' Media Type* <http://www.ietf.org/rfc/rfc2854.txt>, The Internet Engineering Task Force, 2000.

[RFC2965] D. Kristol, L. Montulli, *RFC 2965: HTTP State Management Mechanism* <http://www.ietf.org/rfc/rfc2965.txt>, The Internet Engineering Task Force, 2000.

[RFC3023] M. Murata, S. St. Laurent, D. Kohn, *RFC 3023: XML Media Types* <http://www.ietf.org/rfc/rfc3023.txt>, The Internet Engineering Task Force, 2002.

[RFC3236] M. Baker, P. Stark, *RFC 3236: The 'application/xhtml+xml' Media Type* <http://www.ietf.org/rfc/rfc3236.txt>, The Internet Engineering Task Force, 2002.

[RFC3875] D. Robinson, K. Coar, *RFC 3875: The Common Gateway Interface (CGI) Version 1.1* <http://www.ietf.org/rfc/rfc3875.txt>, The Internet Engineering Task Force, 2004.

[Ruby 05a] S. Ruby, *Intertwingly: SAJAX Still Unsafe* <http://www.intertwingly.net/blog/2005/04/01/Sajax-Still-UnSafe>, April 2005.

[Ruby 05b] S. Ruby, *Intertwingly: Taking the unsafe GETs out of Rails* <http://www.intertwingly.net/blog/2005/05/08/Taking-the-unsafe-GETs-out-of-Rails>, May 2005.

[Winkler 05] J. Winkler, *JavaScript Debugging* <http://www.drweb.de/javascript/debugging.shtml>, Juli 2005.

[XHTML] World Wide Web Consortium: S. Pemberton, *XHTML 1.0 The Extensible Hypertext Markup Language (Second Edition)* <http://www.w3.org/TR/xhtml1>, 2000. W3C Recommendation.

[XML 1.0] World Wide Web Consortium: Tim Bray, Jean Paoli, C. M. Sperberg-McQueen, Eve Maler, François Yergeau, *Extensible Markup Language (XML) 1.0 (Third Edition)* <http://www.w3.org/TR/REC-xml>, 2004. W3C Recommendation.

[XPath] World Wide Web Consortium: James Clark, Steve DeRose, *XML Path Language (XPath) Version 1.0* <http://www.w3.org/TR/xpath>, 1999. W3C Recommendation.

[XSL] World Wide Web Consortium: Sharon Adler, Anders Berglund, Jeff Caruso, Stephen Deach, Tony Graham, Paul Grosso, Eduardo Gutentag, Alex Milowski, Scott Parnell, Jeremy Richman, Steve Zilles, *Extensible Stylesheet Language (XSL) Version 1.0* <http://www.w3.org/TR/xsl/>, 2001. W3C Recommendation.

[XSLT] World Wide Web Consortium: James Clark, *XSL Transformations (XSLT) Version 1.0* <http://www.w3.org/TR/xslt>, 1999. W3C Recommendation.

Anhang G: Index

Lieferbare Lehrbücher und Lernprogramme:
IT Basic Knowledge

Office 2003: Lehrbücher und Lernprogramme

Titel	Lehrbuch/CD	Preis Euro	ISBN-Nr.
Word 2003 Basis	Lehrbuch + CD	12,95	3-935539-30-4
	CD/Digitales Seminar	19,95	3-933084-74-1
Word 2003 Professional	Lehrbuch + CD	14,95	3-935539-36-3
	CD/Digitales Seminar	24,95	3-933084-82-2
Excel 2003 Basis	Lehrbuch + CD	12,95	3-935539-31-2
	CD/Digitales Seminar	19,95	3-933084-76-8
Excel 2003 Professional	Lehrbuch + CD	14,95	3-935539-37-1
	CD/Digitales Seminar	24,95	3-935539-84-9
Access 2003 Basis	Lehrbuch + CD	12,95	3-935539-38-X
	CD/Digitales Seminar	19,95	3-933084-80-6
Access 2003 Professional	Lehrbuch + CD	19,95	3-935539-39-8
	CD/Digitales Seminar	-	-
Outlook 2003	Lehrbuch + CD	12,95	3-935539-41-X
	CD/Digitales Seminar	19,95	3-933084-90-3
PowerPoint 2003	Lehrbuch + CD	14,95	3-935539-40-1
	CD/Digitales Seminar	24,95	3-933084-88-1
MS Office 2003	8 Lehrbücher	98,00	3-935539-34-7
Gesamtausgabe	7 CDs/Digitale Seminare	128,00	3-935539-27-4
OneNote 2003	Lehrbuch + CD	9,95	3-935539-42-8
VBA programmieren in Excel & Word 2003	Lehrbuch + CD	19,95	3-935539-09-6

Reihe Aktuell

HTML Bd. 1 – Grundlagen	Lehrbuch	14,95	3-935539-17-7
HTML Bd. 2 – Medien und Gestaltung (CSS)	Lehrbuch	14,95	3-935539-03-7
XML Bd. 1 - Grundlagen	Lehrbuch	14,95	3-935539-55-X
XML Bd. 2 - Ausgabeerzeugung mit XSL	Lehrbuch	14,95	3-935539-88-6

Alle Preise verstehen sich inkl. MwSt.

Lieferbare Lehrbücher und Lernprogramme: eBusiness Management

Lieferbare Lehrbücher:
Erfolgreich sein. Selbst und ständig

Titel	*Preis Euro*	*ISBN-Nr.*
Lernen ohne Lehrer (136 Seiten)	9,95	ISBN 3-935539-90-8
Erfolgreiches Lernen mit Computer und Internet		
Sicher auftreten, gekonnt überzeugen (150 Seiten)	9,95	ISBN 3-935539-93-2
Erfolgreich präsentieren und kommunizieren		
Aktiv und sicher im Internet (252 Seiten)	19,95	ISBN 3-935539-94-0
Das komplette Wissen für den Internet-Pass. Inkl. Online-Kurs		
VOR-Schriften zur Existenzgründung (256 Seiten)	16,95	ISBN 3-935539-92-4
Wegweiser durch den Formular-Dschungel		
Türkische Unternehmer in Deutschland (344 Seiten)	16,95	ISBN 3-935539-91-6
Erfolgsgeschichten, die Mut machen		

Alle Preise verstehen sich inkl. MwSt.